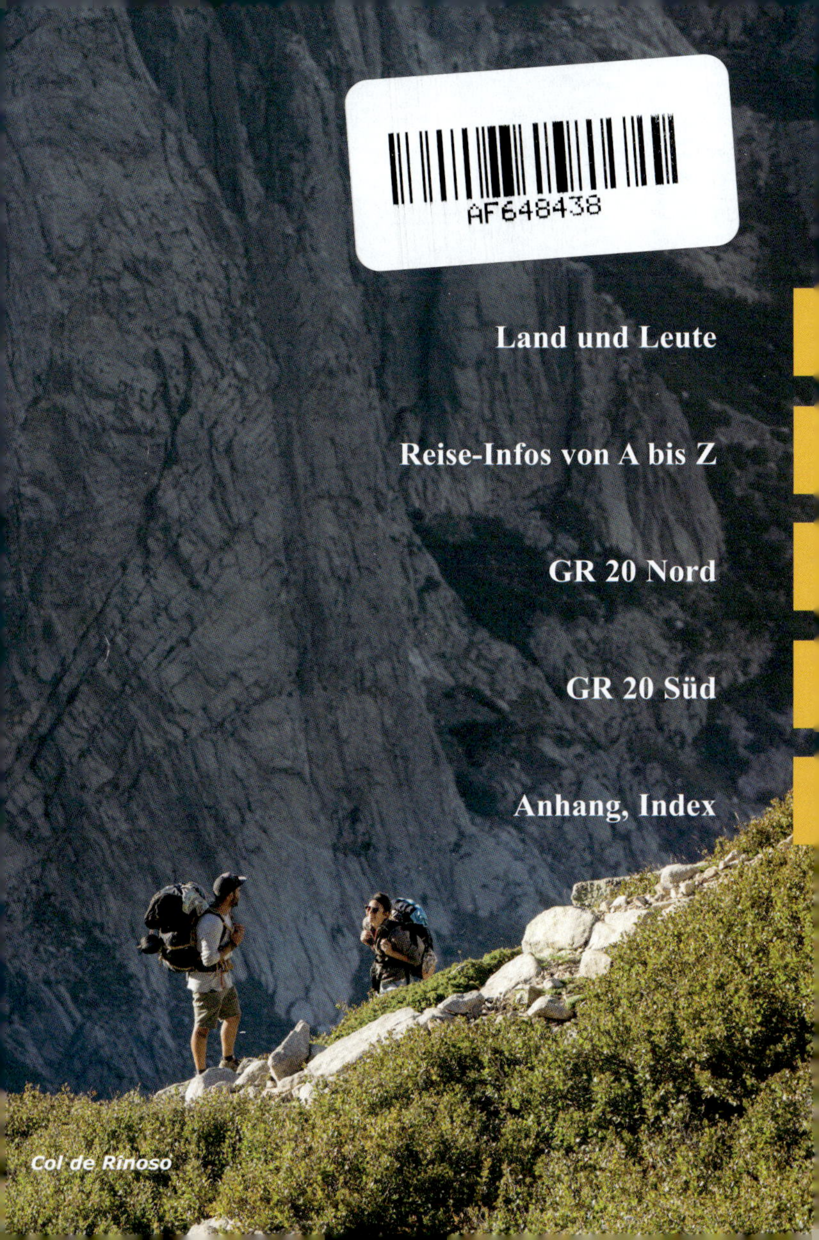

Col de Rinoso

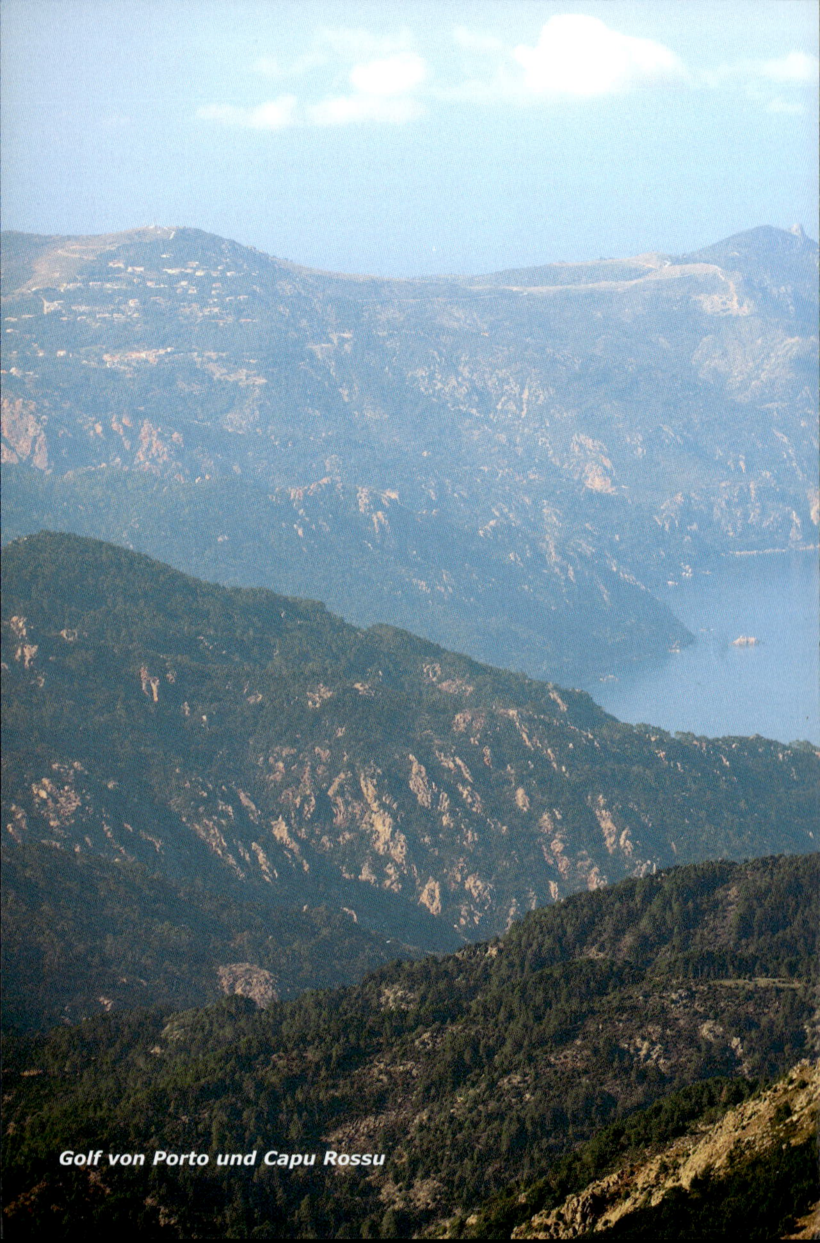
Golf von Porto und Capu Rossu

Band 40

OutdoorHandbuch

Erik Van de Perre

Trans-Korsika: GR 20

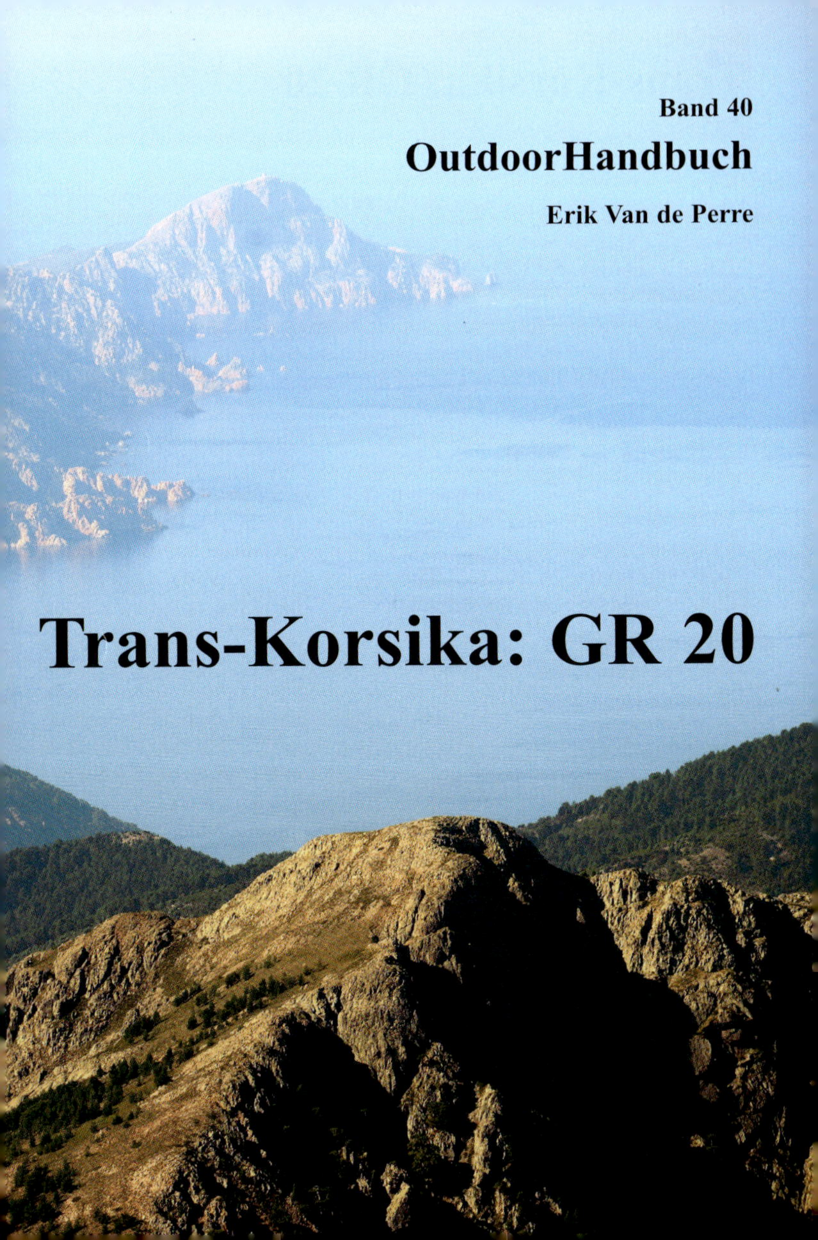

Trans-Korsika: GR 20

Der Autor und der Verlag sind für Lesertipps und Verbesserungen (besonders per E-Mail) unter Angabe der Auflagen- und Seitennummer dankbar.

Dieses OutdoorHandbuch hat 224 Seiten mit 69 farbigen Abbildungen sowie 18 farbigen Kartenskizzen im Maßstab 1:75.000, 23 farbigen Höhenprofilen und einer farbigen, ausklappbaren Übersichtskarte. Es wurde auf chlorfrei gebleichtem Papier gedruckt, in Deutschland klimaneutral hergestellt und transportiert und wegen der größeren Strapazierfähigkeit mit PUR-Kleber gebunden.

Klimaneutral
Druckprodukt
ClimatePartner.com/53106-2205-1001

Dieses Buch ist im Buchhandel und in Outdoor-Läden erhältlich und kann im Internet oder direkt beim Verlag bestellt werden.

OutdoorHandbuch Band 40

ISBN 978-3-86686-665-2 9., überarbeitete Auflage 2022

Text und Fotos: Erik Van de Perre
Karten: Heide Schwinn
Lektorat: Anna-Lena Ebner
Layout: Alexandra Sauerland und Manuela Dastig

Gesamtherstellung: AZ Druck und Datentechnik GmbH, Kempten

Dieses OutdoorHandbuch wurde konzipiert und redaktionell erstellt vom:

Conrad Stein Verlag GmbH, Kiefernstr. 6,
59514 Welver, ☏ 023 84/96 39 12,
info@conrad-stein-verlag.de,
www.conrad-stein-verlag.de

Besuchen Sie uns bei Facebook & Instagram:

www.facebook.com/outdoorverlag

www.instagram.com/outdoorverlag

Titelfoto: Abstieg von der Bocca Stazzunara nach Asinao

Inhalt

☺ Eine **Übersichtskarte** des Weges, **Autorenprofil** sowie eine Liste aller verwendeten **Symbole** in diesem Buch finden Sie auf den vorderen und hinteren Umschlagseiten bzw. -klappen.

Vorwort

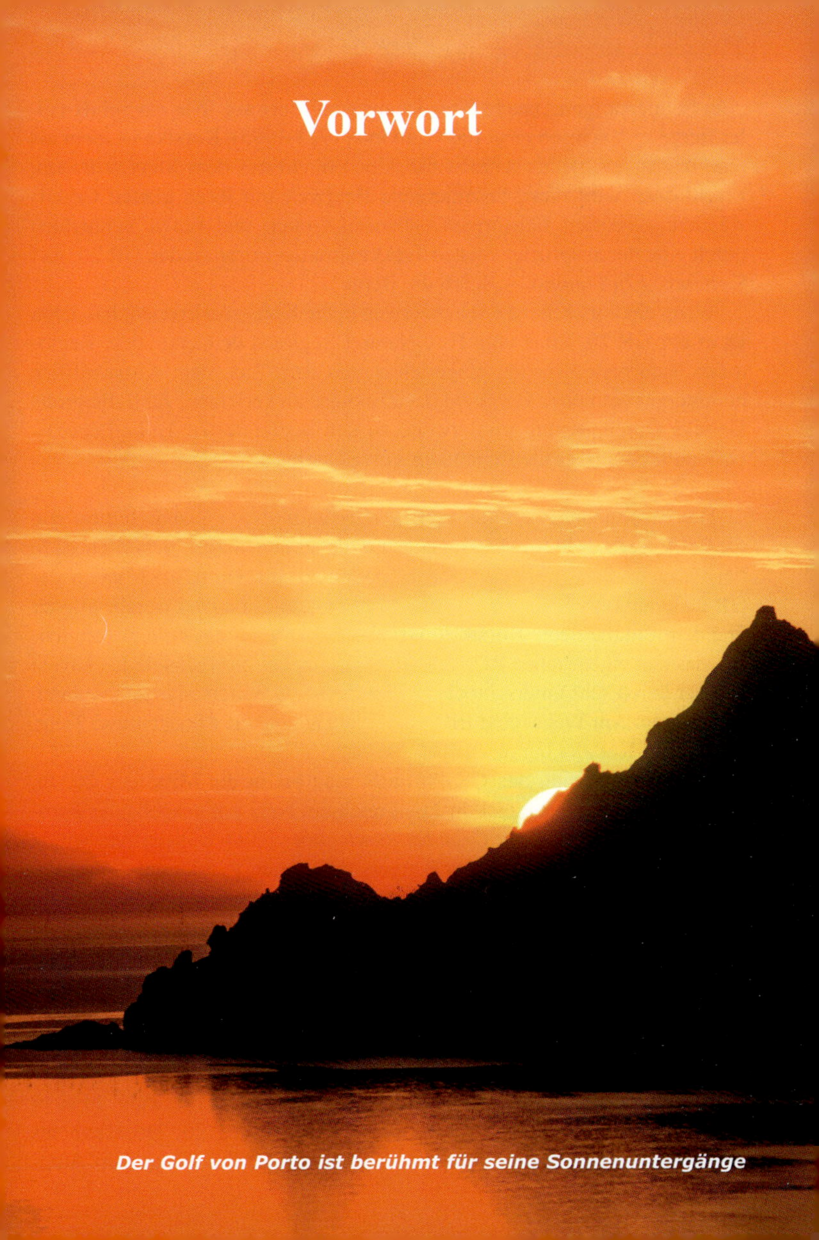

Der Golf von Porto ist berühmt für seine Sonnenuntergänge

„Bei Sonnenaufgang taucht Korsika aus dem Meer auf. Wie ein Schiff voller Berge …“, schrieb einst Italo Calvino (1923-1985). Korsika ist mehr als eine Insel – es ist, als würden die Alpen direkt aus dem Meer aufragen. Erschlossen wird diese faszinierende Bergwelt mit ihren glatten Granitwänden, schroffen Felstürmen, scharfen Graten und tiefen Schluchten durch eine der anspruchsvollsten Trekkingrouten Europas: den GR 20. Auf Korsisch: *Fra li monti* – „durch die Berge“.

Wenn ein korsischer Fernwanderweg heute Kultstatus erreicht hat, dann ist es der GR 20. Einst vom Parc Naturel Régional de Corse, dem Regionalen Naturpark Korsika, eingerichtet, mit dem Ziel, dem wirtschaftlich heruntergekommenen Bergland neue Impulse zu verleihen, zählt die große Korsika-Durchquerung mittlerweile zu den berühmtesten Treks Europas. Gründe für seine große Beliebtheit gibt es viele.

Die Erschließung des korsischen Berglands durch Wanderhütten und die stark verbesserten Verpflegungsmöglichkeiten haben sicherlich dazu beigetragen. *Bergeries*, einfache Schäfereien, gewähren, auch wenn der GR 20 keine Bergdörfer berührt, Einblicke in das Leben der Bergbewohner und damit in die Seele Korsikas. Vor allem aber ist es das raue Naturerlebnis, das den eigentlichen Reiz des GR 20 ausmacht. In wechselnden Höhen führt er durch sehr unterschiedliche Gebirgslandschaften mit spektakulären Aussichten. Am Wegesrand trifft man nicht selten auf Pflanzen und Tiere, die nur auf Korsika heimisch sind.

Für den Ursprung des GR 20 muss man bis in die Mitte des 20. Jh. zurückgehen. Mit dem Ziel, in Frankreich ein Netz gut ausgebauter Fernwanderwege, sogenannter *Grandes Randonnées* (GR), zu schaffen, wurde 1947 das Comité National des Sentiers de Grande Randonnée (CNSGR) gegründet, die spätere Fédération Française de la Randonnée Pédestre (FFRP). Unter deren Federführung wuchs das Fernwanderwegenetz auf mittlerweile 65.000 km an.

Der 1972 eröffnete **Sentier de Grande Randonnée 20**, kurz GR 20, ist der bekannteste korsische Fernwanderweg und lockt jährlich zwischen Mitte Mai und Ende September bis zu 25.000 Wanderer. Markiert und unterhalten wird der von Michel Fabrikant angelegte GR durch die Verwaltung des Parc Naturel Régional de Corse (PNRC). Die Zahl 20 steht übrigens für die bis 1975 gültige Bezeichnung des 20. Departements Frankreichs. Die Nummer war damals auch Teil aller korsischen Autokennzeichen. Mit der Aufteilung der Insel in die Departements Corse-du-Sud (2A) und Haute-Corse (2B) bekamen die Autokennzeichen die Zeichenkombinationen 2A bzw. 2B zugewiesen. Die Zahl 20 blieb für den bekanntesten korsischen GR erhalten.

Für Bergwanderer bietet der GR 20 die schönste Möglichkeit, die **schroffe Bergwelt** des korsischen Inlands kennenzulernen. Der 182 km lange Wanderweg folgt dem Verlauf des Hauptgebirgskammes und führt von Calenzana im Nordwesten nach Conca im Südosten der Insel quer durch den korsischen Naturpark.

2011 wurde ein Teil des GR 20 Süd nach Westen verlegt. Nach einem schweren Bergsturz im Juni 2015 im Cirque de la Solitude kam es auch auf dem GR 20 Nord zu einer tiefgreifenden Änderung der Routenführung: Die Schlüsselstelle des GR 20 durch den legendären Felskessel wurde gestrichen und durch eine neue, nicht weniger anspruchsvolle Route über das Massiv des Monte Cinto ersetzt. Im Cirque de la Solitude wurden die Kletterhilfen abgebaut und die Markierungen übermalt, sodass die alte Route durch den Felskessel jetzt nur noch von erfahrenen Bergsteigern oder mit Bergführer begehbar ist.

Die Route besteht in der Regel aus 16 Etappen, lässt sich aber (bei entsprechender Kondition) auch in weniger als 16 Tagen erwandern. Insgesamt sind auf dem GR 20 gut 12.300 Höhenmeter zu bewältigen. Im Buch aufgenommen sind außerdem etliche alpine Varianten, Gipfelbesteigungen sowie Ein- und Abstiegsmöglichkeiten.

Pace è salute!
Kiel, im Mai 2022
Erik Van de Perre

Land und Leute

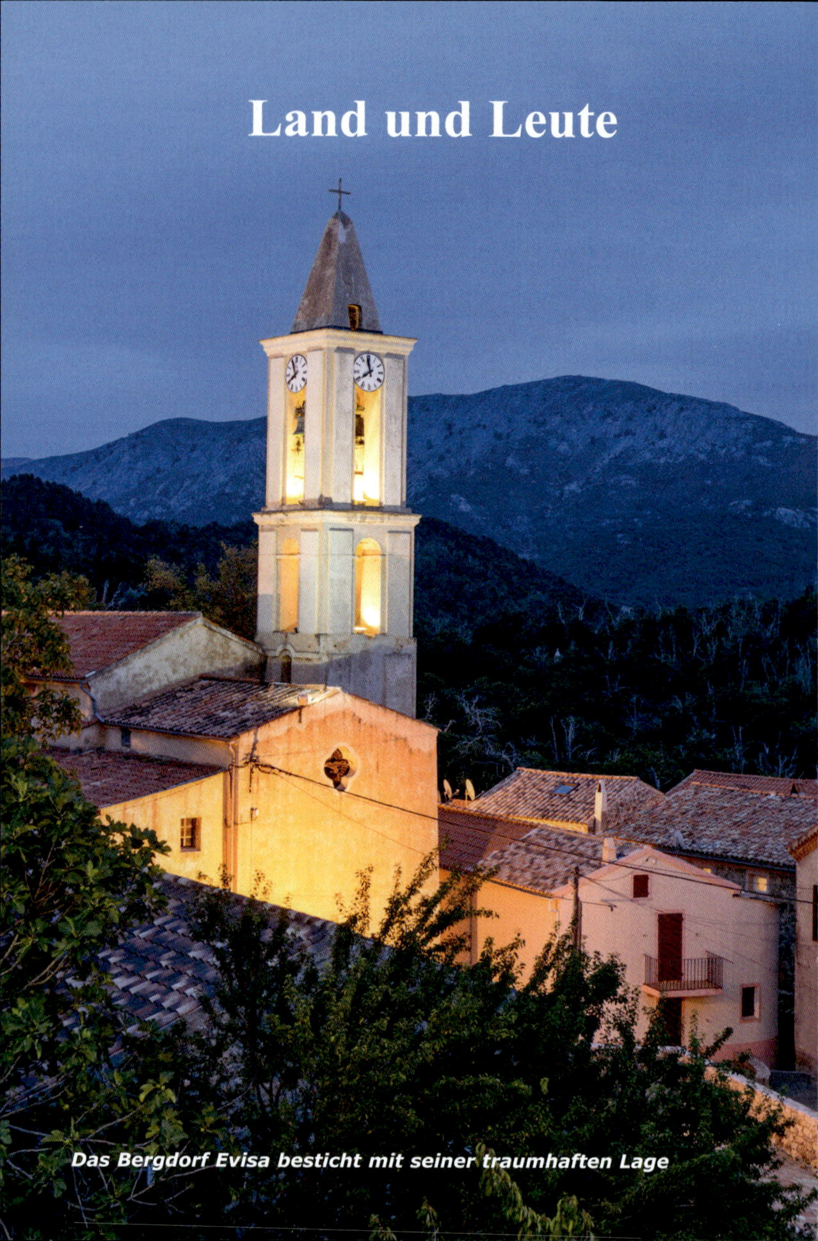

Das Bergdorf Evisa besticht mit seiner traumhaften Lage

Geografie

Mit einer Fläche von 8.722 km² ist Korsika die **viertgrößte Insel im Mittelmeer**. Von Norden nach Süden misst die Insel 183 km, von Osten nach Westen 83 km. Im Norden wird Korsika vom Ligurischen Meer umspült, im Osten und Süden vom Tyrrhenischen Meer, im Westen vom westlichen Mittelmeer. Nur 12 km trennen den Südzipfel Korsikas von der Nachbarinsel Sardinien, das französische Festland ist 180 km entfernt, Italien 80 km. Die korsische Küste hat eine Gesamtlänge von 1.047 km.

Mit der Insel eng verknüpft sind Begriffe wie „Gebirge im Meer“ und **Kalliste** (griech. für „die Schönste“). Tatsächlich prägt das **Bergland** 86 % der Fläche. Eine hohe, leicht s-förmige Gebirgskette formt das „Rückgrat“ der Insel und durchzieht diese von L'Île-Rousse im Nordwesten bis Porto-Vecchio im Südosten. Korsika zählt über 50 Zweitausender, der höchste Berg ist der Monte Cinto (2.706 m). Die zentrale Gebirgskette bildet seit jeher auch die natürliche Barriere zwischen **Pumonte** (dt. „das Land diesseits der Berge“) und **Cismonte** (dt. „das Land jenseits der Berge“). Dass diese scheinbar einfache Aufteilung aber eine immense Vielfalt von geologischen Formationen (☞ Geologie) und kaum weniger komplexe Bevölkerungsstrukturen birgt, wird nicht zuletzt bei einer Inseldurchquerung auf dem GR 20 deutlich.

Ausgangspunkt ist die **Balagne**, eine weite Hügellandschaft mit malerischen Dörfern, eingebettet zwischen Olivenhainen, Weinbergen und der Macchia. Danach folgt der **Niolu**, ein wenig bewohntes Hochtal, das im Wesentlichen den Oberlauf des Golo umfasst. Die Dörfer dieser Wald- und Almlandschaft am Fuß des Monte Cinto sind nach wie vor das Zentrum der korsischen Hirten.

Am Fuß des Monte Rotondo erstreckt sich der **Venachese**, wo die Transhumanz (☞ Die Korsen), der saisonale Wechsel des Viehs zwischen den Winterweiden an der Küste und den Sommerweiden in den Bergen, über Jahrhunderte den Lebensrhythmus bestimmte.

Jenseits der Vizzavona-Passstraße balanciert der GR 20 zwischen Fium'Orbu- und Taravo-Hochtal. Die Bewohner des waldreichen Berglands **Fium'Orbu** widersetzten sich immer schon noch ein bisschen mehr der jeweiligen Obrigkeit als die sonst schon sehr freiheitsliebenden Korsen.

In den isolierten Bergdörfern keimte dann auch mancher Aufstand. Beschaulicher gibt sich die angrenzende Region des **Taravo**, traditionell ein Zentrum der Viehzucht. Die grasreiche Hochebene des Plateau du Coscione bildet den Übergang zum **Alta Rocca** mit seinen malerischen Dörfern aus Granitquadern, die sich an die Hänge des Monte Incudine anschmiegen.

Während die Bavella-Nadeln am Horizont schrumpfen, endet die Inseldurchquerung schließlich bei Conca in der Macchia.

Geologie

Seit mehr als 500 Mio. Jahren wird Korsika durch die Naturgewalten geformt, die auf engstem Raum eine unglaubliche geologische Vielfalt entstehen ließen.

Die **Plattentektonik**, der Mechanismus, der die verschiedenen Platten der Erdkruste (Lithosphäre) auf dem plastisch-flüssigen Material des oberen Erdmantels bewegt, hat auch das Bild des Mittelmeeres und der umgebenden Landmassen geprägt. Die Afrikanische Platte im Süden drängt nach Norden und kollidiert dabei mit der Eurasischen Platte. Hierbei werden die Gesteine aufgefaltet (so, als würde man ein Tuch zusammenschieben) und eine Gebirgskette entsteht – z. B. die Alpen.

Zu einem Teil der Gebirgskette der Alpen gehören Korsika und Sardinien. Anfangs waren beide Inseln noch zwischen den Balearen und dem Golfe du Lion mit dem Festland verbunden. Im Tertiär rissen die Inseln ab und bewegten sich langsam mit einer Drehung von ca. 50° auf ihre jetzige Position.

Die enormen Kräfte, die auf die Gesteine einwirkten, lassen sich noch heute erahnen, wenn man die tiefen Täler betrachtet, die das westliche Urgestein bis zur Küste einschneiden. Hier ist das Gestein gebrochen und gegeneinander verschoben, sodass sich im Quartär die Flüsse tief eingraben konnten und das skelettartige Relief Korsikas schufen.

Korsika ist **geologisch in zwei Einheiten** geteilt, die sich auch morphologisch gut unterscheiden lassen: Westkorsika zwischen Hauptgebirgskamm und Küste mit schroffen Bergen aus kristallinem Urgestein und Ostkorsika mit Cap Corse, der Castagniccia, dem Nebbio und der Casinca mit den flacheren und mehr abgerundeten Kuppen aus Schiefern.

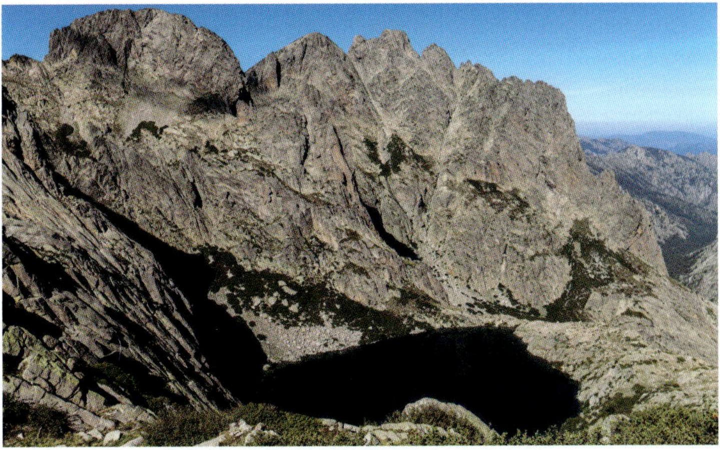

Der Bergsee Lac de Capitello ist ein Relikt der letzten Eiszeit

Diese beiden so getrennten Einheiten unterscheiden sich nicht nur in ihrem Aussehen, sondern auch in ihrer Geschichte. Während sich für den kristallinen Westteil Parallelen seiner Entstehung in Frankreich wiederfinden lassen, gehört der Nordosten in seiner Struktur zu den verlängerten italienischen Alpen, den Apenninen.

Die Gesteine des Nordostens wurden im Alttertiär (Eozän) von Osten her auf das Urgestein aufgeschoben und dabei vor allem im Kollisionsbereich stark zusammengefaltet. Die vorher auf dem kristallinen Sockel abgelagerten mesozoischen Sedimente wurden dabei stark zusammengequetscht und eingeschuppt. Die Kontaktzone verläuft etwa bogenförmig zwischen L'Île-Rousse im Nordwesten und Solenzara im Südosten und wird als *la dépression centrale corse* bezeichnet: Sie ist eine morphologische Senke zwischen den Gebirgen.

Westkorsika ist überwiegend aus Granit aufgebaut. Dieser verdankt seine flammend rote bis rotbraune Färbung den Feldspäten, die zusammen mit Quarz und Glimmer die wichtigsten Bestandteile des Gesteins bilden. Durch die Verwitterung können bizarre Formen entstehen. So hat die sogenannte ☞ Tafoni-Verwitterung mancherorts Gebilde geschaffen, die viel Raum für Fantasien lassen.

Der Monte Cinto besteht aus alten Rhyolithen (griech. *rheo* = „fließen“, *lithos* = „Stein“) aus dem Perm. Das sind helle, kieselsäurereiche, vulkanische Gesteine.

Verstreut liegen die isolierten Areale der Gneise aus dem Paläozoikum. Diese metamorphen Gesteine bestehen überwiegend aus den gleichen Komponenten wie die Granite, sind aber im Gelände an ihrer schiefrigen Struktur zu erkennen.

Ostkorsika wird durch die *schistes lustrés* (ein Sammelbegriff für eine Zone glänzender Gesteine) geprägt. Namengebend für diese schwach metamorphen Gesteine sind der meist schiefrige Charakter und die im Sonnenlicht funkelnden Schichtflächen. Am Monte San Petrone z. B. trifft man auf den typischen Glimmerschiefer und im Nebbio schimmert ein Serpentinit in den verschiedensten Grüntönen.

Tafoni und andere Felsformationen

300 Mio. Jahre Lehrzeit haben die korsische Natur zu einem Bildhauer der besonderen Art werden lassen, dem selbst die harten Granitgesteine nicht widerstehen können. Das Ergebnis sind Blockmeere, Labyrinthe, Burgen, Hohlblöcke, riesige Löcher, Wackelsteine, außergewöhnliche Landschaftsbilder und bizarre Felsformationen – der Fantasie sind keine Grenzen gesetzt.

Das Werkzeug für diese Kunstwerke ist ganz unterschiedlich. Chemische und physikalische Verwitterung haben z. B. die Felsenburgen geschaffen, die überwiegend in Höhenlagen über 1.000 m vorkommen, ebenso die Wackelsteine. Berühmt ist der Wackelstein von Uomo di Cagna im Süden Korsikas, ein großer Felsblock, dessen Gewicht von vielen Tonnen auf wenigen Quadratzentimetern Unterfläche aufliegt.

Ebenfalls durch Wasser ausgelöste Erosionsprozesse haben die für Korsika so typischen **Tafonifelsen** geschaffen, die besonders im Bavella-Massiv zu bewundern sind. Entstanden sind bizarre kugel- oder ellipsenförmige Aushöhlungen in den rötlichen Granitblöcken, deren Formen oft an Tiere und mystische Wesen erinnern.

Auch die **Eiszeit** hat ihre Spuren hinterlassen. Trogtäler und Moränen (z. B. am Monte Renoso) zeugen von ehemaligen Gletschern in den Bergen, ebenso wie die z. T. perlschnurartig aufgereihten, reizvollen kleinen Gebirgsseen an den zentralen Gipfeln Westkorsikas.

Ein besonderer Reichtum Korsikas sind die 20 **geothermalen Quellen**, deren Wassermassen in der Tiefe des Gebirges aufgeheizt werden. Auf dem Weg an die Oberfläche werden Mineralien aus den durchströmten Gesteinen herausgelöst. So gibt es warme (ca. 50° C) schwefelhaltige, auch zu medizinischen Zwecken genutzte Quellen, z. B. in Guagno-les-Bains, Pietrapola und Bains de Baracci, sowie kalte in Puzzichello und eisenhaltige in Orezza und Pardina.

Klima und Wetter

Korsika wird oft als „Insel der Gegensätze" bezeichnet. Während die sonnigen Küsten viele Strandurlauber anziehen, ist das Inland sehr bergig, eine Situation, die das Klima stark beeinflusst, erst recht im Hochsommer.

Die **Jahresdurchschnittstemperatur** schwankt zwischen 12° C in den Bergen und 20° C an der Küste. Auf Meereshöhe erreicht die Temperatur im Hochsommer Werte von 23 bis 36° C, in 1.000 m Höhe sind Schwankungen zwischen 8 und 26° C nicht ungewöhnlich. Die Wassertemperatur weist im Sommer angenehme 25° C auf und fällt auch im Winter selten unter 13° C ab.

Das Klima ist wesentlich durch die Höhe bestimmt. Als Faustregel gilt, dass die Durchschnittstemperatur mit je 100 m Höhe um 0,6° C abnimmt. Der **Jahresniederschlag** beträgt im Mittel 1.000 mm und mehr. Aber auch hier gibt es lokal und jahreszeitlich bedingt große Unterschiede. Als Faustregel gilt hier: Im Westen regnet es mehr als im Osten, im Inselinnern mehr als an den Küsten und im Norden häufiger als im Süden. Aufgrund ihres Gebirgscharakters verzeichnet die Insel vier **Klimazonen**.

Küstennahe Regionen mit einer Höhe von 0 bis 200 m weisen ein **mediterranes Klima** auf. Die Sommer sind trocken und heiß, die Winter regenreich und mild und die Temperaturen erreichen nur selten den Gefrierpunkt. Die Küste erhält mit einem durchschnittlichen Jahresniederschlag von 500 bis 600 mm am wenigsten Regen, das entspricht in etwa der Menge in den trockensten Regionen Deutschlands. Der Niederschlag ist außerdem sehr ungleichmäßig verteilt (Sommerdürre).

In der **mediterranen Übergangszone** von 200 bis 900 m fallen die Temperaturen im Sommer schon deutlich niedriger aus, was sich auch in der Vegetation widerspiegelt. In dieser Region liegen die meisten Bergdörfer.

Die Höhenlagen zwischen 900 und 1.500 m kennzeichnet ein **gemäßigtes Klima**. Ausgedehnte, schattige Wälder schaffen dort im Sommer ideale Wanderbedingungen.

Ab 1.500 m herrscht schließlich ein **alpines Klima**. Die Winter sind hier schneereich und kalt. In manchen Jahren liegt in 2.000 m Höhe am Ende des Winters eine Schneedecke von über 2 m. Doch auch im Sommer ist im Hochgebirge mit extremen Wetterbedingungen zu rechnen. Heftige Sturmwinde sind dort keine Seltenheit. Auch starke Temperaturstürze mit Temperaturen um den Gefrierpunkt und sogar Schneefall sind jederzeit möglich.

Ein potenzielles Risiko für Wanderer bergen die im Gebirge häufig auftretenden **Sommergewitter** (☞ Reise-Infos von A bis Z, Gefahren), die oft mit gewaltigen Niederschlagsmengen einhergehen. Im Extremfall fallen bis zu 200 mm Regen innerhalb weniger Stunden und Bäche verwandeln sich in reißende Ströme, die ab und zu Wege überschwemmen, Brücken zerstören und Dörfer von der Außenwelt abschneiden!

Die täglichen Temperaturschwankungen gehen zurück auf zwei Arten regionaler und lokaler Luftzirkulation, die sich bei Abwesenheit von starkem Wind ereignen und bei wolkenlosem Himmel besonders ausgeprägt sind.

Die **Land-Seewind-Zirkulation** ist jedem Strandurlauber vermutlich aus eigener Erfahrung bestens bekannt. Im Laufe des Tages erwärmt sich die Landoberfläche schneller als das Meer. Die über dem Land erwärmte Luft steigt auf, kühlt ab und in der Höhe kommt es zur Wolkenbildung. Durch die aufsteigenden Luftmassen wird Luft vom Meer angesaugt. Diese ausgleichende Luftströmung ist der kühle, feuchte **Seewind**. Auf Korsika wird er als *Mezzogiorno* bezeichnet. Spätnachmittags drehen sich die Verhältnisse allmählich um. Da sich die Landoberfläche stärker abkühlt als die Wasseroberfläche, steigt über dem Meer wärmere dampfgesättigte Luft auf, während über dem Land kalte Luft absinkt und vom Land aufs Meer hinausströmt. Dieser kühle **Landwind** heißt auf Korsika *Terranu*.

Auf ähnliche Weise funktioniert die lokale Zirkulation zwischen Berg und Tal. Da im Talgrund mehr Feuchtigkeit vorhanden ist und die steilen, der Sonne zugewandten Hänge eine größere Sonneneinstrahlung aufweisen als der schattige Boden, weht der Wind hier tagsüber hangauf. Dieses Phänomen ist bekannt als der **Talwind**. Nachts dreht sich die Windrichtung und der Wind weht von den Hängen herab Richtung Tiefland, das ist der **Bergwind**.

Am wichtigsten für die Wetterlage sind aber die **Mittelmeer-Winde**, die die Insel aus allen Richtungen angreifen.

Der **Libeccio** ist fast das ganze Jahr über präsent und weht aus west- bis südwestlicher Richtung. Der aus Nordafrika stammende Wind führt oft Staub aus der Sahara mit sich. Er sorgt für heißes, trockenes Sommerwetter und bewirkt kühles, regnerisches, oft stürmisches Winterwetter im Westen der Insel. Alle Windrekorde von 200 km/h und mehr wurden im Winter bei Westwind verzeichnet.

Aus dem Nordwesten bläst der **Mistral**. Dieser unberechenbare und heftige Wind, der aus dem französischen Rhônetal hervorbricht, bringt trockenes, aber kaltes Wetter mit sich. Im Osten der Insel (Lee-Seite) führt er zu heftigen Fallböen, die durch die Gebirgspässe oft noch verstärkt werden. Er sorgt aber auch für klare Luftmassen und großartige Weitsichten.

Kaltes und trockenes Wetter bringt auch der **Tramontana**, der vor allem im Winter aus nördlicher bis nordöstlicher Richtung weht.

Der **Gregale**, ein Nordostwind, der im Winter aktiv ist, beschert dem Nordosten feuchtkaltes Wetter und ab und zu sogar Schneefall an der Küste.

Der **Poniente** ist ein Westwind, der mit einer warmen und trockenen Witterung einhergeht. Wenn das Pendant, der **Levante**, ein schwülwarmer Ostwind, über die Insel hereinbricht, stöhnt vor allem die Ostküste unter einem wahren Treibhausklima.

Nicht zu unterschätzen ist auch der **Scirocco**. Dieser Südostwind, der seinen Ursprung in der Sahara hat, bringt heiße, trockene Luft. Er führt oft große Mengen Sandstaub mit sich, sodass sich die Luft gelbbraun färbt. Auf Korsika ist der Scirocco oft Vorbote feuchtwarmer Luftmassen, die im Gebirge heftige Gewitter auslösen.

Flora

Aufgrund ihrer verschiedenen Klimazonen zeichnet sich die „grünste Insel im Mittelmeer“ durch eine ungewöhnlich hohe **Pflanzenvielfalt** aus. Über 2.000 Arten sollen gezählt worden sein, von mediterranen bis hin zu alpinen Vertretern. Viele Arten sind endemisch.

Im Tiefland gedeihen **Obst** (Zitrone, Orange, Wein, Mandel), **Gemüse** und **Getreide**. Als weitere Nutzpflanzen trifft man in der **mediterranen Vegetationszone** auch **Korkeiche** und **Ölbaum**.

Außerdem wachsen hier **Feigenkaktus**, **Platane**, **Oleander**, **Aleppokiefer** und diverse **Palmenarten**. Der Eukalyptus wurde im 19. Jh. zur Bodendrainage versumpfter Gebiete eingeführt.

Wo die Natur von menschlichen Eingriffen verschont blieb, finden sich Restbestände des Waldes aus **immergrünen Eichen**, der einst große Teile der Insel bedeckte. In diesen dunklen Wäldern, die im Norden von **Steineichen**, im Süden von **Korkeichen** dominiert werden, sind aufgrund der kargen Lichtverhältnisse die Eichen überwiegend unter sich, abgesehen vom Lianengeflecht der **Stechwinde** mit ihren leuchtend roten Beeren.

Vielerorts wurde der ursprüngliche Wald durch Brandrodung systematisch vernichtet, um neue Weideflächen zu schaffen. Durch intensive Beweidung entwickelte sich eine offene Weidelandschaft mit eingestreuten Gebüschen aus Strauchheide, Zistrose, Ginster, Wacholder und aromatischen Gewürzkräutern, die als **Garigue** bezeichnet wird.

Andernorts führte fortschreitende Verbuschung zum Entstehen des undurchdringlichen Gestrüpps der **Macchia** (korsisch *a macchja*). Als Leitpflanze dieses dornigen Buschwaldes, der heute über die Hälfte der Insel einnimmt, gilt die **Zistrose** (korsisch *u mucchju*). Die weiß blühende **Montpellier-Zistrose** schwängert im Frühjahr die Insel mit ihrem typisch harzigen Duft. Gegen gefräßige Tiere schützen sich die Macchiapflanzen oft mit Dornen oder durch den Einsatz ihrer kräftigen aromatischen Düfte als chemische Waffen.

In Gebieten mit relativ hoher Feuchtigkeit wächst die Macchia zu einem 5 bis 8 m hohen geschlossenen Blätterdach zusammen, überragt nur von einzelnen immergrünen Eichen. Diese **„hohe" Macchia** wird vom **Erdbeerbaum** und der **Baum-Heide** dominiert.

In der nur 1,5 bis 2 m hohen **„niederen" Macchia** locken Zistrose und aromatische Gewürzkräuter wie **Rosmarin, Thymian** oder **Lavendel** mit ihren Düften. Hinzu gesellen sich **Myrte**, **Wacholder**, der harzig riechende **Mastix** und der leuchtend gelb blühende **Behaarte Dornginster**. Neben anderen Zwiebelgewächsen stechen vor allem im Frühsommer die hohen weißen Blütenstände des **Affodills** hervor.

In der Übergangszone zu einem mehr **gemäßigten Klima** taucht die **Edelkastanie** auf, die in Höhen von 500 bis 800 m optimal gedeiht. Ihre Frucht war einst das Hauptnahrungsmittel der Korsen (☞ Korsische Küche). Im 19. Jh. bedeckten Kastanienwälder 35.000 ha, heute noch 25.000 ha. Bewirtschaftet werden nur noch 4.000 ha.

Das endgültige Aus für mediterrane Arten erfolgt dort, wo im Winter regelmäßig Frost auftritt – auf Korsika ab einer Höhe von 1.000 m. Auch die Edelkastanie weicht nun Buchen und Nadelbäumen. Der **Buchenwald** bedeckt vor allem kühle Nord- und feuchte Westhänge; an der Westflanke des Monte Incudine wachsen Buchen bis in einer Höhe von 1.800 m. Viele Exemplare an der Baumgrenze, vor allem auf exponierten Graten, haben eine ausgeprägte Windfahnenkrone oder sind Blitzeinschlägen zum Opfer gefallen.

Innentäler und Südhänge zwischen 800 und 1.800 m sind die klassische Domäne der endemischen **Korsischen Schwarzkiefer** oder **Laricio-Kiefer**. Sie ist in weiten Teilen der Insel die häufigste Baumart an der Waldgrenze. Mit einer Höhe von über 40 m gilt die Laricio-Kiefer als der Riese unter den korsischen Bäumen. Manche Exemplare haben einen Stammdurchmesser von bis zu 2 m. Die enormen kerzengeraden Stämme wurden einst von den Römern als Galeerenmast geschätzt. Besonders schöne Bestände dieser bis zu 1.000 Jahre alten Giganten prägen die Hochwälder von Valdu Niellu, Aïtone und Vizzavona sowie das obere Golo-Tal. Beeindruckend sind auch die vom Wind zerzausten Laricio-Kiefern von Haut-Asco oder auf dem Col de Bavella.

Die Zone zwischen 1.500 und 2.000 m gehört der **subalpinen Vegetation**. Mancherorts trifft man hier den korsischen Vegetationstyp der *pozzine*: jahrtausendalte zartgrüne, moorige Grasfelder. Ihren Namen erhielten sie von den vielen kreisrunden und ovalen Wassertümpeln (korsisch *i pozzi*). Das zarte Kraut der pozzine lockt im Sommer Kühe und Schweine an, mit dem Vorteil, dass so das Wachstum von Sträuchern verhindert wird. Neben zahlreichen Moosen gedeihen hier das endemische **Korsische Fettkraut** und der **Rundblättrige Sonnentau**. Diese kleinen fleischfressenden Pflanzen verdauen das Eiweiß von Insekten, die an klebrigen Härchen auf den Blättern hängen bleiben und dann vom sich bei Berührung langsam einkrümmenden Blatt umschlossen werden.

Die Baumgrenze liegt je nach Nord- oder Südlage zwischen 1.600 und 1.800 m. Bis zu dieser Höhe wachsen in der subalpinen Vegetationszone **Birken**- und lichte **Weißtannenwälder**, während im Unterholz die endemische Korsische Nieswurz mit ihren grünlichen Blütenständen vorkommt. Mit zunehmender Höhe dominiert die zähe, ebenfalls endemische **Korsische Grünerle**, bevor ab ca. 2.000 m die **alpine Vegetationszone** beginnt.

In Felsspalten verstecken sich Endemiten wie die **Korsische Akelei**, der **Korsische Krokus** oder die **Korsische Bergzwiebel**. In sehr sonnigen Nischen lässt sich auch die seltene **Zwerg-Strohblume** aufstöbern – sie wird auch „korsisches Edelweiß“ genannt.

Fauna

Auch die Tierwelt bringt den Mittelmeerraum in Erinnerung. So sonnt sich auf Mauern und Felsen oft die **Tyrrhenische Mauereidechse**, die bei Störungen blitzschnell in Ritzen und Spalten verschwindet. Neben dieser endemischen Art, die sonst nur auf Sardinien vorkommt, ist auch die **Ruineneidechse** auf Korsika heimisch.

Nach Sonnenuntergang klettert der **Mauergecko**, auf der Jagd nach Insekten, an Wänden und Decken herum. Die **Korsische Ringelnatter** kennzeichnet eine dunkelbraunrote Farbe und ein schwarzes Zickzack-Band auf dem Rücken. Sie hält sich bevorzugt in der Nähe von Bächen auf, genauso wie die **Gelbgrüne Zornnatter**. Korsika hat keine Giftschlangen. In der Nähe von Gebirgsbächen begegnet man auch dem schwarz-gelben **Feuersalamander**, einer endemischen Amphibienart, die bei Regen ihr feuchtes Quartier verlässt.

Die **Griechische Landschildkröte**, die bereits seit 1 Mio. Jahren existiert, vergräbt ihre Eier in Korkeichenwäldern. Waldbrände, die zunehmende Urbanisierung und nicht zuletzt die illegale „Sammelleidenschaft“ führten aber zu einer starken Dezimierung des Bestandes.

Auf Korsika gar schon ausgestorben war der **Zwergedelhirsch**, der durch massive Waldrodung und intensive Bejagung in den 1960er-Jahren verschwand. Deshalb hat der PNRC hier eingegriffen. Von der Nachbarinsel Sardinien, wo noch eine Population von 80 bis 100 Tieren existierte, wurden Mitte der 1980er-Jahre einige Hirsche importiert, um wieder eine korsische Population aufzubauen. Das Projekt, ein von der EU gefördertes LIFE-Programm, war ein großer Erfolg: 1998 konnten bei Quenza die ersten 16 Hirsche in die Freiheit entlassen werden, bis zum Ende des Programms 2017 wurden insgesamt 320 Exemplare ausgewildert. Heute wird der korsische Bestand wieder auf 1.500 bis 3.000 Tiere geschätzt (2019).

Wappentier der Insel ist der **korsische Mufflon**. Das scheue Wildschaf, das sich am ehesten in der Dämmerung beim Äsen zeigt, stammt ursprünglich aus Vorderasien.

Von dort gelangten, vermutlich in der frühen Jungsteinzeit (vor 8.000 Jahren), einige domestizierte Exemplare mit den ersten Einwanderern nach Korsika, wo sie später verwilderten und sich im Gebirge ausbreiteten. Noch vor einem Jahrhundert zählte die Insel eine zusammenhängende Population von über 2.000 Tieren. Vor allem rücksichtslose Wilderei ließ den Mufflonbestand arg schrumpfen. Heute zählt die Insel noch 1.000 bis 1.100 Tiere (2020): Die Population am Monte Cinto hat eine Stärke von rund 600 Tieren, weitere 400 bis 500 Mufflons sind im Bavella-Massiv zu Hause. Seit 1953 ist *a muvra* geschützt.

Kraterähnliche Wühl- und Grabspuren verraten die Aktivität des **Wildschweins**, das vielzählig die Macchia und niedere Gebirgshänge durchstreift. Obwohl kleiner als sein kontinentaler Vetter, bleibt das korsische Wildschwein ein stattliches Tier. Immerhin bringt *u cignale* bis zu 90 kg auf die Waage. In vielen Bergdörfern ist die Wildschweinjagd ein wahres Kultereignis.

Weit häufiger trifft man das korsische **Hausschwein**, das ebenfalls frei und unbekümmert im Wald herumstreunt. Begegnungen zwischen Wild- und Hausschwein bleiben freilich nicht aus und so grunzt im Dickicht auch eine nicht geringe Zahl von *razzoni* (dt. „Hybriden").

Das größte Raubtier der Insel ist der **Fuchs**, der bis zu 10.000 Nager im Jahr frisst. Dabei fühlt sich *a volpe* an der Küste genauso wohl wie im Hochgebirge.

Die gefiederte Fauna Korsikas ist extrem heterogen. Eine endemische Besonderheit ist der **Korsika-Kleiber**, ein kleiner, kräftiger Vogel, der kopfunter an den Bäumen herunterläuft. Der 1883 durch den Briten John Whitehead entdeckte Vogel gilt als sedentär, d. h., fest an sein Wohngebiet gebunden. Er lebt in Nadelwäldern, vor allem auf Laricio-Kiefern, in 800 bis 1.800 m Höhe.

Auch einige große Greifvögel sind auf Korsika beheimatet. Am häufigsten sind Bussarde und Rotmilane. Auch Baumfalken, Turmfalken und Sperber lassen sich oft beobachten. Eher rar ist der **Steinadler**: Rund 60 Brutpaare horsten in entlegenen Felsnischen, vor allem in der zentralen Gebirgskette. Zu Gesicht bekommt man sie am ehesten in der Bavella-Region und im Asco-Tal. Der Speiseplan des stattlichen Greifvogels ist vielfältig: Säuger von der Größe eines Fuchses werden genauso wenig verschmäht wie Reptilien, andere Vögel und Aas.

Auch der Erhalt des **Fischadlers** ist ein Verdienst des ☞ korsischen Naturparks. Um den schwarzweiß gefiederten Greifvogel, der in den 1970er-Jahren fast ausgestorben war, wieder für den Standort Korsika zu begeistern, wurde ein Trick angewendet. An geeigneten Stellen – Felsnadeln an der Küste – bauten Angestellte des Naturparks künstliche Horste. Um die Illusion eines interessanten Lebensraumes zu verstärken, wurden dort überlebensgroße Schaumstoff-Adler aufgestellt. Das Ergebnis war verblüffend: 1973 gab es drei korsische Brutpaare, 2010 bereits 32. Seitdem geht die Zahl – vor allem wegen des starken Besucherdrucks im Naturreservat Scandola – leider wieder zurück.

Der **Bartgeier** ist das letzte Glied in der Nahrungskette. In den letzten Jahren ist der Bestand des größten korsischen Vogels stark rückläufig gewesen. 2016 gab es vom stattlichen Aasfresser, der eine Flügelspanweite von fast 3 m erreicht, nur noch 15 Brutpaare. Im Volksmund wurde er einst als „Lämmergeier" bezeichnet, was auf der (falschen) Annahme beruhte, er würde auch Lämmer reißen. Stattdessen ernährt sich der Bartgeier, der in Höhen von 1.000 bis 1.700 m brütet, vor allem von Knochen. Trickreich ist seine Methode, um an das Knochenmark zu gelangen: Dazu lässt er Knochen aus großer Höhe auf Felsen hinuntersausen, sodass sie zersplittern. Auf ähnliche Weise „knackt" er Schildkröten …

Der Regionale Naturpark Korsika

Am 15. Mai 1972 wurde der **Parc Naturel Régional de Corse (PNRC)** gegründet. Er umfasst heute ein Areal von 4.402 km² – 50 % der Gesamtfläche der Insel – und erstreckt sich vom Golfe de Porto im Nordwesten bis zum Forêt de l'Ospédale im Südosten. Eingeschlossen sind auch alle hohen Gipfel, von der Grande Barrière mit dem Monte Cinto bis zu den Aiguilles de Bavella.

Zu den Zielen des korsischen Naturparks gehören der Natur- und Landschaftsschutz, der Erhalt der inseltypischen ☞ Fauna und ☞ Flora, die Bekämpfung der Wald- und Macchiabrände sowie der Schutz herausragender Naturdenkmäler wie der Golfe de Girolata und der korsischen Bergseen. Hinzu kommt die Konservierung traditioneller Bauformen wie Bergeries (Schäfereien), Mühlen und Bergdörfer sowie historischer Baudenkmäler wie Megalithen oder genuesischer und pisanischer Bauten (☞ Geschichte).

Ein weiteres Ziel ist die wirtschaftliche Wiederbelebung der von der Abwanderung arg betroffenen Bergdörfer. Um der *désertification* (dt. „Verödung“) des Binnenlandes entgegenzusteuern, wurden zahlreiche lokale Projekte entwickelt und gefördert – von der Belebung des traditionellen Handwerks über die Aufwertung korsischer Produkte bis zur Restaurierung historischer Baudenkmäler.

Wirtschaftliche Anreize für die Bergdörfer verspricht man sich auch von der Förderung des Wandertourismus. Dazu wurde ein 1.500 km langes Wanderwegenetz angelegt, bestehend aus längeren, regionalen *sentiers de randonnées* (z. B. GR 20, Mare e Monti) und kurzen, lokalen sog. *sentiers de pays*.

Geschichte

Die Besiedlung Korsikas begann vermutlich in der **Altsteinzeit**. Bestätigt wurde dies durch den Fund eines Frauenskeletts 1972 in einer Höhle bei Bonifacio, dessen Datierung ein Alter von ca. 8.570 Jahren ergab. Wie die „Frau von Bonifacio“ waren die Ureinwohner Korsikas Nomaden, die vermutlich vor rund 9.000 Jahren aus Italien einwanderten. Sie lebten in Höhlen und ernährten sich von Jagd und Fischfang sowie dem Sammeln von Beeren und Früchten.

Zu Beginn der **Jungsteinzeit** wurde der Mensch sesshaft. Er begann das Land zu beackern und Viehzucht zu treiben. In dieser Zeit entwickelte sich vermutlich auch die Transhumanz (☞ Die Korsen).

Aus Kleinasien und dem ägäischen Raum wanderten um 3500 v. Chr. die geheimnisvollen **Megalith-Völker** ein, die Dolmen und Menhire hinterließen. Sie wurden ab 1600 v. Chr. von den kämpferischen **Torreanern** verdrängt, benannt nach den von ihnen zurückgelassenen *torre* (dt. „Türme“), festungsartig errichteten Rundbauten.

Auf der Flucht vor Angriffen des Mederkönigs landete 565 v. Chr. der griechische Volksstamm der **Phokäer** an der Ostküste und errichtete dort eine rasch erblühende Kolonie: *Alalia* (das heutige Aléria). Der Handelserfolg weckte aber Begehrlichkeiten: Nach nur 30 Jahren wurden die Phokäer von Etruskern und Karthagern vertrieben.

Als die **Römer** 259 v. Chr. auf Korsika landeten, verschanzten sich die Insulaner im Binnenland und sollten sich erst nach 40 Jahren geschlagen geben.

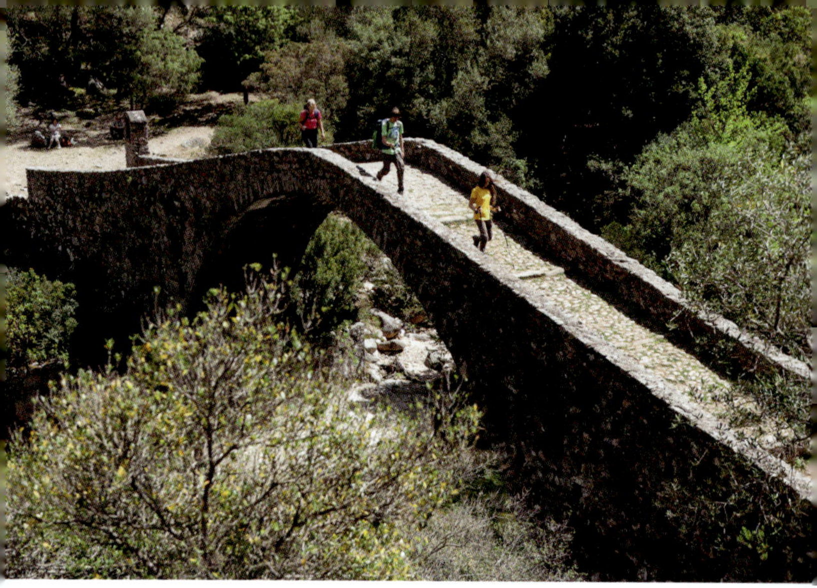

Malerische genuesische Brücke: die Ponte Vecchiu

Die über 500 Jahre währende römische Herrschaft brachte Stabilität und Wohlstand. Dem wurde ein Ende gesetzt, als im Zuge der **Völkerwanderung** Vandalen, Ostgoten, Byzantiner und Langobarden die Insel überrannten. Hinzu kamen brutale Übergriffe von **sarazenischen Piraten**, die ab 827 die Küste terrorisierten.

Der Bevölkerung blieb wieder nur der Rückzug ins Inland, wo sich ein unabhängiges Bauern- und Hirtenvolk entwickelte. Nachdem eine Koalition von **Pisa** und Genua die Sarazenenplage zu Beginn des 11. Jh. beenden konnte, beauftragte Papst Gregor VII. Pisa mit dem Schutz Korsikas. Pisa leitete einen massiven Kirchenbau ein und schuf eine politische Neuordnung auf der Basis der *pievi* (dt. „Pfarrgemeinden“). Zum Schutz gegen Sarazenenüberfälle entstanden an der gesamten Küste quadratische Wachtürme. Ruhe kehrte aber kaum ein, denn auch die mächtigen Inselclans waren untereinander hoffnungslos zerstritten, außerdem erhob Genua zunehmend eigene Ansprüche auf Korsika. Militärische Auseinandersetzungen mit Genua konnten nicht ausbleiben. Den Höhepunkt bildete die Seeschlacht bei Meloria 1284, bei der Pisa nicht nur eine deutliche Niederlage erfuhr, sondern auch Korsika verlor.

Genua hatte aber nicht mit Papst Bonifaz VIII. gerechnet, dem der aufstrebende Stadtstaat ein Dorn im Auge war. Er übertrug Korsika 1297 deshalb an das Königreich Aragon. Ein weiterer territorialer Krieg entflammte – die Auseinandersetzungen zwischen Genua und Aragon sollten 150 Jahre anhalten. Den neuen Konflikt nutzte der Volksheld **Sambucuccio d'Alando** aus dem Bozio 1358, um die Bauern in einen Aufstand gegen die Unterdrückung durch die Adligen zu führen. Die aufgebrachten Bauern vertrieben die Feudalherren aus Ostkorsika und bewirkten, dass sich dort ein freies Bauerntum durchsetzen konnte. Der Westen blieb dagegen noch jahrhundertelang fest in der Hand der Feudalherren.

Der genuesischen Periode entstammen viele malerische, oft bis heute genutzte Brücken. Ein weiteres Relikt sind die *torri*, runde Wachtürme rund um die Insel, deren Besatzungen sich durch Feuerzeichen untereinander verständigen konnten. Vor allem in der Castagniccia wurden im großen Stil Esskastanien angepflanzt, die bald eine wichtige Ernährungsgrundlage für die schnell wachsende Bevölkerung bildeten.

1553 eroberten französische Truppen, angeführt vom korsischen Freiheitskämpfer **Sampiero Corso**, fast die ganze Insel. Zum Verdruss der Korsen musste Frankreich die Insel aber 1559 wieder an Genua abtreten. Sampiero, der sich damit nicht abfinden wollte, rief zum Aufstand auf und kontrollierte 1564 tatsächlich erneut große Teile der Insel. Seine Ermordung drei Jahre später (im Auftrag der Genueser) beendete vorerst die Hoffnung auf ein freies, unabhängiges Korsika.

Erst im 18. Jh. lehnten die Korsen sich erneut auf. Die Kämpfe gegen genuesische sowie (von Genua zu Hilfe gerufene) österreichische und französische Truppen dauerten von 1729 bis 1769 (☞ Calenzana). Herausragende Figur dieser Epoche, die als **Korsischer Unabhängigkeitskrieg** in die Geschichte eingehen würde, war der große Freiheitskämpfer Pascal Paoli.

Als sich Korsika 1755 von Genua lossagte, wurde Paoli durch die Insulaner an die Spitze der unabhängigen Korsischen Nation berufen. Unter seiner Regie erhielt Korsika eine demokratische Verfassung. Justiz und Verwaltung wurden reformiert, die Wirtschaft erhielt neue Impulse und in Corte wurde die erste korsische Universität errichtet.

Die Unabhängigkeit dauerte aber nur 14 Jahre, denn 1768 musste das stark geschwächte Genua seine (auf dem Papier noch existierenden) Rechte an der Insel vertragsgemäß an Frankreich abtreten. Paoli rief erneut zum bewaffneten Widerstand auf, wurde aber am 8. Mai 1769 bei Ponte Nuovo vernichtend geschlagen. Er ging ins Exil nach England, während Korsika endgültig Frankreich zugeschlagen wurde. Drei Monate später wurde **Napoleon Bonaparte**, der berühmteste Sohn Korsikas, geboren.

Im 19. Jh. war Frankreich bestrebt, die Lebensbedingungen der Korsen zu verbessern. Eisenbahntrassen, Straßen und Hafenanlagen wurden angelegt, Schulen gebaut. Arbeitslosigkeit und Armut nahmen aber eher noch zu und eine starke Abwanderungswelle setzte ein.

Der Erste Weltkrieg forderte einen hohen Blutzoll – 15.000 korsische Soldaten fielen im Krieg. Als die Insel im Zweiten Weltkrieg von 80.000 italienischen und 8.000 deutschen Soldaten besetzt wurde, führte der korsische Widerstand, der sich in die Macchia zurückgezogen hatte, einen erbitterten Kampf.

1954 wurde mit 200.000 Einwohnern ein Tiefpunkt der Bevölkerungsentwicklung erreicht. Mit amerikanischer Aufbauhilfe erfolgte die Trockenlegung der Ostküstensümpfe zur Abwehr von Malaria. Nach dem Ende des Algerienkriegs 1962 wurden viele Algerienfranzosen repatriiert. 17.000 sog. **Pieds-noirs** oder „Schwarzfüße" wurden mit finanzieller Unterstützung des französischen Staates an der korsischen Ostküste angesiedelt. Diese aus korsischer Sicht ungerechte Bevorzugung löste gewaltsame Ausschreitungen gegen die neuen Siedler aus. Ein weiterer Grund für den wachsenden Unmut war der boomende, aber weitgehend von Festlandfranzosen kontrollierte Tourismus.

Radikale Gruppen begannen daraufhin mit Attentaten gegen nichtkorsische Einrichtungen. 1967 wurde die **Action Régionaliste Corse (ARC)** gegründet, 1975 die Befreiungsfront **Front de Libération National de la Corse (FLNC)**. Die nächsten 15 Jahre waren von einem Bombenterror geprägt, der viele Opfer forderte. Auf Touristen wurden aber nie direkt Anschläge verübt. 1991 wurde ein **Selbstverwaltungsstatut** verabschiedet, als korsische Verwaltungseinheit gründete man die **Collectivité Territoriale de Corse (CTC)**. Der Widerstand ging jedoch weiter und erreichte im Februar 1998 mit der Ermordung des französischen Präfekten Claude Érignac einen traurigen Höhepunkt.

Heute betrachtet nur noch eine Minderheit der Korsen die Trennung von Frankreich als erstrebenswert. Korsisch ist längst Unterrichtsfach an der Schule, auch der Lebensstandard der Insulaner hat sich in den letzten Jahrzehnten – nicht zuletzt dank des Tourismus – stark verbessert.

Die Korsen

Korsika zählt gut 340.000 Einwohner, die vor allem an der Küste leben. Über ein Drittel wohnt in den zwei größten Städten Ajaccio (71.400 Ew.) und Bastia (48.500 Ew.). Das Landesinnere ist sehr dünn besiedelt.

Korsischer Bergbauer

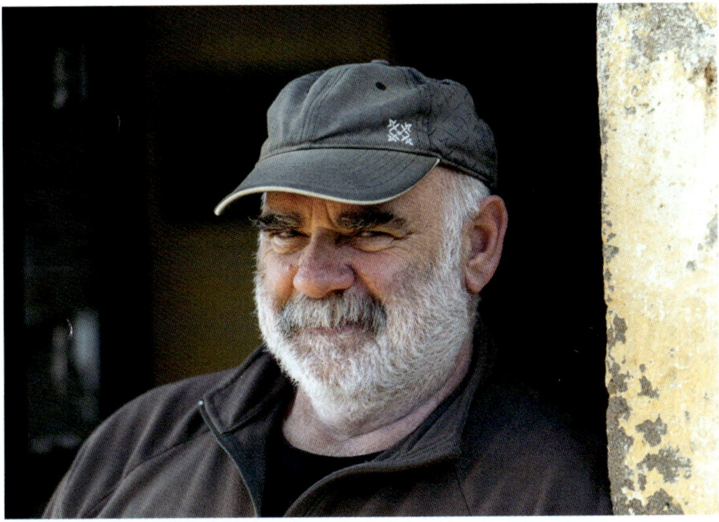

Mit einer Geschichte, geprägt von Fremdherrschaften und Kämpfen, entwickelten sich die Korsen zu einem typischen **Berg- und Hirtenvolk**. Den Lebensrhythmus bestimmte jahrhundertelang die **Transhumanz**, der saisonale Weidewechsel des Viehs. Um der Sommerhitze zu entfliehen, verließen die Hirten im Spätfrühling die Küstenebene und trieben ihre Schaf- oder Ziegenherden, oft auch Schweine, Kühe und Esel zu den Sommerweiden in den Bergen. Den Sommer verbrachten die Hirten in Bergeries (Schäfereien), einfachen Trockensteinhütten, bestehend aus *chiostra* (eingezäunter Bereich), *stazzu* (Wohnraum) und *casgile* (Raum für die Käseproduktion). Im Frühherbst erfolgte die Rückkehr zu den Küstenweiden.

Der heute kaum noch praktizierte Weidewechsel verlief jahrhundertelang über die gleichen *sentiers de transhumance*. Viele dieser in mühsamer Kleinarbeit angelegten Hirtenpfade sind heute Teil der korsischen Fernwanderwege.

Korsen gelten als wortkarg, liebenswert und gastfreundlich. Und gelegentlich auch als aufbrausend. Letzteres erfährt mitunter, wer versehentlich einen Hirten bei der Siesta geweckt oder ungebeten einen Hüttenwirt mit seinen Lasttieren abgelichtet hat. Auch wenn im Gespräch das Stichwort „Frankreich" fällt, gerät das Blut manch eines Korsen rasch in Wallung. Denn auch wenn sich die Insulaner über Subventionen aus dem Mutterland freuen, macht sich hin und wieder eine gewisse Ablehnung gegenüber Festlandfranzosen bemerkbar, die nicht nur über „ihre" Insel bestimmen wollen, sondern dazu an den schönsten Flecken protzige Hotels oder Villen errichten, die wiederum die Immobilienpreise in die Höhe treiben.

Oft äußert sich diese Ablehnung harmlos, etwa auf lokalen Postkarten, wo Frankreich ganz klein und Korsika in Übergröße dargestellt wird. Auch zweisprachige Straßenschilder, bei denen der französische Name überpinselt oder mit einer Schrotladung durchsiebt wurde, veranlassen eher zum Schmunzeln. Vor allem zu den Blütezeiten von ARC und FLNC (☞ Geschichte) kam es aber auch zu Gewalttaten gegenüber Festlandfranzosen. Und noch immer kommt es schon mal vor, dass eine im Bau befindliche Villa eines Festlandfranzosen über Nacht „versehentlich" explodiert. Die Aufklärungsquote solcher „Zwischenfälle" tendiert gegen null, da die Behörden auf eine Mauer des Schweigens stoßen.

Das war schon so zu Zeiten, als noch fast jede korsische Familie von der **Vendetta** (korsisch *vindetta*), einer brutalen Form der Blutrache, betroffen war. Der ständige Kampf um die Insel zwischen Fremdmächten spaltete auch die Clans in verschiedene Lager. Intrigen, Bestechung, Raub und Willkür waren an der Tagesordnung, was die Selbstjustiz förderte. Am heftigsten wüteten die Vendetten während der genuesischen Periode. Damals forderten sie jährlich bis zu 900 Menschenleben – bei einer Gesamtbevölkerung von 120.000!

Auslöser für eine Vendetta waren nicht selten Kleinigkeiten. Der Diebstahl eines Hahnes in Poggio-Mezzana kostete 14 Menschen das Leben. In Venzolasca wurde der Streit um einen Kastanienbaum 36 Mitgliedern der Familien der Sanguinetti und der Paoli zum Verhängnis!

Um der Vendetta zu entgehen, flohen Mörder in die Macchia, wo sie Unterstützung bei Hirten und Bauern fanden. Zum Überleben beraubten sie die Reichen. So wurden aus Bluträchern Banditen – vom Volk als Rebellen gegen die verhasste Obrigkeit verehrt und von großen französischen Literaten im 19. Jh. zu Helden hochstilisiert. Zu den begeisterten Lesern solcher Werke wie Honoré de Balzacs „La Vendetta“, Prosper Mérimées „Colomba“ oder Guy de Maupassants „Un Bandit Corse“ gehörten … die Banditen.

Korsische Küche

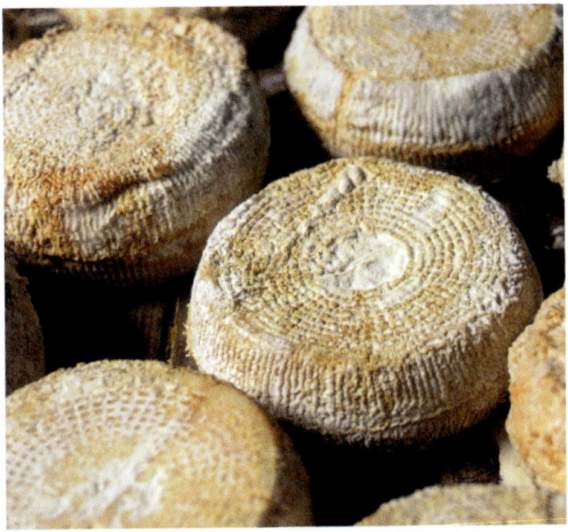

Traditioneller Ziegenkäse

Die Küche der Korsen, traditionell ein Bergvolk, basiert auf Käse, Schinken und Wurst. Bodenständige, rustikale Gerichte zeugen von einer schwer zu kultivierenden Landschaft. Durch geschickte Nutzung der vorhandenen Möglichkeiten sind Vielfalt und Qualität dennoch erstaunlich. So liefert die **Kastanie** das Holz der Fässer, in denen der korsische Wein heranreift. Im Frühjahr schickt der Imker seine Bienen in die Kastanienhaine, im Herbst mästen sich dort Schweine an den herunterfallenden Früchten. Jahrhunderte lang galt die Kastanie als „Brotbaum“ der Korsen: Kastanienmehl ersetzte Weizenmehl zum Brotbacken und zu Brei angerührt bildet Kastanienmehl auch die Grundlage für die traditionelle *pulenta*.

Der Siegeszug der Kastanie begann im 16. Jh., als Genua die Korsen zwang, Kastanienbäume anzupflanzen, um der drohenden Nahrungsmittelknappheit entgegenzuwirken. Nach dem Zweiten Weltkrieg weitgehend in Vergessenheit geraten erlebt die Kastanie heute eine Renaissance.

Zum unverwechselbaren Geschmack der korsischen **Wurstwaren** trägt die natürliche Lebensweise freilaufender Hausschweine bei. Zur Geschmacksverfeinerung werden diese vor dem Schlachten mit Kastanien gefüttert, später wird das Fleisch über Kastanien- und Rebenholz geräuchert. So entstehen *prizuttu* (Räucherschinken), *salamu* (Hartwurst), **coppa** (Schinken aus Schweinenacken), *lonzu* (Filetsteak) und *figatellu* (getrocknete Leberwurst).

Wildschwein- und **Ziegenfleisch** fehlen heute auf einer typischen Speisekarte genauso wenig wie die korsischen **Suppen**: *minestra* (Gemüsesuppe) und *aziminu* (Fischsuppe). **Langusten**, **Tintenfische** und **Fisch** (u. a. Seewolf, Goldbrasse und Meerbarbe) bereichern das Angebot der Restaurants an den Küsten. Denen stehen die köstlichen **Bachforellen** aus den Bergen aber in nichts nach.

Der korsische **Käse** wird meist aus Schafs- oder Ziegenmilch erzeugt. Der bekannteste ist der Frischkäse ***brocciu***, der nach einem ganz bestimmten Verfahren hergestellt wird: Zunächst wird frische Milch durch den Zusatz eines Ferments aus getrocknetem Schafsmagen „gebrochen". Die Molke wird mit einem Drittel frischer Milch vermischt und über einem Holzfeuer erhitzt. Anschließend werden die dadurch entstehenden Flocken oder „Milchblumen" abgeschöpft und in Formen gefüllt. Die Verwendung des *brocciu* ist vielseitig: Man genießt ihn pur mit einem Gläschen Schnaps, verarbeitet ihn mit Minze in Omeletts oder als Nudel- oder Gemüsefüllung. Auch der *fiadone*, ein mit Orangenblütenwasser aromatisierter Käsekuchen, basiert auf den *brocciu*.

Als **Aperitif** empfiehlt sich ein Glas eisgekühlter Cap Corse, als **Digestif** Myrte- oder Kastanienlikör. Der korsische **Wein** ist seit der frühen Antike bekannt. Die 7.500 ha großen Weinberge liefern jährlich 370.000 hl Wein. Auf einem Drittel der Fläche werden Qualitätsweine angebaut, die das Prädikat „AOC" (geprüfte Herkunft) führen dürfen. Vor allem drei Rebsorten verleihen dem korsischen Wein seinen besonderen Charakter: die Nielluccio-Rebe für Rosé- und Rotweine, die Vermentino-Rebe oder Malvoisie de Corse für Weißweine und die nur auf Korsika vorkommende Sciaccarello-Rebe. Das größte Weinbaugebiet ist die Côte Orientale, Spitzenweine liefern auch kleinere Anbaugebiete wie Cap Corse, Patrimonio, die Anhöhen von Ajaccio und die Sartène-Region.

Reise-Infos von A bis Z

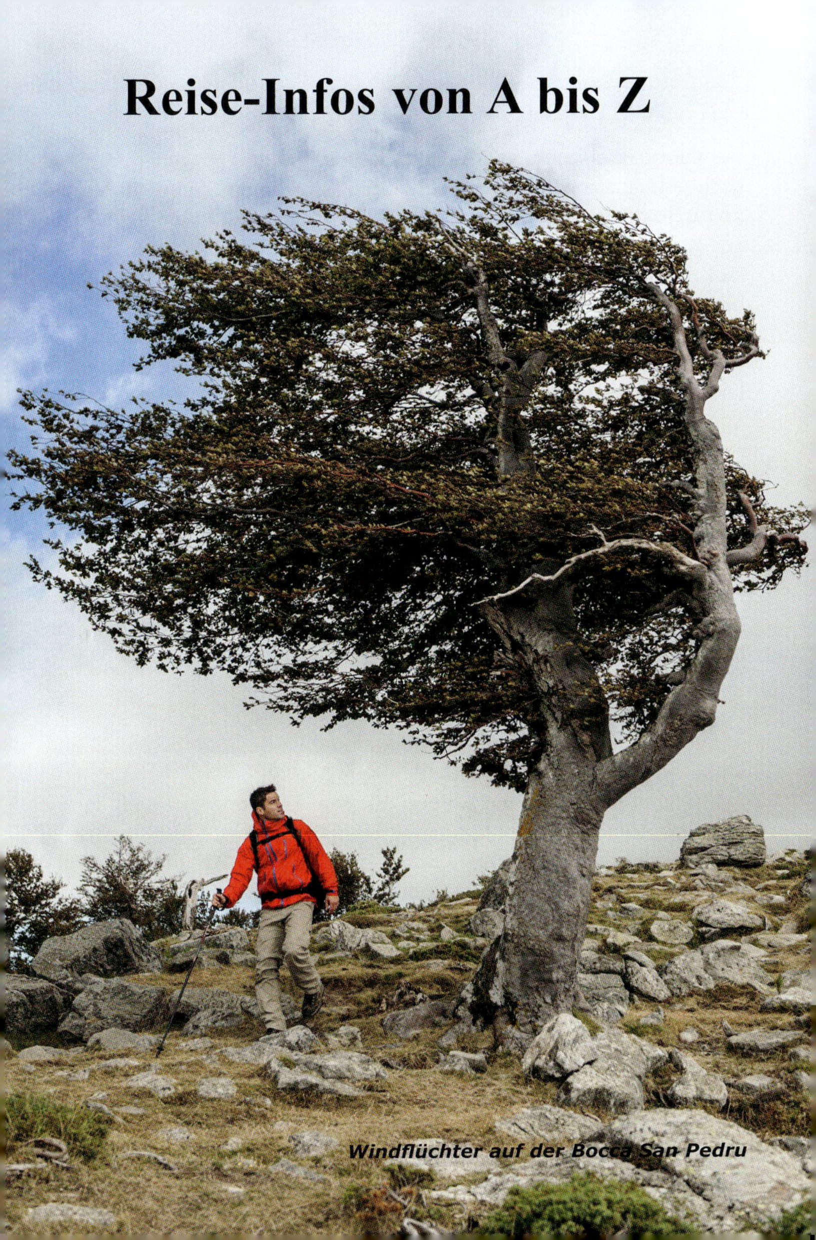

Windflüchter auf der Bocca San Pedru

Anforderungen

Der GR 20 ist eine **alpine Wanderroute**, nur geeignet für geübte Bergwanderer mit guter körperlicher Verfassung. **Ausdauer**, **Schwindelfreiheit** und **Trittsicherheit** sind Grundvoraussetzungen. Außerdem sollten Fuß- und Kniegelenke auf die Dauerbelastung des Laufens mit schwerem Rucksack vorbereitet sein. Die täglichen Gehzeiten variieren von 4 bis 9 Std., hinzu kommen im Schnitt 750 Höhenmeter pro Tag.

Die Etappen des **GR 20 Nord** sind generell kürzer und anspruchsvoller. Das Gelände ist oft extrem steil und schattenlos, viele Etappen sind mit leichten Kletterpassagen „gewürzt“. Besonders heikle Passagen sind mit Stahlseilen oder Ketten gesichert.

Die Etappen des **GR 20 Süd** sind oft länger, das Gelände meist weniger extrem. Felsige Gratpassagen und Steilhänge wechseln hier mit langen, erholsamen Abschnitten durch relativ ebenes Gelände (Wald, Hochebene).

Eine zusätzliche Herausforderung bieten abschüssige Felsplatten, die bei **Regen** oder **Nässe** sehr rutschig werden können. An manchen Stellen herrscht Absturzgefahr!

An- und Abreise Korsika

Mit dem Flugzeug

Am schnellsten erfolgt die Anreise mit dem Flugzeug zu einem der vier internationalen Flughäfen in Ajaccio, Bastia, Calvi und Figari.

Linienflüge nach Korsika werden ganzjährig von **Air France** angeboten, erfordern aber einen zeitraubenden Flughafenwechsel in Paris. Internationale Flüge landen auf dem Flughafen Charles de Gaulle im Norden von Paris, Inlandsflüge nach Korsika starten von Orly, am Südrand der Seine-Metropole.

Zwischen beiden Flughäfen verkehren im 30-Minuten-Takt Pendelbusse. Die Dauer der Fahrt schwankt je nach Verkehrslage zwischen 45 Min. und 1 Std. 30 Min.

Direktflüge aus dem deutschsprachigen Raum gibt es in der Saison (April bis Oktober) von **Lufthansa**, **Eurowings** und **EasyJet**.

Fluggesellschaften

- **Air France** fliegt das ganze Jahr täglich vom deutschsprachigen Raum (u. a. ab Frankfurt/Main, Berlin, Hamburg, Zürich und Wien) via Paris nach Ajaccio, Bastia und Calvi, Hin- und Retourflug ab € 180. 💻 www.airfrance.com
- **Lufthansa** startet von Mai bis Okt 2x pro Woche (Sa/So) von Frankfurt/Main und München nach Bastia, ab € 150. 💻 www.lufthansa.com
- **Eurowings** fliegt von Mai bis Okt wöchentlich von Berlin-Brandenburg, Düsseldorf, Hamburg, Köln/Bonn und Stuttgart nach Bastia, außerdem von Köln/Bonn nach Calvi, ab € 200. 💻 www.eurowings.com
- **EasyJet** bietet in der Saison Flüge von Berlin-Brandenburg, Basel/Freiburg und Genf nach Bastia, außerdem von Basel/Freiburg und Genf nach Ajaccio, Calvi und Figari, ab € 70. 💻 www.easyjet.com
- **Luxair** fliegt in der Saison (April bis Sep) von Luxemburg nach Bastia, Ajaccio, Calvi und Figari, ab € 120. 💻 www.luxair.lu

Die Preisbeispiele gelten für Hin- und Rückflug inkl. Steuern und Flughafengebühren. Alle Angaben sind unverbindlich (Mai 2022).

Zug zum Flug – Rail&Fly

Günstig zum Flughafen und zurück geht es mit dem **Rail&Fly-Ticket**, das von einigen Airlines (u. a. Eurowings) in Zusammenarbeit mit der Deutschen Bahn (DB) und dem Verband Deutscher Verkehrsunternehmen (VDV) angeboten wird. Das Ticket muss im Zusammenhang mit dem Flug gekauft werden und gilt nur am Tag vor dem Abflugtermin oder am Abflugtag bzw. am Tag der Rückkehr oder am Tag danach. Hin- und Rückreise müssen direkt in Richtung des Zielflughafens/Heimatbahnhofs erfolgen. Abreise- und Ankunftsflughafen können aber variieren.

Neben den Zügen der Deutschen Bahn stehen alle angeschlossenen öffentlichen Verkehrsmittel in 12 Verkehrsverbünden bzw. -gemeinschaften für die Fahrt zum/vom Flughafen zur Verfügung. Rail&Fly-Tickets gibt es ab € 29,99 pro Strecke.

Flughäfen Korsika

- **Aéroport d'Ajaccio Napoléon Bonaparte**: ☏ 04 95 23 56 56, 💻 www.2a.cci.fr. Der Flughafen befindet sich 6,5 km östlich von Ajaccio. Mit dem Airport Shuttle geht es 1-2x pro Std. zum 30 Min. entfernten Bahnhof (Gare CFC) von Ajaccio. Fahrpreis: € 8 am Automaten bzw. € 10 im Bus. Muvistrada, ☏ 08 00 00 04 00, 💻 mobilite.muvitarra.fr/plans-lignes

- **Aéroport de Bastia-Poretta**: ☏ 04 95 54 54 54, 🖳 bastia.aeroport.fr. Der Flughafen liegt 20 km südlich von Bastia. Der Airport Shuttle zum 25 Min. entfernten Bahnhof von Bastia fährt 7-11x tägl., die Abfahrtzeiten sind unregelmäßig und richten sich nach dem Flugplan. Fahrpreis: € 9. Autobus Bastiais, ☏ 04 95 31 06 65, 🖳 www.corsicabus.org
- **Aéroport de Calvi-Sainte Catherine**: ☏ 04 95 65 88 88, 🖳 calvi.aeroport.fr. Vom Airport, der 7 km südöstlich vom Zentrum liegt, gibt es leider keine Busverbindung in die Stadt. Sie erreichen Calvi aber in 10 Min. mit dem Taxi. Radio Taxis Calvais, ☏ 04 95 65 30 36, ✉ radio.taxis.calvais@orange.fr, Preis Flughafen – Calenzana ab € 34
- **Aéroport Figari – Sud Corse**: ☏ 04 95 71 10 10, 🖳 www.2a.cci.fr. Der einzige Flughafen im Süden der Insel liegt 22 km südwestlich von Porto-Vecchio. Vom Flughafen verkehren Shuttlebusse nach Porto-Vecchio, im Juli und Aug täglich, sonst Mo-Sa. Die Fahrt dauert 30 Min., Fahrpreis: € 4,80. Transports Rossi, ☏ 04 95 71 00 11

Mit der Fähre

Fährverbindungen zu mehreren korsischen Häfen gibt es sowohl vom französischen Festland (Nizza, Marseille und Toulon) als von Italien (Livorno, Savona und Genua). Auf vielen Strecken stehen supermoderne Expressfähren, komfortable Kreuzfahrtfähren und die oft nachts eingesetzten Kombifähren zur Auswahl. Alle Fähren transportieren auch Fahrzeuge.

Die **Fahrzeiten** schwanken je nach Schiffstyp und Strecke: von 6 bis 15 Std. zwischen Frankreich und Korsika bzw. von 4 Std. 30 Min. bis 11 Std. zwischen Italien und Korsika. Die schnellste Überfahrt ermöglichen *navires à grande vitesse (NGV),* superschnelle Expressfähren, die mit 37 Knoten (70 km/h) übers Meer jagen. Diese bewältigen z. B. die Strecke Nizza – Bastia in 6 Std. Die kürzeste Fahrzeit wird auf der Strecke Livorno – Bastia erzielt, die von Schnellfähren in 4 Std. 30 Min.überbrückt wird.

Vier große Fährgesellschaften kämpfen bei der Beförderung von Passagieren und Gütern nach Korsika um Marktanteile.

Corsica Ferries bietet täglich bis zu 24 Überfahrten an. Die Schiffe des Branchenprimus dampfen zwischen den französischen Häfen Toulon und Nizza und den korsischen Häfen Ajaccio, Bastia, L'Île-Rousse und Porto-Vecchio; hinzu kommen Überfahrten von den italienischen Häfen Savona und Livorno nach Bastia.

Die Schiffe von **La Méridionale** verkehren ganzjährig zwischen Marseille und Ajaccio bzw. Propriano.

Die mit Trickfilmfiguren und Walmotiven geschmückten Großfähren der **Moby Lines** pendeln von Juni bis September zwischen Livorno bzw. Genua (Italien) und Bastia.

Die 2016 gegründete Gesellschaft **Corsica Linea** fährt von Marseille nach Bastia, Ajaccio, L'Île Rousse und Porto-Vecchio.

Die **Tarife** für die Überfahrt schwanken je nach Gesellschaft, Saison und Wochentag. Bei der Kalkulation des Transports eines Pkws sind auch Fahrzeuglänge und -höhe von Bedeutung. Frühbuchen lohnt sich: Auf vielen Überfahrten werden günstige **Sondertarife** angeboten, von denen aber nur ein limitiertes Kontingent zur Verfügung steht.

So gewährt Corsica Ferries auf einigen Strecken Rabatte von bis zu 30 %. Somit ist die Überfahrt Savona – Bastia für eine Person bereits ab € 29 zu haben, zwei Personen mit Pkw zahlen für die gleiche Strecke dann € 96. Die Preisbeispiele sind inkl. Hafengebühren und Steuern und beziehen sich auf eine einfache Überfahrt. Alle Angaben sind unverbindlich (Stand Mai 2022).

Fährgesellschaften

- **Corsica Ferries**, info@corsicaferries.com, www.corsica-ferries.de
- **Moby Lines**, info@mobylines.de, www.mobylines.de
- **La Méridionale**, la-traversee-zen@lameridionale.fr, www.lameridionale.fr
- **Corsica Linea**, info@corsicalinea.com, www.corsicalinea.com

Mit der Bahn

Anreise über Frankreich

Aus dem Westen der Bundesrepublik sind die französischen Fährhäfen am besten zu erreichen. Hier bietet sich oft eine Anreise mit dem **TGV** an, der von Frankfurt/Main in gut 7 Std. 45 Min. nach Marseille fährt. Andere Verbindungen führen über Baden-Baden, Mannheim, Brüssel oder Strasbourg.

Anreise über Italien

Von Süddeutschland, Österreich oder der Schweiz sind die italienischen Fährhäfen Genua, Livorno oder Savona am leichtesten erreichbar.

☺ Eine bequeme Anreise ermöglicht z. B. der Nachtzug von München nach Florenz. Von dort geht es morgens mit dem Regionalzug weiter zum 1 Std. 30 Min. entfernten Fährhafen Livorno.

- **Deutsche Bahn (DB)**: ☏ 030/29 70 (Auskünfte über Fahrpreise und Fahrpläne), 💻 www.bahn.de
- **Österreichische Bundesbahn (ÖBB)**: 💻 www.oebb.at
- **Schweizerische Bundesbahn (SBB)**: 💻 www.sbb.ch

Mit dem Auto

Anreise über Italien

Für Autofahrer aus der Schweiz, Österreich und weiten Teilen Deutschlands sind die italienischen Fährhäfen Genua, Savona und Livorno oft am schnellsten zu erreichen. Die wichtigsten Anreiserouten:

▷ **Brenner-Route**: Diese führt von München über Innsbruck, Bozen und Verona nach Genua oder Savona bzw. ab Verona über Bologna und Florenz nach Livorno.

▷ **Gotthard-Route**: Diese führt von Basel über Luzern, Lugano und Mailand nach Genua oder Savona bzw. von Mailand über Piacenza, Parma und La Spezia nach Livorno.

Beachten Sie bei der Fahrt durch die Schweiz bzw. durch Österreich die dort geltende Vignettenpflicht! Die für Benutzung der Schweizer Autobahnen erforderliche Jahresvignette kostet € 39. In Österreich gibt es zeitlich abgestufte Autobahnvignetten: Jahresvignette (€ 93,80), 2-Monats-Vignette (€ 28,20) und 10-Tages-Vignette (€ 9,60). Hinzu kommen Mautgebühren für die Benutzung der Brenner-Autobahn (€ 10,50/Fahrt). Auch große Teile des italienischen Autobahnnetzes sind mautpflichtig.

Anreise über Frankreich

Vor allem für Autofahrer aus dem Westen Deutschlands und aus der Westschweiz stellt eine Anreise über die französischen Fährhäfen Marseille, Nizza oder Toulon eine reizvolle Alternative dar. Hier bieten sich z. B. folgende Anreiserouten an:

▷ von Köln über Luxemburg, Metz, Nancy, Dijon, Lyon und Avignon nach Marseille, Toulon oder Nizza

▷ aus der Westschweiz über Genf, Valence und Avignon nach Marseille, Toulon oder Nizza

Auch große Abschnitte der französischen Autobahnen unterliegen der Mautpflicht (*péage*).

An- und Abreise GR 20

Informationen zu Bus- und Zugverbindungen auf Korsika finden Sie auf der Plattform:

www.corsicabus.org

Alle für GR-20-Wanderer relevanten Busverbindungen sind dort auffindbar unter:

www.corsicabus.org/connectionsHiking.html

Nach Calenzana

Der nördliche Beginn-/Endpunkt des GR 20 liegt in der Ebene der Balagne, einen Steinwurf entfernt von Calvi und der Nordküste.

Mit dem Auto

Am kürzesten ist die Anreise von **Calvi** (13 km).

Von **Bastia** erfolgt die Anfahrt über die T11, T20 und T30 (115 km).

Von **Ajaccio** führen zwei Routen nach Calenzana. Am schnellsten ist die Anreise durchs Inland über die T20 und T30 (168 km). Etwas zeitintensiver, aber landschaftlich reizvoller ist die spektakuläre Küstenstraße D81 (152 km), die an den bizarren Felsgebilden der Calanche vorbeiführt. Von **Porto-Vecchio** führt die Anreise über die T10, T50 und T30 (207 km).

Mit Bus und Bahn

▷ Calenzana ist per Bus von **Calvi** aus erreichbar. Die Anreise mit Bus/Bahn von Bastia, Ajaccio oder Porto-Vecchio nach Calenzana erfolgt immer über Calvi.

Calvi – Calenzana

Im Juli und Aug 2x tägl.: ab Calvi um 14:30 und 19:30, ab Calenzana um 15:00 und 20:00. Von Sep bis Juni während der Schulzeit nur Mo, Di, Do und Fr von Calvi nach Calenzana um 15:30; es gibt dann keine Retourfahrt! Fahrzeit: 30 Min., Fahrpreis: € 8. Abfahrt Calvi: place de la Porteuse d'eau, Abfahrt Calenzana: place de l'Église

♦ **Corsicar**, ☏ 04 95 65 11 35, corsicar.cly@orange.fr, www.corsicar.com

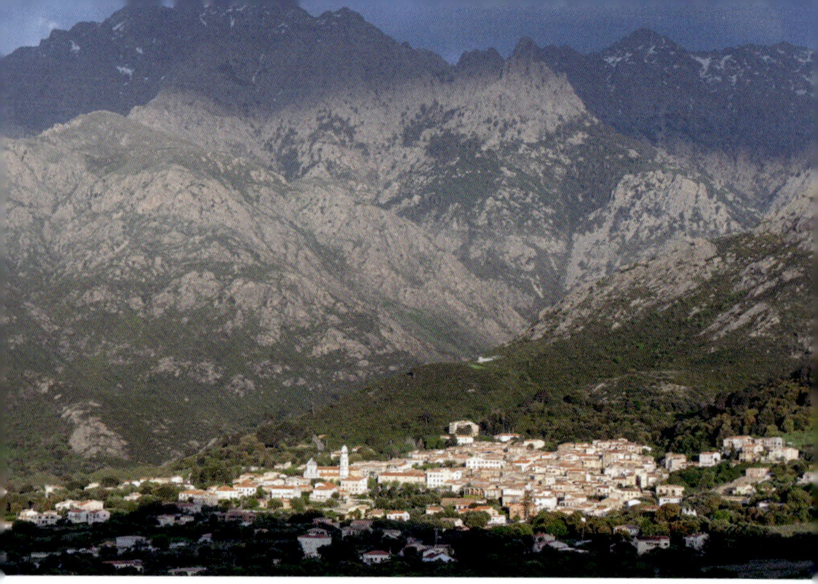

Der GR 20 beginnt im Imkerdorf Calenzana

▷ Von **Bastia** gibt es eine direkte Busverbindung nach Calvi.

Bastia – Calvi

Im Juli und Aug 2x tägl.: ab Bastia um 10:30 und 17:00, ab Calvi um 7:00 und 13:30. Von Sep bis Juni Mo-Fr 1x tägl.: ab Bastia Mo-Do um 16:30, Fr um 18:10; ab Calvi Mo um 5:45, Di-Fr um 7:00. Fahrzeit Bastia – Calvi: ca. 2 Std., Fahrpreis Bastia – Calvi: € 16. Abfahrt Bastia: Gare routière (Busbahnhof), Abfahrt Calvi: place de la Porteuse d'eau

♦ **Corsicar**, ☏ 04 95 65 11 35, corsicar.cly@orange.fr, www.corsicar.com

▷ Von **Ajaccio** gelangt man sowohl mit dem Bus (umständlich) als auch mit der Bahn nach Calvi. In beiden Fällen muss umgestiegen werden.

Ajaccio – Porto – Calvi

Die Anreise mit dem Bus ist etwas kompliziert, da ein Buswechsel in Porto erforderlich ist. Die Strecke Calvi – Ajaccio schafft man an einem Tag, in die umgekehrte Richtung muss eine Übernachtung in Porto eingeplant werden. Die Strecke Porto –

Calvi wird außerdem nur im Sommer bedient. Hier bietet der Zug sicherlich die bessere Alternative! Fahrpreis Ajaccio – Porto – Calvi: € 34,40

- **Autocars de l'Île de Beauté (AIB)**, ☏ 04 95 22 41 99, f-ceccaldi@wanadoo.fr, www.autocars-iledebeaute-ajaccio-20.fr, Fahrpläne unten www.corsicabus.org

Ajaccio – Calvi

Bei der Fahrt von Ajaccio nach Calvi müssen Sie in Ponte Leccia umsteigen. Es gibt 2 Verbindungen pro Tag. Der Fahrplan variiert je nach Saison. Gesamtfahrzeit: 4 Std. 30 Min. bis 5 Std., Fahrpreis: € 25,10

- **Chemins de Fer de la Corse (CFC)**, ☏ 04 95 32 80 57, contact@cf-corse.com, cf-corse.corsica

▷ Von **Porto-Vecchio** erreicht man Calvi am besten durch eine kombinierte Bus-/Zugfahrt (über Casamozza).

Porto-Vecchio – Bastia

Von Porto-Vecchio fahren Sie mit dem Bus bis Casamozza (Bahnhof). Der Bus verkehrt von Mitte Juni bis Mitte Sep 2x tägl., sonst Mo-Sa 2x tägl. Hinfahrt ab Porto-Vecchio um 8:00 und 13:30, Rückfahrt ab Casamozza um 9:00 und 16:30. Fahrzeit Porto-Vecchio – Casamozza: 2 Std. 30 Min., Fahrpreis: € 23 zzgl. € 1/Gepäckstück

- **Rapides Bleus**, ☏ 04 95 31 03 79, contact@rapides-bleus.com, www.rapides-bleus.com

Casamozza – Calvi

Es gibt 2 Verbindungen pro Tag, z. T. mit Umsteigen in Ponte Leccia. Gesamtfahrzeit Casamozza – Calvi: ca. 3 Std., Fahrpreis: € 13,40

- **Chemins de Fer de la Corse (CFC)**, ☏ 04 95 32 80 57, contact@cf-corse.com, cf-corse.corsica

Nach Conca

Der südliche Beginn-/Endpunkt des GR 20 liegt im Südosten der Insel, nördlich von Porto-Vecchio.

Mit dem Auto

Am kürzesten ist die Anreise von **Porto-Vecchio** (21 km) über die T10 und D168. Recht zügig gelangt man auch nach Conca von **Bastia** (126 km) über die gut ausgebaute Ostküstenstraße T11 und T10.

Ab **Ajaccio** stehen zwei Routen zur Auswahl. Die „Nordroute“ führt über den Col de Vizzavona, die T20, T50 und T10 (162 km), die „Südroute“ über Sartène und Porto-Vecchio (160 km). Am weitesten ist die Anreise von **Calvi** (185 km), diese erfolgt über die T30, T20, T50 und T10.

Mit dem Bus

▷ Conca ist im Sommer per Bus von **Porto-Vecchio** erreichbar.

Porto-Vecchio – Conca

Im Juli und Aug 3x tägl.: ab Porto-Vecchio um 12:05, 16:35 und 19:05, ab Conca um 11:15, 15:45 und 18:15. Fahrzeit Porto-Vecchio – Conca: ca. 45 Min., Fahrpreis Porto-Vecchio – Conca: € 6,50. Abfahrt Porto-Vecchio: Gare routière, Abfahrt Conca: Bar Le Soleil

♦ **Autocars Bradesi**, ☏ 04 95 71 40 09, bradesitransports@orange.fr, Fahrpläne unten www.corsicabus.org

Conca (Gîte d’étape) – Sainte-Lucie de Porto-Vecchio – Porto-Vecchio

Privater Shuttleservice ☞ GR 20 Süd, Etappe 16.

▷ Von Sainte-Lucie de Porto-Vecchio gibt es Busverbindungen nach **Porto-Vecchio** und **Bastia**.

Porto-Vecchio – Bastia

Der Bus verkehrt von Mitte Juni bis Mitte Sep 2x tägl., sonst Mo-Sa 2x tägl. Fahrzeit Sainte-Lucie de Porto-Vecchio – Porto-Vecchio: 30 Min., Sainte-Lucie de Porto-Vecchio – Bastia: 2 Std. 40 Min. Fahrpreis Sainte-Lucie de Porto-Vecchio – Porto-Vecchio: € 6, Sainte-Lucie de Porto-Vecchio – Bastia: € 24. Abfahrt Sainte-Lucie de Porto-Vecchio: Bar U Culombu, Abfahrt Porto-Vecchio und Bastia: Gare routière.

♦ **Rapides Bleus**, ☏ 04 95 31 03 79, contact@rapides-bleus.com, www.rapides-bleus.com

▷ Von Porto-Vecchio gibt es zwei Busverbindungen nach **Ajaccio**.

Ajaccio – Porto-Vecchio via Figari

Ganzjährig, im Juli und Aug 3x tägl., Sep bis Juni Mo-Sa 2x tägl. Fahrzeit Ajaccio – Porto-Vecchio: 3 Std. 10 Min. (Juli und Aug. 3 Std. 30 Min.), Fahrpreis Ajaccio – Porto-Vecchio: € 19,20, Abfahrt Porto-Vecchio und Ajaccio: Gare routière.

- **Corsica Europa Travel**, ☏ 04 95 71 24 64, Fahrpläne unter 💻 www.corsicabus.org

Ajaccio – Porto-Vecchio via Bavella

Juli bis Aug 1x tägl., Sep bis Juni nur Mo und Fr 1x tägl. Ab Porto-Vecchio um 7:00, ab Ajaccio um 15:30. Fahrzeit Ajaccio – Porto-Vecchio: 3 Std. 30 Min., Fahrpreis Ajaccio – Porto-Vecchio: € 14,40. Abfahrt Porto-Vecchio und Ajaccio: Gare routière.

- **Balesi Evasion**, ☏ 04 95 70 02 50, ✉ balesi.parc@balesi-auto.com, 💻 www.balesievasion.com und www.corsicabus.org

Nach Vizzavona

Vizzavona liegt genau in der Mitte der Insel. Da der kleine Ort über einen Bahnhof verfügt, ist er für Wanderer, die nur den GR 20 Nord oder GR 20 Süd laufen, oft Beginn- oder Endpunkt der Tour. Auch viele Wanderer, die den kompletten GR 20 laufen, nutzen die Bahn, um z. B. in Corte Proviant einzukaufen.

Mit dem Auto

Die kürzeste Anreise erfolgt von Ajaccio (51 km). **Bastia** liegt 99 km entfernt, Calvi 114 km und **Porto-Vecchio** 128 km.

Mit dem Zug

Vizzavona verfügt über gute Zugverbindungen mit Ajaccio, Bastia und Calvi.

Ajaccio – Vizzavona – Bastia

Ganzjährig, Mo-Fr 5x tägl., Sa 4x tägl. und So 3x tägl. Der Fahrplan variiert je nach Saison. Fahrzeit: Bastia – Vizzavona ca. 2 Std. 30 Min., Ajaccio – Vizzavona 1 Std. 10 Min., Fahrpreis: Bastia – Vizzavona € 14,60, Ajaccio – Vizzavona € 7

- **Chemins de Fer de la Corse (CFC)**, ☏ 04 95 32 80 57, ✉ contact@cf-corse.com, 💻 cf-corse.corsica

Ajaccio – Vizzavona – Ponte Leccia – Calvi

Ganzjährig, 2x tägl. mit Umsteigen in Ponte Leccia. Der Fahrplan variiert je nach Saison. Fahrzeit Vizzavona – Calvi: ca. 3 Std. 30 Min., Fahrpreis Vizzavona – Calvi € 18,20

- ☞ oben

Ausrüstung

Der GR 20 ist eine alpine Wanderroute. Die Ausrüstung sollte deshalb entsprechenden Ansprüchen gerecht werden. Sie sollte hochwertig und stabil sein – und möglichst leicht. Bei den großen Höhenunterschieden macht sich jedes überflüssige Gramm bemerkbar, beim Aufstieg genauso wie beim Abstieg.

Das raue, oft felsige Gelände erfordert stabile **Wanderschuhe**, die die Knöchel fest umschließen. Eine kräftige Profilsohle bietet auch auf stark geneigten Granitplatten Halt. Absolut ungeeignet sind Joggingschuhe! Neue Schuhe sollten vorher eingelaufen werden!

Der beste Schuh bringt wenig, wenn beim Strumpf gespart wird. Mit guten **Wandersocken** läuft es sich komfortabel, mit schlechten drohen schnell Blasen. Hochwertige Socken bestehen aus einer Mischung von Wolle (oft Merinowolle) und Kunstfasern und sind möglichst weich. Baumwollsocken sind ungeeignet!

Ein guter **Trekkingrucksack** zeichnet sich durch ein möglichst geringes Eigengewicht aus. Er verfügt über leicht justierbare Trageriemen, einen festen, dick gepolsterten Hüftgurt, einen versteiften Rücken und geräumige Vorder- und Seitentaschen für das Verstauen von Proviant und Regenbekleidung. Das Gewebe sollte reißfest und Wasser abweisend sein. Dennoch empfiehlt sich die Mitnahme einer **Regenschutzhülle** – kein Rucksack ist wasserdicht!

☺ Persönlich packe ich einen großen, robusten Müllbeutel in den Rucksack, in dem mein Gepäck regensicher verstaut wird.

Für einen optimalen Tragekomfort sollten schwere Sachen zum Rücken hin verstaut werden. Für eine Hüttentour reicht ein Fassungsvermögen von 50 l. Zum Verstauen einer ganzen Zeltausrüstung wird eher ein 60- bis 80-l-Rucksack benötigt. Das Gewicht des gepackten Rucksacks sollte möglichst 15 kg (Frauen 12 kg) nicht übersteigen, Tagesproviant und 2 bis 3 l Wasser inklusive.

Bei der Bekleidung hat sich das sog. **Zwiebelprinzip** bewährt, d. h., mehrere dünnere Bekleidungsschichten, die übereinander getragen werden, sind besser als eine dicke. Der Vorteil: So lässt sich die Kleidung perfekt auf die jeweiligen Wetterbedingungen abstimmen.

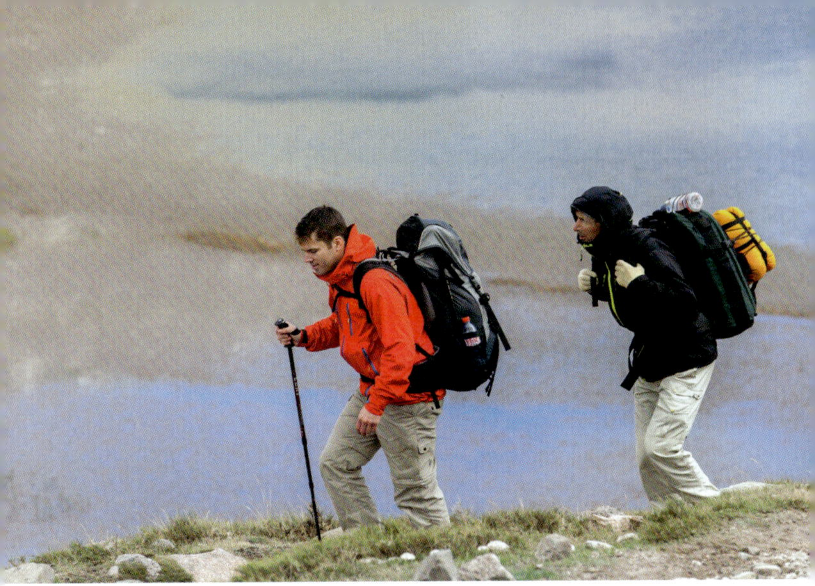

Lac de Nino

Die **Funktionsunterwäsche** bildet die **innere Schicht**. Sie muss den Schweiß aufnehmen und nach außen ableiten, damit der Körper warm und trocken bleibt. Geeignete Materialien sind Kunstfasern wie Polyester oder Polyamid. Ideal ist Merinowolle, die auch bei längerem Tragen geruchsfrei bleibt. Baumwolle hält die Feuchtigkeit fest und ist deshalb unbrauchbar!

Die **mittlere Schicht** hat eine isolierende Funktion. Dazu gehören ein **Fleece-Pullover** und eine leichte, bequeme, schnell trocknende Trekkinghose aus robustem Mikrofasergewebe. Eine robuste **Trekkinghose** schützt auch vor Kratzern beim Durchqueren des Dornengestrüpps der Macchia. Ideal für heiße Tage sind hochwertige Zipphosen. Jeanshosen sind absolut ungeeignet!

Die **äußere Schicht** bilden **Regenjacke** und **-hose** aus einem wasserdichten, atmungsaktiven Material. Achten Sie hier auf gut verarbeitete Nähte und Reißverschlüsse, ausgeklügelte Ventilierungssysteme und eine große Bewegungsfreiheit.

☺ Auch für eine **Badehose** sollte noch Platz sein! Grund sind die vielen Gumpen am Wegesrand, die an heißen Tagen zum Plantschen einladen.

Ein **Zelt** macht unabhängiger, gerade hinsichtlich der im Sommer oft überfüllten Hütten und der oft grassierenden Bettwanzenplage. Gefragt ist ein stabiles wind- und wasserfestes Leichtgewichtszelt, das auch orkanartigen Windböen standhält.

☺ Wer sich die Schlepperei ersparen möchte, kann bei allen Hütten des PNRC ein Zelt mieten! Sinnvoll ist auch dann aber die Mitnahme einer eigenen hochwertigen Schlafmatte (z. B. *Exped*).

Der **Schlafsack** sollte leicht und warm genug sein. Da die Temperaturen in 2.000 m Höhe (Ciottulu di i Mori) im Sommer nachts durchaus den Gefrierpunkt erreichen können, ist ein Komfortbereich bis -5° C sinnvoll. Ein Daunenschlafsack ist leichter und kompakter als ein Kunstfaserschlafsack – dafür auch teurer! Für Kunstfasern spricht, dass sie leichter trocknen und auch bei Nässe ihre Isolierfähigkeit behalten!

Wer zeltet, braucht einen **Kocher**. Die Kochplatten in den Hütten sind nur den Hüttengästen vorbehalten. Gaskocher sind sauber und leicht in der Handhabung (Schraubgaskartuschen, die im Supermarkt nicht verkauft werden, erhält man z. B. bei Intersport am Ortseingang von Calvi, Richtung Bastia).

Eine gute Alternative im oft windigen Gelände bietet der windresistente Spiritus-Sturm-Kocher *Trangia*.

Ergänzt wird die **Küchenausstattung** durch ein Topfset aus Aluminium, wasserdicht verpackte Streichhölzer, Besteck, einen Wasserbeutel, einen Schwamm und biologisch abbaubare Seife, die sich auch für Körper- und Kleiderwäsche eignet.

Wasserflaschen (mind. 2 l pro Person) sind unentbehrlich – auf manchen Strecken gibt es unterwegs kein Trinkwasser! **Trekkingstöcke** entlasten Knie- und Hüftgelenke bei steilen Abstiegen. Auf keinen Fall fehlen dürfen auch **Sonnenhut** und **-schutzcreme** (Schutzfaktor 8 oder höher) sowie ein Erste-Hilfe-Set mit Tapeverband, Blasenpflaster (z. B. *Second Skin* oder *Compeed*), Schmerztabletten, Antihistaminika (z. B. gegen Bisse von Bettwanzen) und Trillerpfeife (für Notsignale). Auch ein Anti-Bettwanzen-Spray ist hilfreich (☞ Bettwanzen).

Obwohl der Weg gut markiert ist, gehören auch eine gute ☞ **Wanderkarte** und **Kompass/GPS** in den Rucksack.

☝ Wer früh im Jahr unterwegs ist, braucht u. U. Steigeisen und Pickel, ggf. auch Seile und Klettergurt (☞ Reisezeit).

Bettwanzen

Ein leidiges Thema ist die Bettwanze (*Cimex lectularius*)! Sowohl in den Hütten am GR 20, als auch in einigen Hotels und *gîtes d'étape* tauchten die bissfreudigen Kreaturen in den letzten Jahren immer wieder auf!

Tagsüber halten sich die 5 mm langen, (rot)braunen, flachen Insekten in Ritzen im Gebälk oder an anderen dunklen Orten auf. Nachts kommen die lichtscheuen Biester zum Vorschein und beißen gnadenlos zu. Die Bisse sind zwar nicht gefährlich, verursachen aber einen starken Juckreiz und/oder Blasen (leider selbst erlebt!). Obwohl sich Bettwanzen tagsüber nicht zeigen, wird ihre Anwesenheit oft durch schwarze Flecke (Exkremente) auf Matratzen oder Leinen verraten.

Bettwanzenbekämpfung

Vor der Reise:

▷ Besorgen Sie sich ein wirksames Anti-Bettwanzen-Spray (zum Beispiel von *Envira* oder *DFNT*).

▷ Schlafplatzreservierung: Bei allen PNRC-Hütten können Sie statt des Schlafplatzes in der Hütte auch ein Leihzelt buchen. Der Vorteil: Im Zelt können sich die Insekten nicht verstecken.

Unterwegs:

▷ Stellen Sie Ihr Gepäck niemals aufs Bett ab, sondern bevorzugt auf einer glatten Oberfläche (z. B. Tischplatte).

▷ Nachts eine kleine Stirn- oder Taschenlampe anlassen, das hält die lichtscheuen Tiere in Schach.

▷ Vermeiden Sie, dass Bettwanzen „mitreisen“, indem Sie den Rucksack in der Unterkunft immer geschlossen lassen. Wenn möglich (z. B. Hotel) das Gepäck im Badezimmer abstellen.

Nach der Reise:

▷ Klamotten und Ausrüstung sollten Sie bei 60° C waschen oder mindestens drei Tage bei -20° C im Gefrierschrank aufbewahren.

▷ Schlafsack in die Reinigung bringen.

Diplomatische Vertretungen

Auf Korsika

Ⓓ Das deutsche Honorarkonsulat in Bastia wurde aufgelöst. Zuständig ist jetzt das Deutsche Generalkonsulat in Marseille, 10 place de la Joliette, Les Docks, Hôtel de Direction, 1er étage, F-13002 Marseille, ☏ 04 91 16 75 20, 📱 06 15 09 41 03, 💻 www.marseille.diplo.de.

Ⓐ Das österreichische Honorarkonsulat in Ajaccio ist bis auf Weiteres geschlossen. Zuständig ist jetzt die Konsularabteilung der Botschaft in Paris, 17 avenue de Villars, F-75007 Paris, ☏ 01 40 63 30 90, ✉ paris-ka@bmeia.gv.at, 💻 www.aussenministerium.at/paris.

(CH) Schweizerisches Konsulat, 5 chemin des Agaves, F-20000 Ajaccio, 📱 06 77 10 44 72, ✉ ajaccio@honrep.ch, 💻 www.eda.admin.ch/marseille

Frankreichs Vertretungen

Ⓓ Französische Botschaft in Deutschland, Pariser Platz 5, D-10117 Berlin, ☏ 030/590 03 90 00, 💻 de.ambafrance.org

Ⓐ Französische Botschaft in Österreich, Technikerstraße 2, A-1040 Wien, ☏ 01/50 27 50, 💻 at.ambafrance.org

(CH) Französische Botschaft in der Schweiz, Schosshaldenstraße 46, CH-3006 Bern, ☏ 031/359 21 11, 💻 ch.ambafrance.org

Einkaufen

In den letzten Jahren haben sich die Versorgungsmöglichkeiten ständig verbessert. Heute gibt es nicht nur täglich die Möglichkeit, Mahlzeiten einzukaufen (☞ Essen und Trinken), sondern auch mit Proviant einzudecken.

Einkaufsmöglichkeiten

In Calenzana gibt es einen **Supermarkt**. Einen **Krämerladen** (*épicerie*) finden Sie u. a. in Vizzavona, im Village de Bavella und in Conca. Auch Hotels und Gîtes (u. a. Castel de Vergio, Haut-Asco, Capannelle, Col de Verde) warten mit einem eingeschränkten Lebensmittelangebot auf.

Darüber hinaus wird heute in allen **PNRC-Hütten** Proviant verkauft. Neben Brot, Schokolade und Keksen, Konserven und Getränken sind oft korsische Spezialitäten wie Käse, Wurstwaren und Wein erhältlich, in manchen Hütten wie Usciolu gibt es sogar frisches Obst und Tomaten.

Gegen Ende der Saison wird das Angebot allerdings oft recht überschaubar.

Am Wegesrand trifft man auch ab und zu auf **Bergeries**, einfache Natursteinhütten mit Wellblechdach, in denen die Hirten noch ihren traditionellen Schafs- oder Ziegenkäse machen und zum Verkauf anbieten.

Auch im Village de Bavella gibt es einen gut sortierten Krämerladen

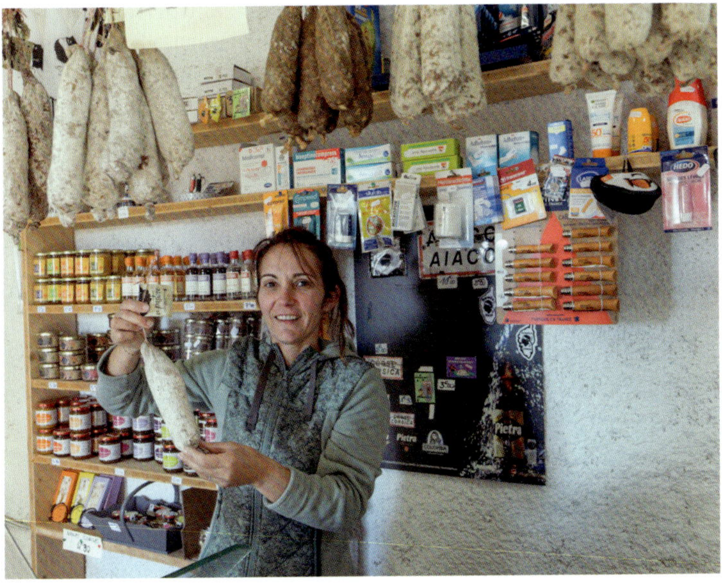

☺ Empfehlenswert ist, sich vorab mit solchen Produkten einzudecken, die unterwegs nicht oder nicht immer aufzutreiben sind, z. B. gefriergetrocknete Mahlzeiten, Kaffeepulver, Trockenobst oder die Nussschokolade Ihrer Lieblingsmarke.

✋ Außerhalb der Saison (Juni bis September) sind die Hütten nicht mehr bewirtschaftet, die Bergeries verlassen und einige Hotels geschlossen. Wer dann unterwegs ist, sollte sich entsprechend mit Proviant eindecken.

Preise

Generell liegen die Lebensmittelpreise am GR 20 über dem sonst schon höheren korsischen Preisniveau. Umständliche Transportwege berechtigen das in der Regel: Die Bevorratung der Hütten erfolgt entweder mit dem Hubschrauber oder mit Maultieren.

☺ Von Vizzavona (☞ GR 20 Nord, Etappe 9), auf halber Strecke, bietet sich ein Abstecher mit dem Zug nach Corte (☞ GR 20 Nord, Etappe 6) an. Viele Wanderer nutzen einen Besuch der alten Hauptstadt Korsikas, um günstig Vorräte einzukaufen. Am nächsten Morgen können Sie mit dem ersten Zug nach Vizzavona zurückkehren, um die Wanderung fortzusetzen.

Öffnungszeiten

In Frankreich gibt es kein Ladenschlussgesetz. Die Öffnungszeiten der Lebensmittelgeschäfte sind in der Regel 9:00 bis 12:00 und 15:00 bis 19:00. Eine Mittagsruhe ist üblich. In der Saison haben viele Läden auch sonntagvormittags geöffnet.

Einreisebestimmungen

Deutsche, Österreicher und Schweizer benötigen lediglich einen gültigen **Personalausweis**. Bei der Einreise mit eigenem Fahrzeug sind ein gültiger **Führerschein** und **Fahrzeugschein** erforderlich. Die grüne **Versicherungskarte** ist nicht obligatorisch, aber es wird empfohlen, sie mitzunehmen.

Der **Warenimport** ist unbeschränkt für EU-Bürger – vorausgesetzt es handelt sich um Güter für den Eigenbedarf. Ausnahmen gibt es bei Tabak und Alkohol. So dürfen max. 800 Zigaretten oder 200 Zigarren oder 1 kg Tabak importiert werden. Außerdem können entweder 110 l Bier, 90 l Wein, 20 l Spirituosen unter 22 % oder 10 l Spirituosen über 22 % zollfrei eingeführt werden.

Zahlungsmittel in Euro und ausländischer Währung über € 10.000 sind beim Zoll zu deklarieren.

Wer außerhalb der EU wohnt, kann beim Erwerb von Gütern eine **Mehrwertsteuererstattung** bekommen, wenn der Kaufbetrag € 100 übersteigt. Beim Einkauf wird ein Formular ausgestellt, das bei der Ausreise beim Zoll abgestempelt werden muss. Die Rückvergütung erfolgt innerhalb von 30 Tagen.

Covid-19

Aufgrund der Coronapandemie gelten auch für die Einreise nach Frankreich strikte Einreisebestimmungen (Stand Mai 2022).

Für **vollständig geimpfte** Reisende aus Deutschland, Österreich und der Schweiz reicht der Nachweis des Impfstatus.

Nicht vollständig geimpfte Personen müssen bei Einreise einen höchstens 24 Stunden vor Reisebeginn vorgenommenen negativen PCR-Test oder Antigentest vorweisen. Gleichwertig ist der Nachweis einer mindestens 11 Tage, aber höchstens sechs Monate zurückliegenden Genesung von Covid-19.

Den Impf-, Test- oder Genesenenstatus können Reisende in Papierform oder digital z. B. über einen Eintrag in einer deutschen App (CovPass oder Corona-Warn-App) nachweisen.

Ohne die Vorlage eines dieser Dokumente kann einem z.B. die Einschiffung auf die Fähre verweigert werden.

Die Einreisebestimmungen können sich mit der Pandemielage jederzeit ändern. Aktuelle Informationen finden Sie auf der Website des französischen Außenministeriums unter:

www.diplomatie.gouv.fr/de/neuigkeiten/coronavirus-covid-19

Elektrizität

Die Netzspannung in Frankreich ist die gleiche wie in Deutschland, Österreich und der Schweiz (230 Volt). In die Steckdosen passen Eurostecker genauso wie die flachen Stecker für Ladegeräte von Mobiltelefonen oder Digitalkameras.

Essen und Trinken

Restaurants gibt es in Calenzana und Haut-Asco, im Castel de Vergio, in Vizzavona und Capannelle, am Col de Verde, im Village de Bavella sowie in Conca.

Einige (ehemalige) **Bergeries** servieren ebenfalls einfache, aber köstliche Menüs zu vernünftigen Preisen, z. B. die Bergerie de Ballone und die Bergeries de Tolla.

In den Hütten

Auch alle **PNRC-Hütten** bieten heute Mahlzeiten an. Essenswünsche sollten im Laufe des Tages bzw. gleich bei Ankunft angemeldet werden!

Das **Abendessen** ist recht gehaltvoll und setzt sich in der Regel aus einem einfachen Drei-Gänge-Menü zusammen. Oft gibt es eine Suppe oder Wurstplatte als Vorspeise, ein Reis- oder Nudelgericht als Hauptgericht und eine kleine Nachspeise. Das Essen wird meist zu einem festgelegten Zeitpunkt (oft 18:00 bis 18:30) serviert, und das auch nur bei zeitiger Anmeldung (30 bis 60 Min. im Voraus). Pünktliches Erscheinen ist erwünscht. Wer zu spät kommt, geht gegebenenfalls leer aus …

Das **Frühstück** ist ein typisch französisches Frühstück, d. h., man erhält einige Stücke mehr oder weniger verkohltes Baguette, Kaffee/Tee, Marmelade und … na ja, das war es dann auch schon. Eine löbliche Ausnahme bietet z. B. Usciolu. Hier wird erst gar kein Frühstück serviert, sondern wer möchte, kauft die gewünschten Zutaten (frisches Baguette, Käse und Wurst) morgens beim Wirt in seinem urigen Krämerladen ein.

Trinkpause im Ravin de Paglia Orba

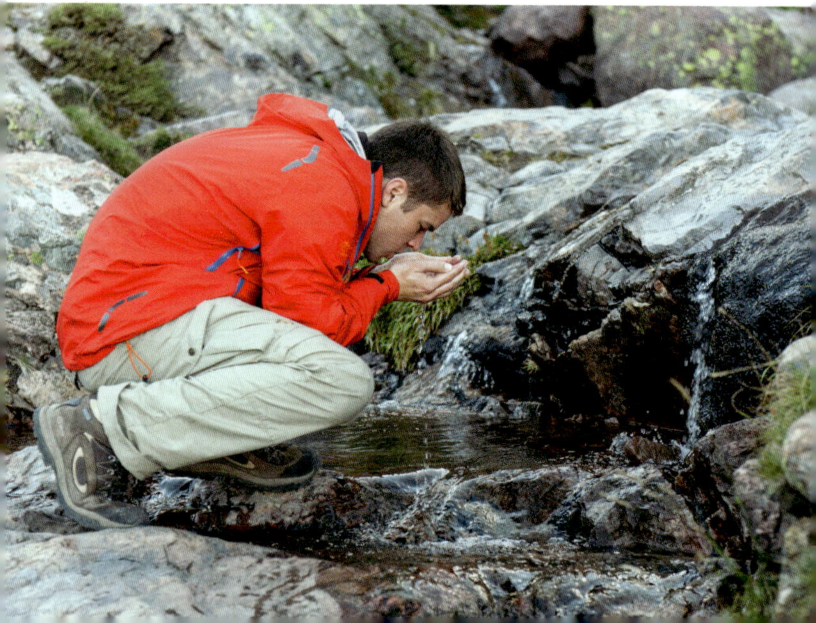

☺ Als Alternative für das oft dürftige Hütten-Frühstück bietet sich an, selbst Hand anzulegen. Müsli oder Haferflocken, die sich mit Milchpulver zubereiten und mit getrockneten Früchten und Nüssen verfeinern lassen, bieten z. B. eine solide Basis für den Tag.

Auch **Lunchpakete** (*panier-repas*) sind auf Wunsch erhältlich. Diese müssen am Vorabend beim Hüttenwirt bestellt werden.

Trinkwasser

Regelmäßiges Trinken ist äußerst wichtig, vor allem in den heißen Sommermonaten (☞ Naturgefahren, Hitze). Füllen Sie deshalb zum Auftakt einer Etappe immer die Wasserflaschen auf. Bei längeren Strecken ohne Nachfüllmöglichkeit gelten 2 bis 3 l pro Person als Richtwert. Am besten haben sich handelsübliche PET-Flaschen bewährt, da sie leicht und bruchsicher sind.

Unterwegs treffen Sie ab und zu auf **Quellen** mit frischem Trinkwasser. Diese sind meist am Hinweis *„Source"* zu erkennen. In den Wegbeschreibungen dieses Buches sind sie mit dem Symbol ● gekennzeichnet.

Bei **Bächen**, auch wenn sie noch so klar aussehen, ist Skepsis angebracht. Möglicherweise weiden flussaufwärts Kühe oder Ziegen, auch ein Tierkadaver könnte das Wasser verseucht haben. Für Notfälle empfehlen sich kleine Filter zur Wasseraufbereitung (z. B. *Katadyn*).

Feiertage

- 1. Januar (Neujahr)
- Ostersonntag, Ostermontag
- 1. Mai (Tag der Arbeit)
- 8. Mai (Armistice – Waffenstillstand Zweiter Weltkrieg)
- Christi Himmelfahrt
- Pfingstsonntag, Pfingstmontag
- 14. Juli (Nationalfeiertag – Erstürmung der Bastille 1789)
- 15. August (Mariä Himmelfahrt)
- 1. November (Allerheiligen)
- 11. November (Fête de la Victoire – Waffenstillstand Erster Weltkrieg)
- 25. + 26. Dezember (Weihnachten)

Feste

- ▷ 18. März – **Ajaccio**: A Madunnuccia, Fest der Schutzpatronin von Ajaccio
- ▷ Karfreitagsprozession in diversen Städten – U Catenacciu in **Sartène** ist die bekannteste
- ▷ Ostermontag – **Cargèse**: griechisch-orthodoxe Prozession
- ▷ 2. Juni – **Ajaccio, Bastia** und **Calvi**: Fest des hl. Erasmus, des Schutzpatrons der Seeleute und Fischer (u. a. Prozession mit geschmückten Schiffen)
- ▷ 15. August – **Ajaccio**: Fêtes Napoléoniennes (Umzüge und Gedenkfeiern zum Geburtstag Napoleons)
- ▷ September – **Calvi**: Rencontres de chants polyphoniques (traditionelle korsische Musik)
- ▷ 8. September – Umgebung **Bastia**: Wallfahrt zur Notre-Dame de Lavasina; Umgebung **Calvi**: Wallfahrt zur Notre-Dame de la Serra
- ▷ 8. September – **Casamaccioli**: A Santa di u Niolu (Volksfest zu Mariä Geburt)
- ▷ November – **Evisa**: Fête du marron et du champignon (Kastanien- und Pilzfest)

Fotografie

Spektakuläre Gipfel, tiefblaue Buchten, idyllische Bergdörfer – Korsika bietet Fotomotive in Hülle und Fülle. Denken Sie deshalb daran, genügend **Speicherkarten** mitzunehmen. Auf Korsika sind diese in der Regel erheblich teurer und abseits der großen Touristenzentren auch schlicht nicht erhältlich. Auch Akkuladegerät und Ersatzakku nicht vergessen! In den Hütten (Generatorstrom) ist es nicht immer ohne Weiteres möglich, Akkus aufzuladen.

☞ Das Fotografieren der Korsen erfordert Fingerspitzengefühl und sollte nur mit deren Einwilligung erfolgen. Das ungebetene „Abschießen" eines Hirten, der mit seinen Maultieren die Berge durchstreift, wird garantiert mit einem korsischen Wutausbruch quittiert. Wenn Leute andeuten, dass sie nicht aufs Bild möchten, ist das unbedingt zu respektieren!

Gefahren

Am 10. Juni 2015 entlud sich nachmittags über dem Cirque de la Solitude (☞ GR 20 Nord, Etappe 4) ein heftiges Gewitter. Aufgrund des Starkregens lösten sich Altschneebretter und Geröll und es kam zu einem schweren Bergsturz. Einige Wanderer, die sich noch im Felskessel befanden, saßen in der Falle. Sieben von ihnen starben. Die meisten waren schon seit vielen Stunden unterwegs, wollten an jenem Tag gleich zwei Etappen laufen – trotz Gewitterwarnung. Sie gingen ein Risiko ein. Und waren schließlich zur falschen Zeit am falschen Ort …

Fast jedes Jahr kommt es auf dem GR 20 zu ernsthaften Zwischenfällen – manchmal mit fatalem Ausgang. Unfallursachen gibt es viele: mangelhafte Ausrüstung, Erschöpfung, Sorglosigkeit, übersteigerter Ehrgeiz ... Dabei muss eine GR-20-Wanderung nicht riskanter sein als eine beliebige andere Bergtour. Neben einer sorgfältigen Planung und einer guten körperlichen Verfassung gilt es aber auch, potentielle Naturgefahren rechtzeitig zu erkennen.

Gewitter

Auslöser des Unfalls im Cirque de la Solitude war ein für die Zeit eher ungewöhnliches Gewitter (☞ Land und Leute, Klima und Wetter). Heftige Gewitter ereignen sich im Herbst und Frühsommer nur sporadisch, im Hochsommer (August!) treten sie in den Bergen Korsikas fast täglich auf (☞ Reisezeit). Meist laufen sie nach dem gleichen Muster ab: Morgens trübt keine Wolke den Himmel, gegen Mittag bilden sich erste Wolken und nachmittags bricht die Hölle los. Die meisten Gewitter entladen sich kurz und kräftig, sodass sich am frühen Abend schon wieder ein tiefblauer Himmel über die Berge spannt.

✋ Im Zweifelsfall beim Hüttenwirt die Wetterprognose erfragen! Verhaltensratschläge und Warnungen unbedingt befolgen! Um potentiellen Gewittern auszuweichen, gleich bei Sonnenaufgang aufbrechen, damit am frühen Nachmittag die nächste Hütte erreicht ist.

✋ Exponierte Grate und Gipfel, offenes Gelände, Gewässer und hohe Bäume sind bei Gewitter unbedingt zu meiden, denn dort ist die Gefahr eines Blitzschlags am größten!

☟ Bei **steilen Felsplatten**, die bei Nässe sehr rutschig werden können, herrscht **Absturzgefahr**! Als tückisch gilt in dieser Hinsicht z. B. die Spasimata-Schlucht (☞ GR 20 Nord, Etappe 3).

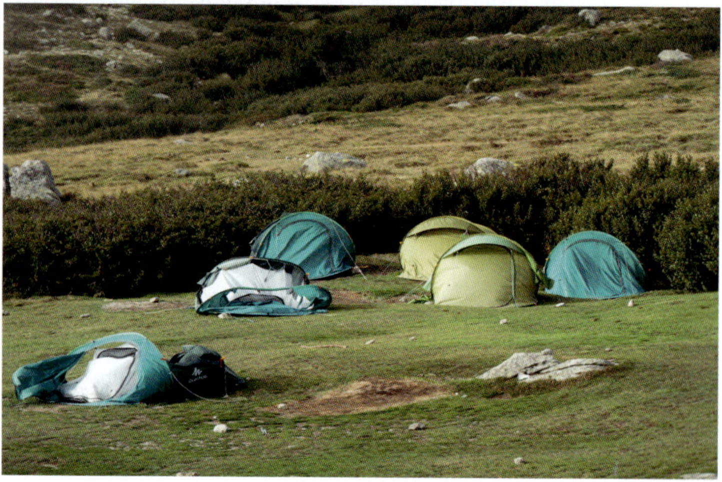

Vom Sturm gebeutelte Leihzelte beim Refuge de Prati

Wetterstürze

Am 20. Juli 2011 mussten gleich 16 Wanderer am GR 20 mit dem Hubschrauber geborgen werden. Viele litten an ☞ Unterkühlung. Das mag vielleicht überraschen, da die Mittelmeerinsel zunächst doch eher Assoziationen mit der nahen französischen und italienischen Riviera hervorruft. Tatsächlich ist der GR 20 jedoch eine echte Hochgebirgstour. Die Tücken des Wetters sind denen im alpinen Raum nicht unähnlich.

Wetterumschwünge, die sich in den korsischen Bergen oft urplötzlich ereignen, gehen nicht selten mit einem **Temperatursturz** einher, während **orkanartige Böen** über exponierten Graten und Gipfeln hinwegfegen. **Starkregen**, die normal harmlose Bäche und Flüsse rasch in wild schäumende, unpassierbare Mahlströme verwandeln, sind ein weiteres Merkmal. Im Extremfall können Straßen überschwemmt, Fußgängerbrücken fortgerissen und GR-20-Wanderer tagelang in einer Hütte in den Bergen festgehalten werden.

Unterkühlung

Die Kombination von Nässe und Kälte kann bei unzureichender Ausrüstung schnell zu einer lebensbedrohlichen Auskühlung des Körpers führen: Man leidet an einer **Unterkühlung** oder **Hypothermie**. Vor allem bei starkem Wind wird das Kälteempfinden noch erheblich gesteigert. Dieser durch den Wind verstärkte Auskühlungseffekt – der Wind leitet die Körperwärme schneller ab – ist der sogenannte **Chill-Faktor**.

Anzeichen einer beginnenden Unterkühlung sind heftiges Zittern, erhöhter Herzschlag, zunehmender Harndrang und beginnende Apathie. Später folgen Sprachstörungen, Beeinträchtigung des Seh- und Denkvermögens und Muskelversteifung. Fällt die Körpertemperatur unter 29° C ab, folgt schließlich der Tod!

Hitze

Genauso tückisch wie die Kälte ist … die Hitze! Vor allem lange, steile Anstiege in schattenlosem Gelände können einem arg zusetzen. Dort, wo der Wasserverlust durch Schwitzen am höchsten ist, sind Quellen jedoch meist rar bzw. im Hochsommer oft versiegt. Durch die Kombination von Hitze, Wassermangel und erhöhter Anstrengung droht im Extremfall ein **Hitzschlag** oder **Kreislaufkollaps**.

✋ Nehmen Sie deshalb immer ausreichend **Trinkwasser** mit! 2 l pro Person und Tag sind im Sommer das Minimum (☞ Verpflegung, Trinkwasser).

Meiden Sie steile Anstiege zur heißesten Tageszeit und brechen Sie im Hochsommer möglichst früh auf! In der kühlen Morgenluft steigt es sich erheblich leichter.

✋ Um sich vor der brennenden Sonne zu schützen, ist das Tragen einer Kopfbedeckung unerlässlich! Am besten geeignet ist ein breitkrempiger Hut.

Waldbrände

Korsische Sommer sind, abgesehen von lokalen Gewittern in den Bergen, sehr heiß und trocken. Der Boden dörrt dabei aus, Pflanzen vertrocknen und die Waldbrandgefahr nimmt rasch zu. Immer wieder stößt man leider auch am GR 20 unterwegs auf Spuren früherer Waldbrände.

☝ Im Umgang mit Feuer ist äußerste Vorsicht geboten. Schon eine achtlos weggeworfene Zigarette kann ein Inferno auslösen. Bei ungünstigen Windverhältnissen breitet sich das Feuer mit rasender Geschwindigkeit aus, vor allem in der Macchia (☞ Land und Leute, Flora). Schnell entsteht eine lebensbedrohliche Situation, auch für Wanderer.

Altschneefelder

Im Frühsommer (Mai bis Juni) können steile Rinnen teilweise noch mit Schnee gefüllt sein. Hartnäckige Altschneefelder sind dann, vor allem an Nordhängen, manchmal vereist (Absturzgefahr!) und nur mit alpiner ☞ Ausrüstung begehbar. Als tückisch gilt in dieser Hinsicht die Überschreitung der Pointe des Éboulis (☞ GR 20 Nord, Etappe 4).

In schneereichen Jahren kann dann außerdem in höheren Lagen noch so viel Schnee liegen, dass die Wegmarkierungen noch unter dem Schnee versteckt sind und die Orientierung ohne Karte und Kompass/GPS schlicht unmöglich wird.

Wer eine Korsikadurchquerung im Frühsommer plant, sollte sich auf jeden Fall nach den Schneeverhältnissen im Gebirge erkundigen und diese bei der Planung und Zusammenstellung der Ausrüstung berücksichtigen.

♦ **Météo montagne** (Wetterinfo im Gebirge), ☎ 08 99 71 02 20, 💻 www.meteofrance.com

Gehrichtung

Von Nord nach Süd oder von Süd nach Nord – über die „ideale" Gehrichtung lässt sich streiten.

Wer von **Conca** aufbricht, hat es auf den leichteren Südetappen definitiv einfacher, sich einzulaufen und sich schrittweise an die wachsenden Herausforderungen zu gewöhnen. Ein weiterer Vorteil dieser Richtung ist, dass man die Sonne immer im Rücken hat.

Statistiken belegen, dass die Mehrheit (zwei Drittel) der Wanderer dennoch einen Start im Norden vorzieht. Die leichtere Erreichbarkeit von **Calenzana** mag ein Grund sein.

Ein weiterer Vorteil: Falls einem die Zeit davonläuft, hat man so auf jeden Fall die landschaftlich spektakulärsten Abschnitte des GR 20 geschafft …

Auf halber Strecke bietet der Weiler **Vizzavona** eine weitere gute Einstiegsmöglichkeit, insbesondere für Wanderer, die nur den Süd- bzw. Nordteil anvisieren. Neben der guten Erreichbarkeit mit der Bahn (☞ An- und Abreise GR 20) ist auch die relativ große Ausgangshöhe von 920 m ein Vorteil.

Gehzeiten

Die Zeitangaben in den nachfolgenden Routenbeschreibungen sind „reine Gehzeiten". Sie schließen keine Ruhe-, Foto- oder Esspausen ein und beziehen sich auf die beschriebene Richtung bei normalen Wetterverhältnissen. Die Angaben sind als Richtwert zu verstehen, da sie, je nach individueller Verfassung, Rucksackgewicht sowie Schrittlänge und -frequenz, stark variieren können.

Als **Faustregel** gilt, dass ein halbwegs trainierter Wanderer mit Rucksack in der Ebene 3 bis 4 km pro Stunde schafft und beim Anstieg im gleichen Zeitraum 300 bis 400 Höhenmeter bewältigt.

Rekordzeiten

Längst haben auch Extremsportler den GR 20 entdeckt. Im Frühsommer 2009 benötigte der junge katalanische Bergläufer Kílian Jornet Bugada für die große Korsika-Durchquerung gerade einmal 32 Std. 54 Min. Ein Rekord für die Ewigkeit, dachte man damals. Weit gefehlt: 2014 war Guillame Peretti fast eine Stunde schneller, der Korse aus Cervione kam nach exakt 32 Std. ins Ziel. Doch nur zwei Jahre später wurde diese Bestmarke bereits von François D'Haene geknackt: Der französische Ultramarathonläufer bewältigte die Strecke am 4. Juni 2016 in 31 Std. 6 Min. Am 25. Juni 2021 schlug die Sternstunde von Lambert Santelli. Der 34-jährige Lokalmatador aus Lavatoggio in der Balagne lief nach 30 Std. 25 Min. über die Zielgerade. Unwahrscheinliche Leistungen, von denen „Normalsterbliche" nur träumen können, die für die gleiche Strecke in der Regel zwei Wochen brauchen.

Geld

Währung

Offizielle Landeswährung ist der Euro.

Geld abheben

Banken gibt es in allen größeren Orten. Die meisten verfügen über Geldautomaten, an denen Sie mit der EC-Karte (Maestro) Bargeld abheben können. Zu beachten ist aber, dass bei jeder Abhebung Gebühren anfallen.

Die Öffnungszeiten variieren. Üblich ist 8:30 bis 12:00 und 14:00 bis 17:00. Einige wenige Banken haben auch samstags geöffnet.

Kreditkarten und Schecks

Kreditkarten sind in Frankreich eine Kombination aus Bankkarte (zum Geldabheben am Automaten) und Kreditkarte, und werden dort als *carte bancaire* oder *carte bleue* bezeichnet. Die klassische EC-Karte existiert in Frankreich nicht. Kreditkarten sind deshalb weit verbreitet. Auch auf Korsika kann damit in vielen Hotels, Restaurants, Supermärkten und Tankstellen bezahlt werden. Unternehmen, bei denen das geht, erkennt man am Logo „CB“ (*carte bleue*). MasterCard und Visa sind stark verbreitet, American Express und Diners Club werden weniger akzeptiert. In Tankstellen und Supermärkten sowie bei vielen Hotels und Campingplätzen kann auch mit der heimischen **EC-Karte (Maestro)** bezahlt werden.

☞ Im Inland ist die Akzeptanz von Kredit- oder EC-Karten wesentlich geringer als in den Touristenzentren an der Küste. Am GR 20 kann damit zum Beispiel in Haut-Asco (Hôtel Le Chalet), Vizzavona (Hôtel Monte d'Oro und Le Vizzavona), Village de Bavella (Auberge du Col de Bavella) und Conca (Gîte La Tonnelle) gezahlt werden. In den Hütten des PNRC und vielen weiteren Orten am GR 20 wird meist nur Bargeld angenommen.

Bei **Verlust** oder **Diebstahl** der Kreditkarte sollte umgehend eine Sperrung veranlasst werden. Die deutschlandweit gültige, kostenfreie zentrale Notrufnummer für das Sperren von Kreditkarten, Bank- und Handykarten, ☎ 11 61 16, ist auch aus Frankreich täglich rund um die Uhr unter ☎ +49/11 61 16 erreichbar. Allerdings ist sie dann kostenpflichtig. Von der zentralen Notrufnummer werden Sie an die richtige Stelle des entsprechenden Kartenanbieters vermittelt.

Die Karten können natürlich auch direkt beim Anbieter gesperrt werden.

GPS-Daten

Sie können die GPS-Tracks zu den beschriebenen Wegen auf der Seite des Verlags herunterladen: 💻 http://conrad-stein-verlag.de.

Mit einem Programm wie Winzip können Sie die Datei ganz einfach entpacken. Falls dennoch Probleme auftreten, schreiben Sie uns eine E-Mail und wir schicken Ihnen die Datei.

📖 Tipps zum Umgang mit dem GPS-Gerät finden Sie in dem Ratgeber „**GPS** – Grundlagen · Tourenplanung · Navigation“ von Michael Hennemann, Conrad Stein Verlag, ISBN 978-3-86686-495-5, € 9,90

Information

Französische Fremdenverkehrsämter

Ⓓ **Atout France – Französische Zentrale für Tourismus**, ✉ info.de@atout-france.fr, 💻 de.france.fr/de

Ⓐ **Atout France – Französische Zentrale für Tourismus**, ✉ info.at@atout-france.fr, 💻 at.france.fr/de

(CH) **Atout France – Französische Zentrale für Tourismus**, ✉ info.ch@atout-france.fr, 💻 ch.france.fr/de

Auf Korsika

ℹ **Agence du Tourisme de la Corse (ATC)**, 17 boulevard du Roi-Jérôme, F-20181 Ajaccio Cedex 1, ☎ 04 95 51 77 77, ✉ contact@ctc-atc.com, 💻 www.visit-corsica.com

♦ **Parc Naturel Régional de Corse (PNRC)**, 34 cours Paoli, F-20250 Corte, ☎ 04 95 51 79 00, ✉ infos@pnr-corse.fr, 💻 pnr-resa.corsica

♦ **Météo montagne** (Wetter im Gebirge), ☎ 08 99 71 02 20, 💻 meteofrance.com

Karten

Übersichtskarten

Zur groben Planung empfehlen sich die Übersichtskarten der Serie TOP 100 des IGN, im Maßstab 1:100.000. Eingezeichnet sind neben dem GR 20 auch weitere Fernwanderwege. Zwei Karten decken den gesamten Verlauf des GR 20 ab:

- 175 – Bastia/Corte/Calvi/L'Île-Rousse
- 176 – Ajaccio/Bonifacio/Porto-Vecchio

Etwas detaillierter sind die Karten auf der Basis topografischer Karten der Éditions Libris, im Maßstab 1:60.000:

- 08 – Haute Corse
- 09 – Corse du Sud

Topografische Karten

Den gesamten GR 20 deckt eine Sonderkarte des IGN, im Maßstab 1:50.000:

- Traversée de la Corse GR 20

Für Gipfelbesteigungen, Varianten oder Abstiege in die nahen Bergdörfer empfehlen sich die topografischen Karten der Serie TOP 25 des IGN, im Maßstab 1:25.000. 6 Karten decken den GR 20 ab:

- 4149 OT – Calvi/Cirque de Bonifatu
- 4250 OT – Corte/Monte Cinto
- 4251 OT – Monte d'Oro/Monte Rotondo
- 4252 OT – Monte Renoso/Bastelica
- 4253 OT – Petreto-Bicchisano/Zicavo
- 4253 ET – Aiguilles de Bavella/Solenzara

Bezugsquellen

Sämtliche Karten sind in gut sortierten geografischen Buchhandlungen erhältlich, z. B. bei der:

- **Geobuchhandlung Kiel**, Schülperbaum 9, 24103 Kiel, ☎ 0431/910 02, 💻 www.geobuchhandlung.de

Literatur

- 🕮 **Asterix auf Korsika** von Uderzo und Goscinny, Egmont Ehapa Media, Berlin, 48 S., ISBN 978-3-7704-3620-0, € 6,90 als Softcover, € 12 als Hardcover. Ideal zur Einstimmung
- **Colomba von Prosper Mérimée**, Reclam Verlag, Ditzingen, 1988, 176 S., ISBN 978-3-15-001244-4, € 6. Roman um die korsische Vendetta

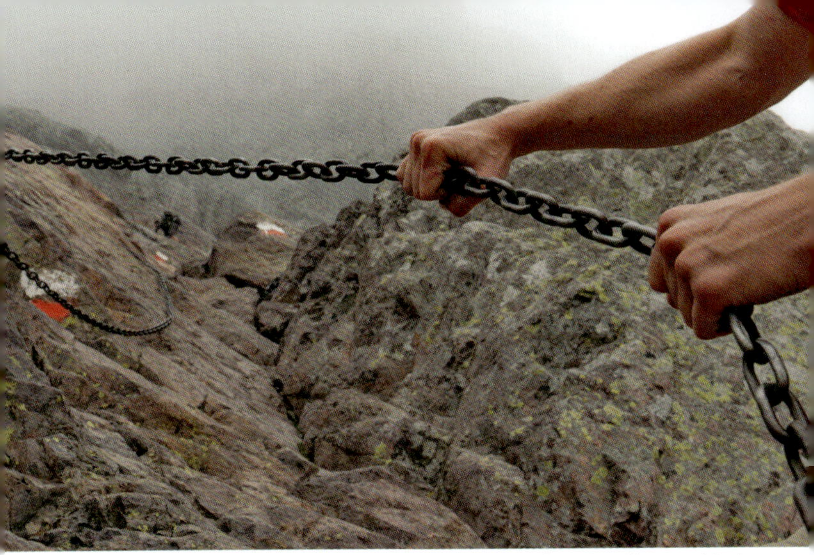

Der GR 20 ist durchgehend mit rot-weißen Streifen markiert

- **Korsika** von Marcus X. Schmid, Michael Müller Verlag, Erlangen, 2022, 408 S., ISBN 978-3-95654-962-5, € 20,90
- **Korsika: Geologie, Natur und Landschaft, Exkursionen**, Sammlung Geologischer Führer Band 99 von Joachim Kuhlemann, Wolfgang Frisch und Martin Meschede, Gebr. Borntraeger, Stuttgart, 2009, 236 S., ISBN 978-3-443-15085-3, € 27,90

Wandern auf Korsika

- **FFRP Réf. 067, GR 20 – A travers la montagne Corse**, FFRandonnée, Paris, 2022, 112 S., ISBN 978-2-7514-1167-0, € 16,90 + Versandkosten. Topoführer GR 20 in französischer Sprache, erhältlich bei FFRandonnée, www.ffrandonnee.fr
- **Korsika: Mare e Monti & Mare e Monti Sud** von Erik Van de Perre, Conrad Stein Verlag, 2015, 192 S., ISBN 978-3-86686-317-0.
  Nur noch beim Autor (evdp@gmx.net) oder antiquarisch erhältlich
- **Korsika: Mare a Mare & Sentier de la Transhumance** von Véronique Kämper, Conrad Stein Verlag, 2014, 224 S., ISBN 978-3-86686-392-7. Nur noch antiquarisch erhältlich
- **Korsika mit Kindern** von Stefanie Holtkamp, Naturzeit Reiseverlag, Kottgeisering, 2018, 276 S., ISBN 978-3-944-378-17-6, € 17,90. 50 Wander- und Entdeckertouren in den Bergen und am Meer

Markierung

Der GR 20 ist mir der typischen GR-Markierung gekennzeichnet, bestehend aus **rot-weißen Streifen**. Die Markierungszeichen sind in kurzen Abständen angebracht. Taucht nach spätestens 50 m keine neue Markierung auf, ist man wahrscheinlich vom richtigen Weg abgekommen und sollte bis zur letztgesichteten Markierung zurückkehren.

Andere korsische Fernwanderwege, die man kreuzt, sind mit orangefarbenen Streifen und alpine Varianten des GR 20 zumeist mit einem gelben Doppelstrich markiert. Abstiegsrouten zu den Dörfern kennzeichnen oft gelbe Striche oder Punkte.

Aufstiegsrouten zu manchen Gipfeln (z. B. Paglia Orba) sind mit Steinmännchen markiert.

Medizinische Versorgung

In Frankreich besteht für alle Personen, die in Deutschland gesetzlich versichert sind, ein Anspruch auf dringend erforderliche Behandlung bei Ärzten, Zahnärzten und in Krankenhäusern, die vom ausländischen gesetzlichen Krankenversicherungsträger zugelassen sind. Als Nachweis ist die **europäische Krankenversicherungskarte (EHIC)** bzw. eine Ersatzbescheinigung vorzulegen. Beide Dokumente erhalten Sie bei Ihrer Krankenkasse.

Vom behandelnden Arzt erhalten Sie den Behandlungsvordruck *feuille de soins (assurance maladie)*, auf dem die erbrachten Leistungen eingetragen werden. Mit dem Vordruck begeben Sie sich zu der für Ihren Aufenthaltsort zuständigen *Caisse Primaire d'Assurance Maladie (CPAM)* bzw. *Caisse Générale de Sécurité Sociale (CGSS)*, wo die Kosten (zum großen Teil) erstattet werden.

Unabhängig davon wird empfohlen, für die Dauer des Auslandsaufenthaltes eine **Auslandsreise-Kranken- und Rückholversicherung** abzuschließen.

Weitere Informationen erteilt die Krankenkasse bzw. sind auf der Website der **Deutschen Verbindungsstelle Krankenversicherung – Ausland (DVKA)** abrufbar:

www.dvka.de

Naturschutz

Der GR 20 verläuft komplett innerhalb des korsischen Naturparks (☞ Land und Leute, Fauna). Im Naturpark gelten folgende Regeln:

▷ Offene **Feuer** sind nicht gestattet! In Zeiten großer Dürre sind einige Etappen des GR 20 extrem waldbrandgefährdet (☞ Gefahren, Waldbrände).

▷ Keinen **Müll** zurücklassen! Auch Vergraben ist zwecklos, da wühlende Schweine den Abfall rasch wieder freilegen. Den Müll bitte bis zur nächsten Hütte mitzunehmen, wo der Müll sortiert wird.

▷ **Hunde** sind im Naturpark zugelassen, haben aber keinen Zugang zu den Hütten und sind bei Bergeries und in der Nähe von Viehherden an der Leine zu führen.

▷ Es ist verboten, **Pflanzen** zu pflücken oder auszureißen!

▷ Tiere, insbesondere brütende Vögel, dürfen nicht gestört werden!

▷ **Zelt** und **Biwak** sind nur in den entsprechend gekennzeichneten Zonen (z. B. bei den Hütten) erlaubt! Wildcampen ist im Naturpark strikt verboten!

▷ Die Einhaltung dieser Vorschriften wird von Parkwächtern überwacht. Verstöße werden mit saftigen Bußgeldern geahndet.

Notruf

Die **Rettungsdienste** sind sehr gut strukturiert. Im Falle eines Unfalls wählt man die EU-weite Notrufnummer ☏ **112**. Die Polizei (*gendarmerie*) erreicht man unter **17**, den Notarzt mit Krankenwagen (*S.A.M.U.*) unter **15**, die Feuerwehr (*pompiers*) unter **18**. Sind die obigen Hilfsdienste aus irgendeinem Grund nicht erreichbar, kann auch das Rettungszentrum D.D.S.I.S Corse du Sud unter ☏ 04 95 29 18 00 alarmiert werden.

Viele Hütten verfügen über eine Funkverbindung zu den Rettungsdiensten. Bei einem Unfall muss das Opfer so platziert werden, dass ein Suchteam es rasch entdecken oder der angeforderte Helikopter eine Bergung problemlos durchführen kann.

Prägen Sie sich für Notfälle auch das **alpine Notsignal** ein: Dabei wird innerhalb einer Minute in regelmäßigen Abständen sechsmal das gleiche akustische (z. B. Trillerpfeife, rufen) oder optische (z. B. Taschenlampe) Signal abgesetzt.

Nach einer Minute Pause wird der Vorgang wiederholt, bis Antwort (drei Zeichen pro Minute, gefolgt von einer Minute Pause) erfolgt.

Bei Sichtkontakt (z. B. zu einem Hubschrauber) sind auch die **internationalen Bodennotsignale** hilfreich. Diese lassen sich mit dem Körper oder am Boden (z. B. Äste, Steine, Kleidungsstücke) darstellen. Damit sie aus der Luft sichtbar sind, sollten sich die Zeichen deutlich vom Untergrund abheben und möglichst groß sein.

Die wichtigsten Notzeichen sind:

- **„Y" – ich brauche Hilfe!**
  Der Hilferuf erfolgt, indem beide Arme in einem spitzen Winkel über den Kopf gehoben werden, sodass sie mit dem Körper ein „Y" bilden – das Zeichen für „Yes" (Ja).
- **„N" – alles in Ordnung!**
  Ein Arm wird nach oben, der zweite nach unten gestreckt, sodass beide mit dem Körper ein „N" bilden – das Zeichen für „No" (Nein).
- **„I" – brauche Arzt, schwere Verletzung!**
  Das Zeichen wird mit dem gestreckten Körper bzw. mit Steinen, Ästen usw. am Boden dargestellt.
- **„X" – ich kann nicht weiter!**
  Das Zeichen wird mit Ästen, Steinen usw. am Boden dargestellt.

Organisierte Wandertouren

Die meisten Wanderer begehen den GR 20 auf eigene Faust. Geführte Touren bieten den Vorteil des Gepäcktransports und eines gesicherten Schlafplatzes. Eine kleine Auswahl deutscher und korsischer Anbieter:

- **Abenteuer Korsika**, Waller Straße 25, D-28219 Bremen, ☎ 0421/16 16 52 45, 📱 01 76/61 19 54 44, ✉ info@abenteuer-korsika.de, 💻 www.abenteuer-korsika.de. In kleinen Gruppen wird der GR 20 oder eine Teilstrecke erwandert.
- **Rawakas**, Clausen Dahl Straße 25, D-01219 Dresden, ☎ 03 51/42 45 08 92, ✉ info@rawakas.de, 💻 www.rawakas.de. GR 20 komplett mit Übernachtung im Zelt, kleine Gruppen (6-9 Pers.)
- **Hauser Exkursionen**, Spiegelstraße 9, D-81241 München, ☎ 089/235 00 60, ✉ info@hauser-exkursionen.de, 💻 www.hauser-exkursionen.de. GR 20 Nord

▷ **Couleur Corse**, 6 boulevard Fred Scamaroni, F-20000 Ajaccio, ☏ 04 95 10 52 83, ✉ infos@couleur-corse.com, 💻 www.couleur-corse.com. GR 20 und Teilstrecken (GR 20 Nord, GR 20 Süd, Zweitausender am GR 20), mit Gepäcktransport und mit/ohne Führung

Post

Auch viele kleine Dörfer im Inland haben ein eigenes Postamt (*poste*).

Die Kernöffnungszeiten sind Mo bis Fr 9:00 bis 12:00 und 14:00 bis 16:00 (in größeren Städten manchmal bis 18:00), teilweise auch Sa 9:00 bis 12:00. Kleinere Ortschaften haben oft abweichende bzw. eingeschränkte Öffnungszeiten.

Briefmarken sind bei der Post und in Tabakläden erhältlich. Die Kosten für Postkarten und Briefe (bis 20 g) in alle EU-Länder und in die Schweiz betragen € 1,65.

💻 www.laposte.fr

Reisezeit

Die GR-20-Saison dauert von Juni bis Anfang Oktober. In diesem Zeitraum sind auch die Hütten des PNRC bewirtschaftet.

Im Mai (manchmal sogar Juni) können Altschneefelder die Begehung mancher Etappe erheblich erschweren (☞ Ausrüstung, ☞ Gefahren). Gerade dann blüht aber in den Tieflagen die Macchia und berauscht mit einem Fest von Düften und Farbtönen.

Die erste Junihälfte ist noch relativ ruhig und bietet viel Tageslicht. Der größte Ansturm erfolgt von Mitte Juni bis August. Überfüllte Hütten gehören dann zur Tagesordnung. Die Tage sind oft sehr heiß und vor allem im August jagt ein **Gewitter** das nächste.

Im September entfaltet das Laub der Kastanien- und Buchenwälder seine Herbstfärbung, in der Macchia leuchten die roten Früchte des Erdbeerbaums. Das meist kühlere und stabile Wetter ist ideal zum Wandern. Deshalb sind im September auch viele Reisegruppen unterwegs, sodass die Hütten oft noch stark frequentiert sind. Ende September wird es allmählich ruhiger, die Proviantvorräte in den Hütten gehen aber auch schon zur Neige und das Tageslicht wird knapper …

Ab Oktober sinken die Temperaturen in den Bergen nachts häufiger unter den Gefrierpunkt und es ist mit ersten Wintereinbrüchen zu rechnen.

Skilaufen

Langläufer kommen im Winter in der Umgebung von Evisa, Albertacce, Soccia, Bastelica, Quenza und Zicavo auf ihre Kosten. Während die alpinen Skizentren von Val d'Ese und Ghisoni (Capannelle) nur bescheidene Abfahrtsmöglichkeiten bieten, erwartet erfahrene Skitourengeher auf Korsika ein wahrer Leckerbissen: die **Alta Strada**.

Der Streckenverlauf dieser anspruchsvollen **Skihochtour** ist in groben Zügen identisch mit dem des GR 20. Die Skiroute führt in 11 Etappen von 3 bis 9 Std. vom Plateau du Coscione über die Massive von Monte Renoso, Monte d'Oro und Monte Rotondo und endet nördlich des Monte Cinto im Asco-Tal. Übernachtet wird in den Hütten des PNRC.

Der beste Zeitraum wird durch Wetter und Schneekonditionen bestimmt. Meist bietet die Zeit von Februar bis Ende März gute Voraussetzungen.

Vom Können her ist die große Winterdurchquerung Korsikas nur erfahrenen Skitourengehern und Skibergsteigern vorbehalten. Die langen Etappen, technischen Schwierigkeiten, plötzlichen Wetteränderungen und wechselnde Qualität der Schneedecke stellen zum Teil höchste Ansprüche. Auch eine alpine Winterausrüstung (Eisbeile, Pickel, Steigeisen, Seil, Eisschrauben usw.) ist unentbehrlich. Lohn für die langen, oft strapaziösen Anstiege sind Traumabfahrten mit Höhendifferenzen von 1.200 bis 1.600 m.

Auskünfte erhält man beim PNRC (☞ Information).

Sprache

Die Umgangssprache der Insulaner ist **Korsisch**. Es ist eine eigenständige romanische Sprache, die sich aus dem Urlatein entwickelt hat und keineswegs eine Art abgewandeltes Italienisch, wie man dem Klang nach vermuten könnte. Mit der offiziellen Anerkennung des Korsischen wurde eines der Hauptziele der korsischen Autonomiebewegung erreicht (☞ Land und Leute, Geschichte). Als Folge sind heute auch nahezu alle Ortsschilder auf der Insel zweisprachig.

Die Amts- und Verkehrssprache ist **Französisch**, das von allen Korsen fließend gesprochen wird. Mitarbeiter der Fremdenverkehrsämter sprechen meist auch Englisch, genauso wie das Personal im Hotelwesen und in der Gastronomie in größeren Touristenorten. In ländlichen Regionen wird oft (fast) ausschließlich Französisch und Korsisch gesprochen, einige Französischkenntnisse sind hier von Vorteil.

Telefon und Internet

In Frankreich sind alle Telefonnummern zehnstellig. Korsische Telefonnummern setzen sich aus der zweistelligen regionalen Kennzahl **04** und der **achtstelligen Teilnehmernummer** zusammen. Rufnummern, die mit **06** beginnen, sind Handynummern. Innerhalb Frankreichs muss auch bei Ortsgesprächen immer die vollständige zehnstellige Nummer gewählt werden.

Bei Telefonaten nach Korsika aus D, A oder CH wählen Sie **00** und die Landeskennzahl **33** für Frankreich, dann die regionale Kennzahl **4** (ohne vorherige Null) und die **Teilnehmernummer**.

Bei **Auslandsgesprächen** aus Korsika werden nacheinander **00**, die jeweilige Landeskennzahl (Deutschland **49**, Schweiz **41**, Österreich **43**), die Ortskennzahl (ohne 0) und die Teilnehmernummer gewählt.

Das Handynetz ist dicht. Mittlerweile ist der Empfang auch entlang des GR 20 fast durchgehend gewährleistet. Vor allem in Gebirgstälern sind jedoch Funklöcher möglich.

Internetzugang & WLAN

WLAN, in Frankreich als WiFi bezeichnet, ist auf Korsika weitverbreitet. In Ajaccio existiert z. B. seit 2014 ein vom Gemeindeverband der Region Ajaccio eingerichtetes Netz von WiFi-Antennen für schnelles WLAN-Internet, das einen flächendeckenden Internetzugang in und rund um die korsische Hauptstadt ermöglicht. Darüber hinaus bieten viele Hotels, *gîtes d'étape*, Cafés und Bars heute (meist kostenloses) WLAN-Internet. Ein entsprechender Hinweis ist oft im Außenbereich angebracht. Auch viele Campingplätze haben zumindest in der Nähe der Rezeption einen WiFi-Bereich.

Nützliche Websites

- www.paradisu.de: umfassender Online-Reiseführer
- u-corsu.com: korsisches Telefonverzeichnis
- gr20-infos.com: aktuelle Infos über den GR 20 auf Französisch.

Trampen

Der Versuch, per Anhalter zu reisen, kann einen entlang der viel befahrenen Hauptverkehrsstrecken an der Küste und in der Nähe der Touristenzentren leicht zur Verzweiflung treiben. Dort kommt man mit öffentlichen Verkehrsmitteln oft besser voran.

Im Inland und auf einsamen Bergstraßen klappt es mit dem Trampen oft erstaunlich gut. Denn obwohl nur wenige Fahrzeuge unterwegs sind, ist die Bereitschaft zum Mitnehmen erheblich größer.

Unterkunft

Hütten

Am Ende der einzelnen Etappen des GR 20 liegen Berghütten (*refuges*) des PNRC. Die einfachen Selbstversorgerhütten sind das ganze Jahr über geöffnet und von Ende Mai bis Ende September/Anfang Oktober bewirtschaftet. In diesem Zeitraum werden in allen Hütten auch Mahlzeiten (☞ Essen und Trinken) und Proviant (☞ Einkaufen) feilgeboten.

Das Stromangebot ist oft begrenzt, da der Strom vieler Hütten mithilfe eines Generators oder von Sonnenkollektoren erzeugt werden muss. In den letzten Jahren wurde dafür aber viel in die Sanitäranlagen investiert. Die Hütten verfügen mittlerweile alle über gasbetriebene Duschen mit Warmwasser und werden außerdem nach und nach mit modernen geruchfreien Trockentoiletten ausgestattet. In Ortu di u Piobbu, Carozzu, Manganu, Usciolu und Asinao wurden diese bereits installiert, als Nächstes sind wohl Petra Piana und Prati dran.

Die Übernachtungsgebühr von € 15 pro Person/Nacht schließt die Benutzung der Duschen und Kochinfrastruktur ein. Schlafplätze müssen im Voraus reserviert und bezahlt werden. Buchungen können beim PNRC in Ajaccio (☞ Information) oder in seinen Büros in ☞ Calenzana, ☞ Conca und ☞ Corte vorgenommen werden. Am einfachsten ist aber eine Reservierung online unter:

- pnr-resa.corsica

Außerhalb der Saison sind keine Reservierungen erforderlich. Das Serviceangebot ist dann aber stark reduziert: In den Hütten ist zwar weiter eine Kochmöglichkeit (Gas) vorhanden, jedoch weder Strom noch Licht. Auch die Duschen sind dann abgeschlossen. Dafür entfällt die sonst übliche Übernachtungsgebühr und es ist lediglich eine Servicegebühr (Gas und Brennholz) von € 5 pro Person zu entrichten. Der Obulus wird bar in einem Blechbehälter in der Hütte eingezahlt.

Außerhalb der Saison können einzelne Hütten aufgrund von Wartungsarbeiten auch gänzlich geschlossen sein. Informieren Sie sich diesbezüglich beim ☞ PNRC.

Zur Grundausstattung der Hütten gehören:

- ▷ ein Schlafsaal mit Pritschen und Matratzen, aber ohne Decken
- ▷ ein Gemeinschaftsraum mit Tischen, Bänken, Kachelofen, Gasherd, Spülmöglichkeit, Töpfen und Geschirr
- ▷ eine Trinkwasserstelle, Toiletten und Duschen draußen
- ▷ eine Möglichkeit, Abfall getrennt zu entsorgen (Bioabfall, Dosen, Restmüll)
- ▷ eine Funkverbindung für Notfälle (in der Saison)

Etliche Hütten am GR 20 verfügen bereits über moderne Trockentoiletten

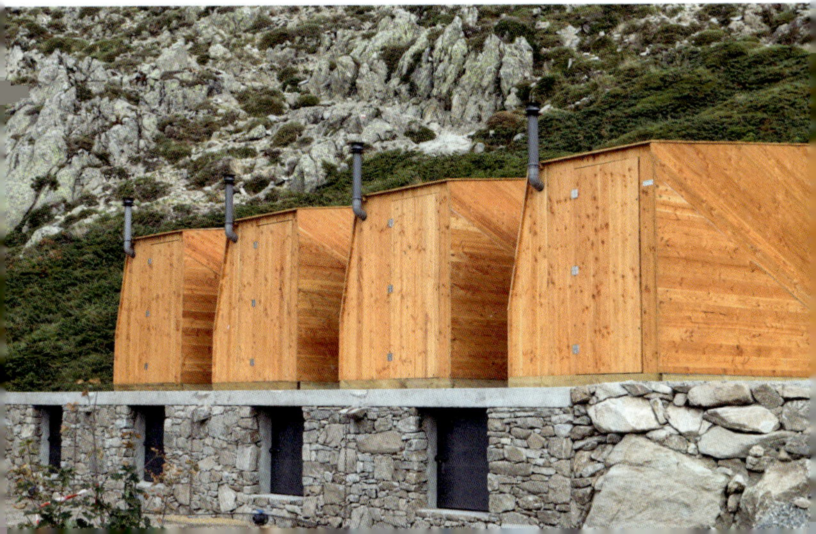

Etappenlager

Eine ähnliche Ausstattung wie die PNRC-Hütten bieten Etappenlager oder *gîtes d'étape*. Manche liegen am GR 20, ansonsten ist diese Übernachtungsmöglichkeit vor allem typisch für die Bergdörfer (☞ Beschreibung der einzelnen Abstiegsmöglichkeiten). Dort sind sie oft in Schulen, Rathäusern und Privathäusern untergebracht.

Manche *gîtes d'étape* sind ganzjährig geöffnet, andere nur in der Saison. Die Übernachtung erfolgt meist in 4- oder 6-Bett-Zimmern. Alle Herbergen bieten warme Duschen, einige auch eine Selbstversorgerküche. Übernachtungen können mit Frühstück, oft auch mit Halbpension (HP) gebucht werden.

Die Übernachtungspreise variieren von € 15 bis 22 pro Person bzw. von € 40 bis 50 pro Person mit HP.

Camping

Innerhalb des korsischen Naturparks ist Zelten nur auf den dafür ausgewiesenen Plätzen (*aires de bivouac*) bei den Hütten und einigen Bergeries erlaubt. Die Übernachtungsgebühr beträgt € 7 pro Person/Nacht.

Bei allen Hütten können auch Zweipersonenzelte mit Schlafmatten gemietet werden. Die Reservierung eines Leihzeltes erfolgt über das gleiche Buchungssystem des PNRC wie für Hüttenübernachtungen. Kostenpunkt: € 11 pro Zelt. Eine Übernachtung im Leihzelt für zwei Personen kostet € 25.

Die Kochplatten der Hütten stehen nur Übernachtungsgästen der Hütten zur Verfügung! Vielerorts gibt es aber draußen eine separate Kochstelle für Zeltgäste.

Wer lieber auf Nummer sicher gehen möchte, nimmt den eigenen Kocher mit (☞ Ausrüstung).

Da Kochgeschirr meist fehlt, sollten eigene Töpfe mitgebracht werden. Die Hüttenwirte reagieren nicht begeistert auf Versuche von Campern, diese aus der Hütte ins Freie zu schmuggeln …

Wer beim Wildcampen erwischt wird, riskiert ein saftiges Bußgeld! Kontrollen erfolgen durch die Parkwächter.

Hotels

Wo der GR 20 Straßen berührt oder kreuzt (Haut-Asco, Castel de Vergio, Vizzavona), gibt es mancherorts Hotels mit unterschiedlichen Standards (☞ Beschreibung der einzelnen Etappen).

Updates

Die in diesem OutdoorHandbuch präsentierten Angaben und Informationen wurden von mir bis Mai 2022 mit größter Sorgfalt recherchiert und überprüft. Dennoch kann es – nicht zuletzt aufgrund der aktuellen Corona-pandemie – immer wieder zu Änderungen kommen. Der Conrad Stein Verlag veröffentlicht deshalb regelmäßig Updates, die vom Autor oder von Lesern dieses Buches stammen.

Die Aktualisierungen finden Sie auf der Verlagshomepage www.conrad-stein-verlag.de, indem Sie unter dem Titel dieses Buches den Punkt „Updates" anklicken. Der abgebildete QR-Code führt Sie direkt zur richtigen Seite.

Verkehrsmittel unterwegs

Sowohl zum GR-20-Startpunkt Calenzana als zum Endpunkt Conca existieren Linienbusverbindungen (☞ An- und Abreise GR 20). Am GR 20 sind auch Haut-Asco, Castel de Vergio und Bavella per Bus erreichbar. Vizzavona, auf halber Strecke, verfügt über gute Bahnverbindungen mit Ajaccio, Bastia und Calvi (☞ An- und Abreise GR 20).

Im Buch beschrieben sind auch Abstiegsmöglichkeiten zu Orten in den umliegenden Tälern. Deren Anbindung an das öffentliche Verkehrsnetz kann aber stark variieren: Corte und Tattone sind mit der Bahn erreichbar, Calasima, Albertacce, Cristinacce, Evisa, die Bergeries de Grotelle, Cozzano, Zicavo und Quenza mit dem Bus. In Bonifatu, Soccia, Guagno, Ghisoni, Isolaccio-di-Fiumorbo und Catastaghju ist man auf das Taxi angewiesen.

GR 20 Nord

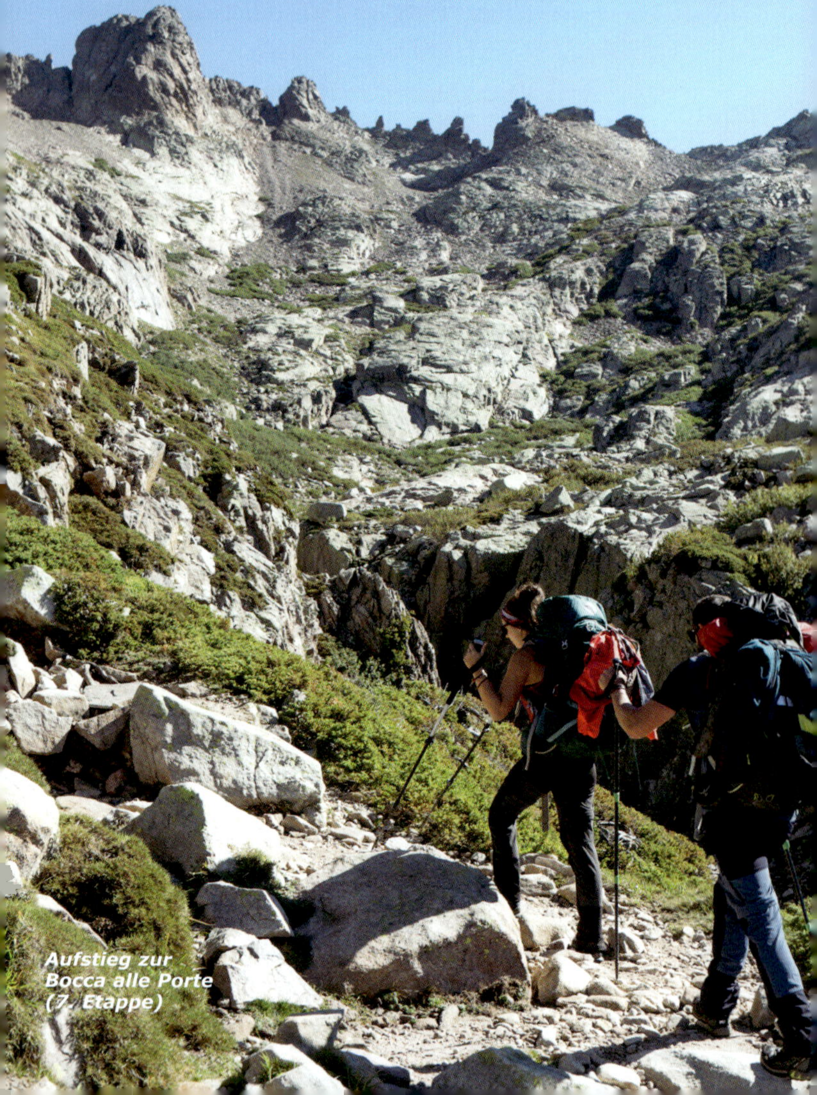

Aufstieg zur Bocca alle Porte (7. Etappe)

Länge: 92 km
Zeitbedarf: N→S 57 Std. 30 Min., S→N 56 Std.
Höhenunterschied: ↑ 7.610 m, ↓ 6.970 m
Tiefster Punkt: 248 m; höchster Punkt: 2.607 m

Im Norden warten die anspruchsvollsten und spektakulärsten Etappen des GR 20. Große Teile des Weges verlaufen in Höhen über 2.000 m und weisen einen ausgesprochen alpinen Charakter auf. Trittsicherheit und Schwindelfreiheit sind unerlässlich. Hinzu kommt, dass die täglichen Höhenunterschiede oft beträchtlich sind. Beim Start in Calenzana sind gleich am ersten Tag mehr als 1.200 Höhenmeter zu bewältigen.

☺ Wer den beiden schweren Auftaktetappen aus dem Weg gehen möchte, wählt von Calenzana die Variante über die erste Etappe des Fernwanderweges *Mare e Monti* oder startet gleich in **Bonifatu** (☞ Etappe 1, Variante nach Carozzu über Bonifatu).

Vergeblich werden Sie in der Routenbeschreibung nach dem **Cirque de la Solitude** suchen. Der spektakuläre Felskessel ist seit dem fatalen Bergsturz (mit sieben Toten) im Juni 2015 leider nicht länger Teil des GR 20. Nach dem Unfall wurde die Streckenführung des GR 20 in diesem Bereich geändert: Dieser verläuft jetzt zwischen Haut-Asco und Tighiettu über das Cinto-Massiv und erreicht an der Pointe des Éboulis (2.607 m) seinen höchsten Punkt.

Der GR 20 Nord ist unter normalen Bedingungen gut in 9 Tagesetappen zu bewältigen. Für etwaige Gipfelbesteigungen, aber auch im Hinblick auf einen möglichen Schlechtwettereinbruch schaden ein oder zwei Reservetage aber nicht.

Calenzana

⇧ 248 m, ✉ 20214, 2.460 Ew.

i **Office de Tourisme Calvi Balagne**, chemin de la Plage, F-20260 Calvi, ☏ 04 95 65 16 67, ✉ tourisme@balagne-corsica.com, 💻 balagne-corsica.com, s. Homepage

♦ **Maison du GR 20 Calenzana**, ☏ 04 95 62 87 78

À l'Ombre du Clocher, 5 chemin U Terraghiu, 06 20 80 18 08, berengerecorse@wanadoo.fr, www.ombre-du-clocher.com, ganzjährig, 3 Zi, @, ÜF EZ € 80-90, ÜF DZ € 85-95. Das B&B von Bérangère und Gilles liegt im Schatten der Kirche Saint-Blaise. Frühstück mit hausgemachter Marmelade

♦ **Hôtel Bel Horizon**, 4 place Prince Pierre, 04 95 62 71 72, 06 80 10 76 88, bernard.villanova@wanadoo.fr, www.calenzana.com, April bis Sep, 12 Zi, @, Kreditkartenzahlung möglich, DZ € 77, F € 8,50. Einfaches Hotel gegenüber der Kirche Saint-Blaise. Frühstück mit regionalen Produkten

♦ **Maison d'hôtes Corse A Casa**, 2 rue Rappalli, 06 79 57 55 41, contact@acasa-corse.com, www.acasa-corse.com, ganzjährig, 3 Zi, @, ÜF DZ Juli-Aug ab € 85, Mai-Juni und Sep-Okt ab € 75. Gemütliches B&B in einem hübsch restaurierten alten Haus. Im Sommer ab 2 Nächten

♦ **Hôtel A Flatta**, A Flatta, 04 95 62 80 38, info@aflatta.com, www.aflatta.com, April bis Okt, 6 Zi, @, Kreditkartenzahlung möglich, DZ Juli-Aug ab € 119, Sep ab € 109, Juni ab € 99, Mai und Okt ab € 90, F € 24. Stilvolle Herberge in einem einsamen Tal, 3 km vom Zentrum. Fotos und Souvenirs in der Bar erinnern an Radsportlegende Jacques Anquetil – die Besitzerin ist die Tochter des fünffachen Tour-de-France-Siegers!

♦ **Gîte U Mandarinu**, 13 rue du Fond, 06 03 81 34 28, umandarinu@gmail.com, umandarinu.wixsite.com/calenzana, ganzjährig, 4 Zi, @, ÜF EZ € 40-45, ÜF DZ € 50-60. Einfache Zimmer mit Privatbad und gemeinsamer Küche, im Zentrum

Gîte municipal de Calenzana, route de Calvi (am Ortseingang), 04 95 62 77 13 (Saison) und 04 95 62 70 08 (Gemeindehaus, Nov-März), mairie-calenzana@wanadoo.fr, Mai bis Okt, 30 Schlafplätze verteilt auf 7 4-Bett-Zimmer und 1 DZ jeweils mit eigener und WC, , @, Ü € 15/Pers., kein Frühstück erhältlich

Camping municipal (bei der Gîte), Anmeldung , 30 Stellplätze, € 9/Pers., WC

A Stazzona, 17 rue du Fond, 04 95 36 47 12, 06 82 69 65 35, velon.pieri@orange.fr, tägl. 12:00-13:30 (Sommer 14:00) und ab 19:00. Uriges Lokal in der früheren Schmiede am Ortseingang. Neben den üblichen korsischen Fleischgerichten gibt es Köstliches aus Neptuns Reich wie Tintenfischeintopf und Seebarsch gefüllt mit brocciu. Den fangfrischen Fisch liefert der Schwiegervater, ein Fischer aus Galeria.

L'Alivu, 6 place Prince Pierre, 04 95 46 37 41, 06 82 84 00 88, lalivucalenzana@gmail.com, Di-So 12:00-14:15 und 19:30-22:30, Mo 19:30-

22:30. Korsische Spezialitäten wie Rindertartar, Zickleinbraten und Cannelloni mit Kalbsragout und *brocciu*

- **Le GR 20**, 10 rue du Fond, ☏ 04 95 32 54 17, tägl. 8:00-15:00 und 17:30-22:00. Köstliche Pizzen aus dem Steinofen!
- **L'Ecclesia**, place de l'Église, 06 87 67 51 23 und 06 50 33 71 01, tägl. 10:30-23:00 (im Sommer 24:00). In der bei Wanderern beliebten Snackbar kredenzt Antonia köstliche Sandwiches, Hamburger und Salate, zubereitet mit lokalem Biogemüse.
- **Spar**, quai Annunziata (gegenüber der Tankstelle), Juli und Aug Mo-Sa 8:30-20:00, So 8:30-13:00, Sep-Mai Mo-Sa 8:30-12:30 und 14:30-19:00, So 8:30-12:30
- **Bäckerei L'Amadeus**, 17 rue e Case Nove, tägl. 6:00-19:30
- **Calvi – Calenzana**: Im Juli und Aug 2x tägl.: ab Calvi um 14:30 und 19:30, ab Calenzana um 15:00 und 20:00. Von Sep bis Juni während der Schulzeit Mo, Di, Do und Fr von Calvi nach Calenzana um 15:30; es gibt dann keine Retourfahrt! Fahrzeit: 30 Min., Fahrpreis: € 8. Abfahrt Calvi: place de la Porteuse d'eau, Abfahrt Calenzana: place de l'Église. **Corsicar**, ☏ 04 95 65 11 35, corsicar.cly@orange.fr, www.corsicar.com
- **Radio Taxis Calvais**, ☏ 04 95 65 30 36, radio.taxis.calvais@orange.fr, radio-taxis-calvais.fr, Richtpreis: Calvi – Calenzana: € 34 bzw. € 46 abends/sonntags. Auch Gepäcktransport (z. B. Bonifatu, Haut-Asco)
- **Taxi Michel**, 06 11 58 92 29, taxi-calvi.com
- **Jean-Paul Biancardini**, ☏ 04 95 62 77 80, 06 08 16 53 65, www.taxi-calenzana-calvi.fr
- großer, kostenloser Parkplatz bei der Kirche Saint-Blaise im Zentrum
- **Maison Médicale de Calenzana**, boulevard Marini, ☏ 04 95 65 09 10, domusmedica.monsite-orange.fr
- **Zahnarzt**: Gerald Salomon, 2 place Prince Pierre, ☏ 04 95 62 72 36
- **Pharmacie Albano-Moretti**, 1 rue e Case Nove, ☏ 04 95 62 79 39
- **Esso**, an der D151 (am Ortseingang)
- **Garage Gazzo**, Pinzali (2,5 km vom Zentrum), ☏ 04 95 62 77 93
- **Gendarmerie Nationale**, quai des Ignorantins, ☏ 04 95 62 70 17
- **Piazza Tantaralla**, ☏ 04 95 62 70 40

Calenzana ist der Ausgangspunkt dreier Fernwanderwege. Neben dem GR 20 beginnen auch der Mare e Monti und der Sentier de la Transhumance in dem großen Balagne-Dorf, das sich, eingerahmt von Weingärten, Obstplantagen, Mandel- und Ölbäumen, an die Ausläufer des Monte Grosso (1.935 m) schmiegt.

Der Käse aus Calenzana genießt einen hervorragenden Ruf, auch die *cuciulelle* – trockene Kekse – lohnen eine Kostprobe. Und natürlich muss der berühmte Macchia-Honig erwähnt werden! Die emsigen Bienen brachten Calenzana nicht nur Wohlstand, sondern kamen auch schon mal zum Einsatz als … Waffe.

Die Bienenschlacht von Calenzana

Als sich das korsische Volk gegen die genuesische Besatzungsmacht auflehnte (☞ Land und Leute, Geschichte), bat Genua Karl VI. und die kaiserlich-österreichische Armee um Unterstützung. So landeten am 14. Januar 1732 800 deutsche Söldner in Calvi, mit dem Ziel, das Widerstandsnest Calenzana zu stürmen. Die Bauern aus Calenzana waren schlecht bewaffnet und die Konfrontation mit den Söldnern schien aussichtslos. Dann hatte ein Imker eine geniale Idee. Er brachte seine Bienenstöcke in den Ort und ließ diese auf Fensterbänken und Dachterrassen aufstellen. Als die Söldner eintrafen, wurden sie mit den Bienenstöcken bombardiert. Die gereizten Insekten gingen sofort auf die Söldner los und verursachten Panik unter den Angreifern, die Hals über Kopf flohen. Viele ließen ihre Waffen zurück, die nun von den Bauern gegen sie verwendet wurden. Die im Gemetzel gefallenen Soldaten wurden vor Ort begraben.

Eine Gedenktafel am Glockenturm der Kirche Saint-Blaise erinnert an das Ereignis und die „500 Deutschen, die im Auftrag der Genueser ihr Leben ließen“. Der **Campu Santu di i Tedeschi** (dt. „Friedhof der Deutschen”) liegt hinter dem Gotteshaus.

Malereien in der Église Saint-Blaise

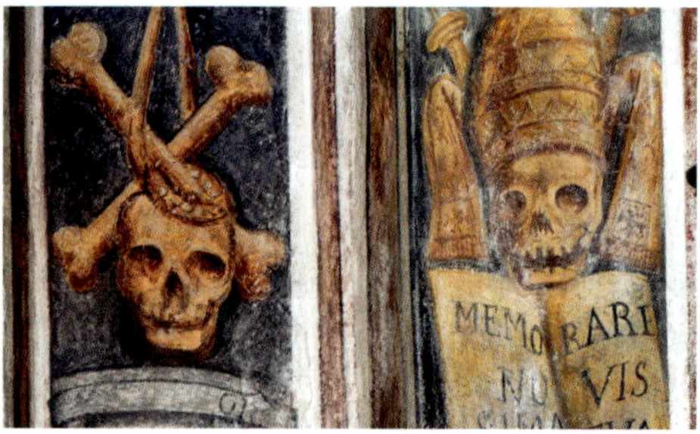

✝ Die barocke **Église Saint-Blaise** ist das Wahrzeichen von Calenzana. Zur reichlich mit Marmor und Ornamenten geschmückten Pfarrkirche von 1720 gehört auch ein zierlicher Kampanile aus dem 19. Jh., der hoch über dem Söldnerfriedhof aufragt.

Etappe 1: Calenzana – Ortu di u Piobbu

11,1 km, N→S 6 Std. 30 Min., S→N 5 Std., ↑ 1.450 m, ↓ 160 m, ⇧ 250-1.569 m

0,0 km	⇧ 250 m	Calenzana
0,3 km	⇧ 298 m	Chapelle Saint-Antoine de Padoue
1,7 km	⇧ 532 m	Funtana di Ortivinti
1,9 km	⇧ 570 m	Abzweig der Variante über Bonifatu
2,2 km	⇧ 625 m	Bocca di u Ravalente
4,5 km	⇧ 817 m	Arghioa (Felsvorsprung)
6,7 km	⇧ 1.250 m	Bocca a u Saltu
8,6 km	⇧ 1.484 m	Bocca a u Bassiguellu
11,1 km	⇧ 1.550 m	Ortu di u Piobbu ()

Die Auftaktetappe führt von Calenzana nahezu kontinuierlich bergan, zunächst mäßig steil durch die Macchia, später steiler im Nadelwald, schließlich mit leichter Kletterei im felsigen Gelände bis zur Bocca a u Bassiguellu. Lohn der Mühe sind spektakuläre Ausblicke über die Balagne-Dörfer und die Nordküste. Die letzten 2 km geht es in leichtem Auf und Ab weiter bis Ortu di u Piobbu. Aufgrund des langen Anstieges empfiehlt sich ein sehr früher Start, möglichst bei Sonnenaufgang. Nehmen Sie genügend Trinkwasser mit: Zwischen Funtana di Ortivinti und Ortu di u Piobbu gibt es oft keinen Tropfen! Als Alternative bei ungünstigem Wetter empfiehlt sich die Variante nach Carozzu über Bonifatu.

Von Calenzana führen zwei Wege zum „offiziellen" Startpunkt des GR 20 bei der Chapelle Saint-Antoine de Padoue. Ein erster Ausgangspunkt ist die **Bar Le GR 20**. Von der Bar (in einer scharfen Linkskurve der Hauptstraße) führen Holzpfeile und rot-weiße Markierungen durch die verwinkelten Gassen zum place Saint-Antoine mit der gleichnamigen Kapelle.

Ein alternativer Startpunkt ist die **Kirche Saint-Blaise**. Hier wandern Sie an der Bar Le Royal rechts die Gasse hoch und folgen den rot-weißen Streifen, die durch das Gassengewirr ebenfalls zum place Saint-Antoine leiten.

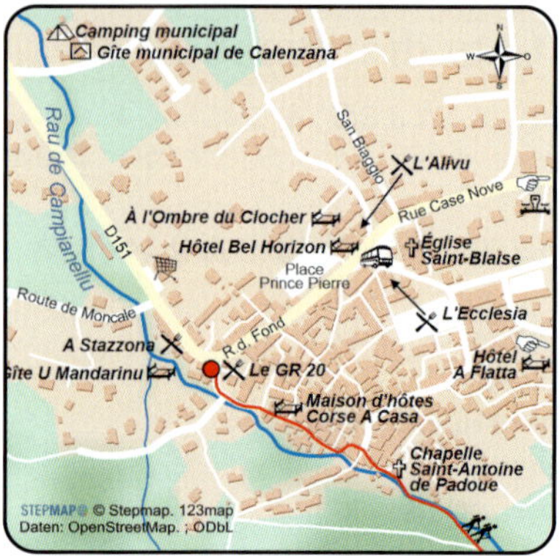

Calenzana

Die ✝ **Chapelle Saint-Antoine de Padoue**, eine weiße Kapelle am Südrand von Calenzana, ist nicht nur Startpunkt des GR 20, sondern auch des Mare e Monti. Der Verlauf beider Fernwanderwege ist zunächst identisch, sodass Sie neben rot-weißen auch orangefarbenen Markierungen begegnen. Bei der Kapelle gibt es eine Quelle, das Wasser ist aber nicht trinkbar (Warnschild).

Von der Kapelle führt ein mit Steinen gepflasterter Saumpfad zwischen Kastanienbäumen und Zistrosen bergauf. Sie passieren ein verrostetes Tor, ignorieren erst einen Linksabzweig ❶ (Boucle di u Pratu, rote Punkte), dann, nach weiteren 800 m einen Rechtsabzweig (Boucle di u Curbaghju, gelbe Punkte). Aus dem Tal aufsteigendes Glockenläuten und Hundegebell begleiten Sie noch eine Weile, während die Aussicht mit jedem Schritt großartiger wird.

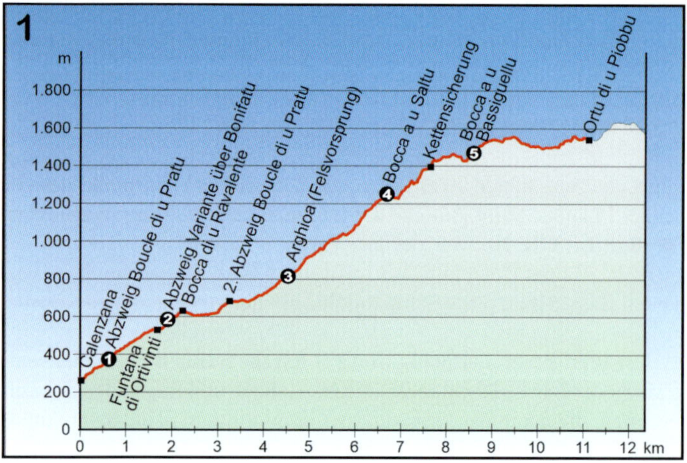

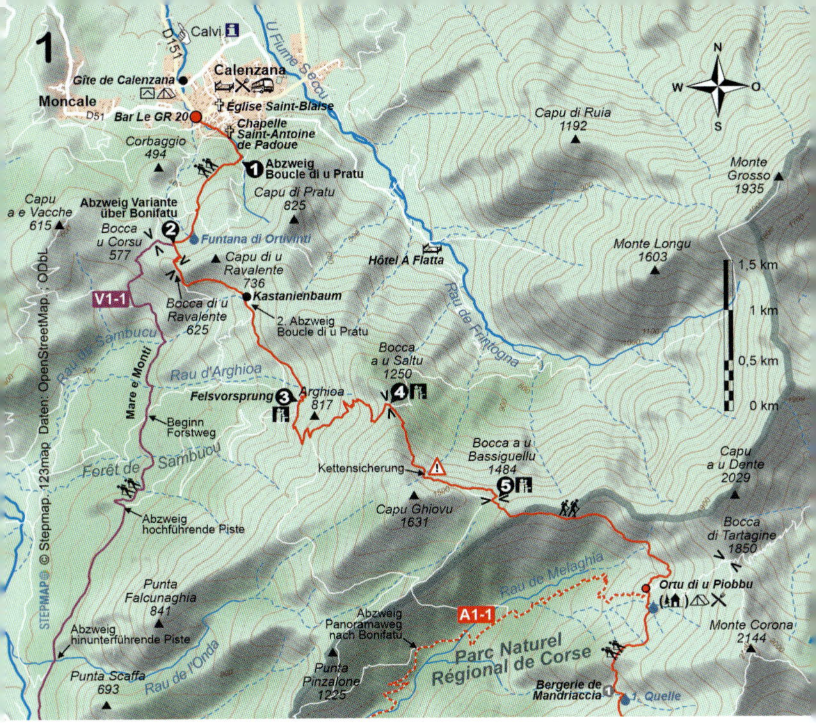

In der Tiefe breiten sich die roten Dächer von Calenzana aus, überragt vom schlanken Kampanile der Kirche Saint-Blaise. Im Nordosten zeichnen sich die Balagne-Dörfer Zilia, Cassano und Montemaggiore ab. Im Westen klammert sich das kleine Dorf Moncale an einen Steilhang. Nach Nordwesten wandert der Blick von der Bucht von Calvi über die gleichnamige Hafenstadt mit der wuchtigen Zitadelle bis zur entfernten Pointe de la Revellata mit ihrem weißen Leuchtturm.

Solche Ausblicke machen Freude. Einziger Wehrmutstropfen sind die verkohlten Baumstümpfe am Wegesrand, die auf die latent drohende Waldbrandgefahr hinweisen (☞ Reise-Infos von A bis Z, Gefahren).

Bei einer eingefassten Quelle, der **Funtana di Ortivinti** (⇧ 532 m, km 1,7), können Sie ein letztes Mal die Wasserflasche füllen. 200 m weiter folgt eine Weggabelung ❷ mit Holzschild.

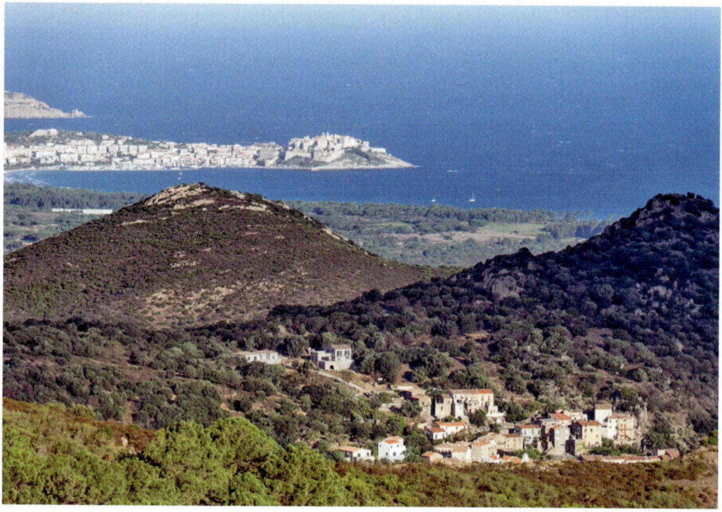

Moncale und die Bucht von Calvi

Der Fernwanderweg Mare e Monti und die ☞ **Variante nach Carozzu über Bonifatu** (siehe S. 85) zweigen hier rechts ab.

Der GR 20 führt geradeaus nach Süden weiter. Er schraubt sich in engen Kehren zur **Bocca di u Ravalente** (⇧ 625 m, km 2,2) hoch, fällt dann etwas ab und zieht sich südlich um die schroffen Felsen des Capu di u Ravalente (736 m). Ein dicker Kastanienbaum – Stammumfang 7 m! – lädt zum Rasten ein. Anschließend lassen Sie einen weiteren Linksabzweig (Boucle di u Pratu) unbeachtet und steigen langsam in südöstlicher Richtung weiter durch den **Forêt de Sambucu** (dt. „Holunderwald”). Unten im Tal schäumt der Figarella-Fluss, doch hier oben ist es im Sommer mit Wasser schlecht bestellt, da sämtliche Quellen dann meist längst versiegt sind.

Nach der Durchquerung des (trocknen) Arghioa-Bachbetts steigen Sie im Schatten eines Kiefernwaldes weiter zum Felsvorsprung **Arghioa** ❸ (⇧ 817 m, km 4,5) hinauf, wo sich eine herrliche Aussicht auftut: Im Norden erheben sich die Felsen des gerade umrundeten Capu di u Ravalente, im Westen windet sich der Figarella-Fluss durchs Tal, im Nordwesten taucht wieder die Zitadelle von Calvi auf.

Im Anschluss schraubt sich der Weg zwischen Kiefern und Eichen zur **Bocca a u Saltu** ❹ (⇧ 1.250 m, km 6,7) empor, einem grasbewachsenen Sattel, der mit einer weiteren Aussicht auf die Nordküste und das Figarella-Tal aufwartet.

Der GR 20 taucht nun leicht abfallend in den Wald ein, wechselt auf die Ostseite des Kammes und steigt dann, im Schatten großer Kiefern, wieder an. Bald steht ein erster echter Härtetest bevor: die Überwindung der felsigen Nordhänge des **Capu Ghiovu** (Gipfelhöhe 1.631 m). Hier warten auch schon die ersten kurzen Kletterstellen, zwei etwas heikle Abschnitte sind mit Ketten gesichert.

Der GR 20 schwenkt nun nach Osten, überrascht zwischendurch mit einer weiteren Aussicht auf die Nordküste und die Dörfer der Balagne und steigt dann zu einem weiteren Pass hoch: die **Bocca a u Bassiguellu** ❺ (⇧ 1.484 m, km 8,6). Von dieser grasbewachsenen Kuppe erscheint das Etappenziel, Ortu di u Piobbu, zum Greifen nahe. Sie wandern im leichten Auf und Ab nach Osten weiter, queren den Bacheinschnitt des Ruisseau de Melaghia und steigen auf der anderen Talseite hoch bis () **Ortu di u Piobbu**.

Blick von der Bocca a u Saltu auf die Balagne

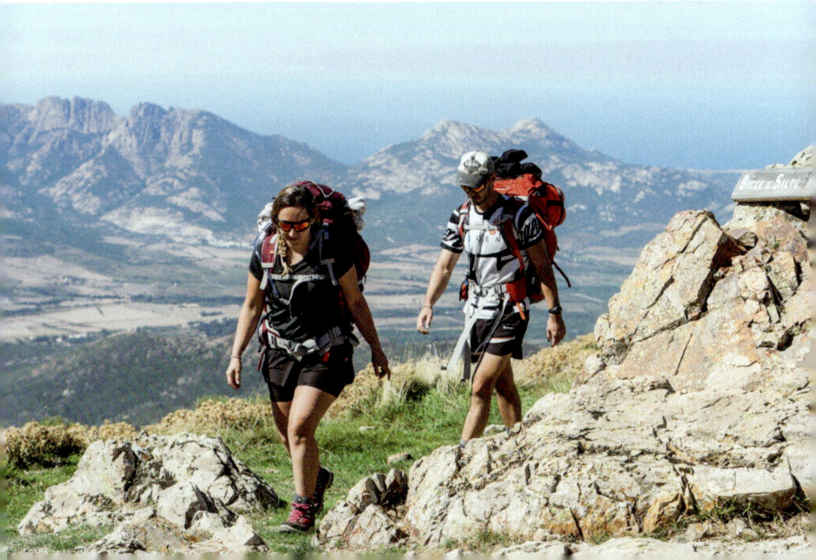

(🏠) Die älteste Hütte des PNRC wurde im April 2019 von einem Brand komplett zerstört. Als Ursache gilt Brandstiftung. Ein Neubau ist geplant, mit einer Wiedereröffnung ist jedoch frühestens im Sommer 2023 zu rechnen. Bis dahin stellt der PNRC Leihzelte und Schlafmatten zur Verfügung. Vom Brand nicht betroffen waren die neuen Trockentoiletten und Duschen. Ganzjährig, bewirtschaftet von Ende Mai bis Anfang Okt., eingefasste Quelle, 80 m entfernt, am GR 20 Richtung Carozzu, , Abendessen (Drei-Gänge-Menü) € 20, F € 10, , kein Mobilnetz

Der Zeltplatz bei der Hütte ist relativ windanfällig, steiniger Untergrund.

Von Ortu di u Piobbu gibt es eine **Abstiegsmöglichkeit nach Bonifatu**.

Abstieg zur Auberge de la Forêt de Bonifatu (A1-1)

8,3 km, N→S 2 Std. 30 Min., S→N 3 Std. 30 Min., ↑ 0 m, ↓ 1.010 m, 540-1.550 m

Von Ortu di u Piobbu steigt ein gelb markierter Pfad nach Westen über einen kargen, von Wacholder und Erlen bewachsenen Rücken in das obere Tal des **Ruisseau de Melaghia** ab. Sie erreichen den Bach in 1.350 m Höhe und wandern nun im Zickzack durch einen hochstämmigen Kiefernwald am linken Ufer weiter. Nach der Querung des Baches (km 3,2), gut 300 m tiefer, mündet der Pfad in einen Forstweg, der zwischen Kiefern weiter hinunterführt. An einer Weggabelung (975 m, km 3,7) gibt es zwei Möglichkeiten.

Bei Hochwasser (Starkregen) besteht das Risiko, dass Bäche wie der Ruisseau de Lamitu (weiter unten im Tal) unpassierbar sind. Um böse Überraschungen zu vermeiden, sollte man dann lieber gleich den gelb markierten „Panoramaweg“ wählen, der hier nach rechts abzweigt und hoch über dem Melaghia-Bach hinunterführt. Auf dieser Strecke müssen keine Bäche durchquert werden, der Figarella-Fluss wird unmittelbar vor der Auberge de la Forêt de Bonifatu auf einer stabilen **Hängebrücke** überwunden.

Bei „normalen“ Wetterbedingungen empfiehlt sich indes für den weiteren Abstieg der einfachere Forstweg. Dieser leitet in einigen Kehren hinunter und wechselt in 850 m Höhe (km 5) erneut das Ufer des Melaghia-Baches.

1 km weiter ignorieren Sie den Rechtsabzweig des Ficaghiola-Rundweges (dieser führt ebenfalls nach Bonifatu). Bei **Roncu** (⇧ 619 m, km 6,9) quert der Forstweg den oben erwähnten **Ruisseau de Lamitu** und führt dann nach Westen weiter zur Auberge de la Forêt de Bonifatu (☞ Variante nach Carozzu über Bonifatu). Infos ☞ Variante nach Carozzu über Bonifatu

Variante Etappe 1: Nach Carozzu über Bonifatu (V1-1)

16,7 km, N→S 7 Std. 30 Min., S→N 6 Std., ↑ 1.350 m, ↓ 330 m, ⇧ 250-1.270 m

0,0 km	⇧ 250 m	Calenzana
0,3 km	⇧ 298 m	Chapelle Saint-Antoine de Padoue
1,7 km	⇧ 532 m	Funtana di Ortivinti
1,9 km	⇧ 570 m	Abzweigung der Variante über Bonifatu
4,4 km	⇧ 405 m	Beginn Forstweg
9,0 km	⇧ 356 m	Pont de Figarella
11,5 km	⇧ 540 m	Auberge de la Forêt de Bonifatu
15,0 km	⇧ 924 m	Ruisseau de Lamitu (Hängebrücke)
16,7 km	⇧ 1.270 m	Refuge de Carozzu

Die Variante über Bonifatu ist landschaftlich weniger reizvoll, dafür aber viel leichter als die beiden ersten Etappen des GR 20. Bis Bonifatu folgen Sie dem Verlauf des Fernwanderweges Mare e Monti und wandern, weitgehend auf Forstwegen, in leichtem Auf und Ab durch Wald und Macchia. Von Bonifatu führt ein schattiger Trampelpfad durch die Täler von Figarella und Lamitu allmählich hoch nach Carozzu. Bei ungünstiger Witterung (Regen, Nebel, Gewitter) sollte die Variante definitiv den Vorzug erhalten. Viele Wanderer starten die GR-20-Wanderung auch gleich von Bonifatu.

Die orangefarbenen Markierungen des **Mare e Monti** führen an der Abzweigung der Variante zunächst nach Westen weiter zur nahen **Bocca u Corsu** (⇧ 577 m, km 2,1), wo sich eine schöne Aussicht auf Calenzana und Calvi auftut.

Vom Pass schlängelt sich der sog. **Sentier du facteur** (dt. „Weg des Postboten“) durch die Macchia in südwestlicher Richtung hinunter, quert zwei Bäche und mündet schließlich in einen Forstweg (km 4,4).

☝ Wer von Süden kommt, übersieht ggf. leicht den unscheinbaren Abzweig (in einer scharfen Linkskurve der Piste)!

Der Forstweg (Wegweiser „Bonifatu“) führt durch den **Wald von Sambucu** nach Süden und steigt zunächst leicht an zu einer Weggabelung (km 5,7), wo eine links hochführende Piste ignoriert wird. Der Forstweg fällt nun allmählich zum Figarella-Fluss ab.

An einer weiteren Gabelung ignorieren Sie eine rechts abzweigende Piste (km 7,5) und erreichen schließlich die)(**Pont de Figarella ❸** (⇧ 356 m, km 9).

Von der Brücke erkennen Sie flussaufwärts den Speicher, der seit 2014 die Balagne-Dörfer mit Trinkwasser versorgt.

Hinter der Brücke wandern Sie zunächst links am Figarella-Ufer weiter, bis der Pfad nach etwa 1 km plötzlich im Zickzack zwischen Erdbeerbäumen zur **Bocca Rezza** (⇧ 500 m, km 10,4) hochschießt. Von dort geht es auf der Straße D251 nach links weiter, vorbei am Forsthaus von Bonifatu und einer eingefassten 💧 **Quelle** (hinter der Brücke) zur nahen 🛏 **Auberge de la Forêt de Bonifatu ❹** (km 11,5).

🛏 ✕ **Auberge de la Forêt de Bonifatu**, Valery Carole, 📱 06 50 77 56 36, ✉ aubergeforetbonifatu@sfr.fr, 💻 www.auberge-foret-bonifatu.com, 🚪 April bis Sep, 5 Zi, **P** ✕ 🚿. EZ/DZ € 95, HP EZ € 126, HP DZ € 157, F € 10, 🍎 € 14, @ € 3 (24 Std.). Restaurant mit korsischen Spezialitäten wie Wildschweinragout und Cannelloni mit *brocciu*. Verkauf von Brot, Käse, Milch, Obst, Schokolade, Müsliriegel usw. 🚕 Von/nach Calenzana € 70. In der Saison empfiehlt sich eine frühzeitige Reservierung der Übernachtungsplätze, bei der Buchung ist 30 % der Rechnungssumme fällig.

⌂ 46 Schlafplätze, verteilt auf 5 Hütten im Chaletstil (6-8 Pers.) und 2 Lager (neben dem Restaurant), 🚿 und Toiletten in separatem Gebäude, Ü € 21, HP € 52, F € 10

⛺ ca. 15 Stellplätze auf schattigen Terrassen oberhalb der Hütten. Ü € 9,50/Pers., HP € 40,50/Pers.

☝ Wildcampen ist im Wald von Bonifatu strikt verboten!

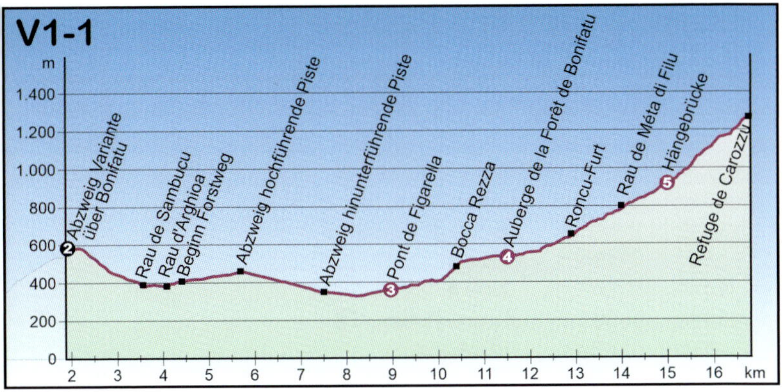

🚗 **Radio Taxis Calvais**, ☏ 04 95 65 30 36, ✉ radio.taxis.calvais@orange.fr, Richtpreis: Calvi – Bonifatu: € 54 bzw. € 74 abends/sonntags. Auch Gepäcktransport (von/nach Calenzana und Haut-Asco)

♦ **Taxi Michel**, 📱 06 11 58 92 29, 💻 taxi-calvi.com

♦ **Jean-Paul Biancardini**, ☏ 04 95 62 77 80, 📱 06 08 16 53 65

Unterhalb des Parkplatzes gibt es gute Bademöglichkeiten in den Gumpen der Figarella.

In Bonifatu verabschieden Sie sich vom Mare e Monti und folgen nun vom Parkplatz dem Forstweg Richtung **Roncu-Furt** (⇧ 619 m, km 12,9). Gleich vor der Furt durch den **Ruisseau de Lamitu** verlassen Sie den Forstweg und wählen den gelb markierten Pfad, der rechts am orografisch linken Bachufer in den Wald hochführt.

Unterwegs werden mehrere Bäche gekreuzt: Am **Ruisseau de Méta di Filu** (⇧ 805 m, km 14,1) kann die Wasserflasche aufgefüllt werden, über den)(**Ruisseau de Lamitu** ❺ führt eine wackelige Hängebrücke (⇧ 924 m, km 15). Danach wird der Weg steiler, windet sich schließlich in Serpentinen hoch und passiert in 1.240 m Höhe den ☒ **Abri de Spasimata**, eine einfache Steinhütte.

Gleich danach mündet der Pfad in den GR 20 (km 16,6). Rechts geht es weiter Richtung Haut-Asco (☞ Etappe 3), links zum nahen Refuge de Carozzu (☞ Etappe 2)

Etappe 2: Ortu di u Piobbu – Refuge de Carozzu

7,6 km, N→S 7 Std., S→N 7 Std. 30 Min., ↑ 705 m, ↓ 985 m, ⇧ 1.270-2.038 m

0,0 km	⇧ 1.550 m	Ortu di u Piobbu
1,4 km	⇧ 1.525 m	Bergerie de Mandriaccia
1,5 km	⇧ 1.545 m	Quelle
2,5 km	⇧ 1.767 m	Quelle
3,1 km	⇧ 1.950 m	Bocca di Pisciaghja
4,8 km	⇧ 1.898 m	Col d'Avartoli
5,6 km	⇧ 1.860 m	Bocca di l'Innominata
7,6 km	⇧ 1.270 m	Refuge de Carozzu

Die zweite Etappe ist relativ kurz, aber spektakulär und auch recht anspruchsvoll. Nach einem langen Anstieg zur Bocca di Pisciaghja geht es aussichtsreich, mit etlichen leichten Kletterstellen, durch sehr felsiges Terrain weiter zur Bocca di l'Innominata. Zum Schluss wartet ein sehr steiler Abstieg, zunächst über Schotter, später über Felsen, nach Carozzu. Trinkwasser spenden lediglich zwei kleine Quellen.

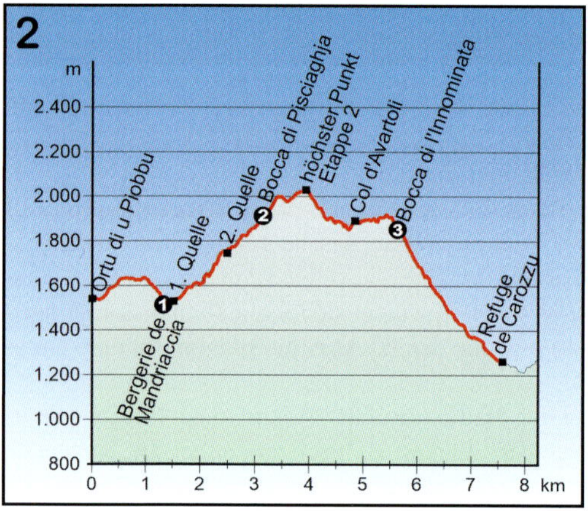

Von **Ortu di u Piobbu** führen die (teils verblassten) Markierungen nach Süden zwischen Birken und Laricio-Kiefern einen 1.645 m hohen Rücken hinauf. Dort wendet sich der Weg nach Südwesten und steigt durch lichte Wäldchen zum Ruisseau de Mandriaccia ab.

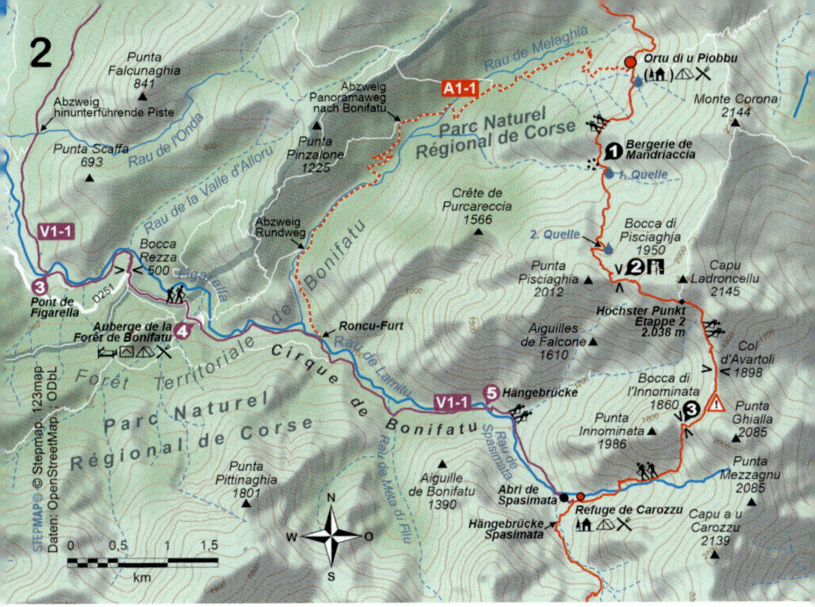

Vor dem Bach tauchen rechts die Ruinen der **Bergerie de Mandriaccia** ❶ (km 1,4) auf, gleich nach dem Bach befindet sich links vom Weg eine 💧 **Quelle** mit Trinkwasser.

Die GR-Markierungen schlängeln sich nun, zunächst durch Birkenwäldchen, später zwischen Erlen und über Felsplatten, am linken Rand eines kleinen Trogtals hoch. Weiter oben (kurz bevor die Markierungen auf die andere Talseite schwenken) liegt rechts vom Weg, etwas versteckt zwischen Erlen, eine weitere 💧 **Quelle** (⇧ 1.767 m, km 2,5). Diese Quelle – ein schwarzer Plastikschlauch – ist leicht zu übersehen. Und das wäre nicht so gut: Wasser gibt es erst wieder in Carozzu!

Zwischen Geröll und Erlen steigen Sie, nun auf der rechten Talseite, weiter zur **Bocca di Pisciaghja** ❷ (⇧ 1.950 m, km 3,1) hoch.

Vom Pass eröffnet sich eine spektakuläre Aussicht auf die Gipfel der **Grande Barrière**: Monte Cinto, Capu Larghia, Capu Rossu, Punta Minuta, Paglia Orba, Capu Tafunatu – allesamt Berge, die Sie die nächsten Tage begleiten werden. Nach Norden schauen Sie auf Calvi und die Nordküste.

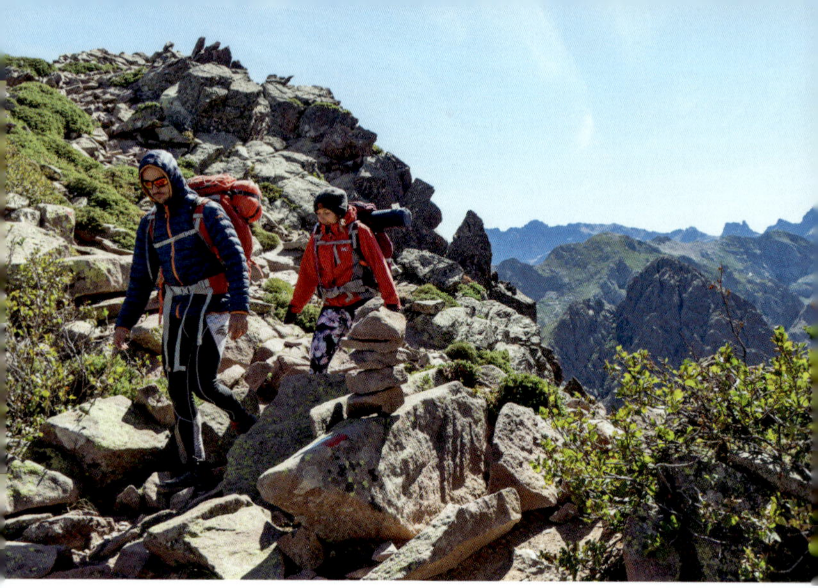

Von der Bocca di Pisciaghja erblickt man erstmals die Grande Barrière

Von der Bocca di Pisciaghja steigen Sie zunächst über den Grat in östlicher Richtung weiter aufwärts. Nach 300 m knickt der GR 20 nach Südosten, verlässt den Grat, verliert dabei etwas an Höhe und wechselt in die Südflanke des **Capu Ladroncellu** (Gipfelhöhe 2.145 m). Jetzt tut sich eine weitere großartige Aussicht auf: Nach Westen schweift der Blick bis zur Küste, in Gehrichtung überschauen Sie den gesamten weiteren Streckenverlauf bis zur Bocca di l'Innominata. Dieser Pass scheint zum Greifen nahe, aber das täuscht …

Nach einem erneuten Anstieg erreichen Sie den höchsten Punkt der Etappe (⇧ 2.038 m, km 3,9), wenden sich dann nach Süden und verlieren fast 200 Höhenmeter. Über Geröll und Felsen, z. T. mit leichter Kletterei, erreichen Sie den Col d'Avartoli (⇧ 1.898 m).

Der nächste Abschnitt bis zur Bocca di l'Innominata ist sehr abwechslungsreich und anspruchsvoll. Schwindelfreiheit und Trittsicherheit sind unerlässlich! Achten Sie auch auf die (oft verblassten) Markierungen, denn in diesem extrem steilen Gelände sind Schnitzer nicht erwünscht!

Am Col d'Avartoli wechseln Sie in die Ostflanke des Grates, balancieren, z. T. etwas ausgesetzt, über die Felsen und wechseln nach gut 200 m in die Westflanke der **Punta Ghialla** (2.085 m). Dort warten weitere kurze Kletterstellen und ein Aufstieg durch einen kleinen Kamin, bevor Sie schließlich zur Bocca di l'Innominata ❸ (⇧ 1.860 m, km 5,6) absteigen.

Vom Pass geht es jetzt nur noch abwärts. Der erste Abschnitt des steilen Abstiegs führt im Zickzack über Schotter (rutschig!). Ab 1.700 m Höhe geht es, teils mit leichter Kletterei, im Felsen weiter. Im Tal queren Sie das Bachbett und erreichen in wenigen Minuten das nahe **Refuge de Carozzu**.

Über Carozzu leuchtet die Punta Innominata in der Abendsonne

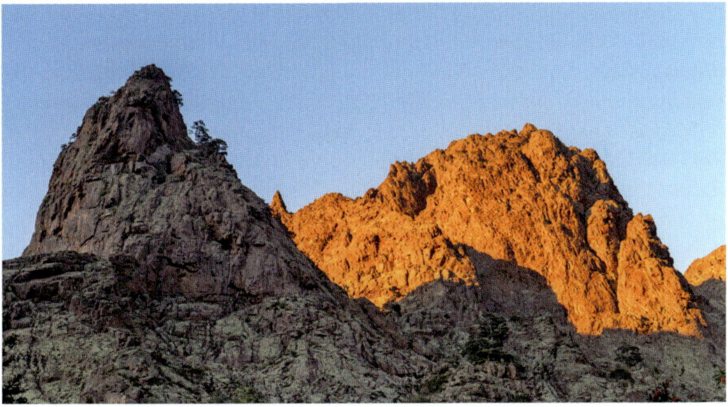

Die PNRC-Hütte von Carozzu liegt im Spasimata-Tal und hat 36 Schlafplätze. Ganzjährig, bewirtschaftet Ende Mai bis Ende Sep, Trockentoiletten, Verkauf von Proviant, Bier, Wein, Süßigkeiten, Ziegenkäse usw., kein Mobilnetz. Schöne Lage, der Sonnenuntergang von der Terrasse ist einmalig!

schöne, windgeschützte Zeltplätze bei der Hütte

Unweit der Hütte, in der Nähe der Spasimata-Brücke, gibt es einige Gumpen.

Von Carozzu gibt es eine (gelb markierte) **Abstiegsmöglichkeit nach Bonifatu** (☞ Etappe 1, Variante nach Carozzu über Bonifatu, in umgekehrter Richtung beschrieben).

Etappe 3: Refuge de Carozzu – Haut-Asco

4,9 km, N→S 6 Std., S→N 5 Std., 840 m, 690 m, 1.218-1.997 m

0,0 km	1.270 m	Refuge de Carozzu
0,3 km	1.220 m	Hängebrücke Spasimata
2,5 km	1.860 m	Lac de la Muvrella
2,8 km	1.980 m	Bocca di a Muvrella
3,3 km	1.997 m	Bocca di Stagnu
4,9 km	1.422 m	Haut-Asco

Die kürzeste Etappe des GR 20 gehört zu den abwechslungsreichsten und anspruchsvollsten: Zum Auftakt wandern Sie über steile Felsplatten durch die imposante Spasimata-Schlucht, steigen dann durch sehr felsiges Terrain hoch und erreichen zunächst die Bocca di a Muvrella, dann die Bocca di Stagnu, wo sich ein Abstecher zum Aussichtsgipfel a Muvrella empfiehlt. Zum Schluss folgt ein steiler Abstieg zum kleinen Wintersportort Haut-Asco. Unterwegs gibt es meist kein Trinkwasser! Bei Nässe ist der Abschnitt durch die Spasimata-Schlucht nicht ungefährlich!

100 m westlich von Carozzu ignorieren Sie den gelb markierten Rechtsabzweig nach Bonifatu (☞ Etappe 1, Variante nach Carozzu über Bonifatu, in umgekehrter Richtung beschrieben). Durch lichte Birken- und Kiefernwäldchen wandern Sie, vorbei an zwei mit Ketten gesicherten Felsplatten, nach Südwesten weiter zum **Ruisseau de Spasimata** (km 0,3). Über den Bach führt eine 30 m lange Hängebrücke (frz. *passerelle*).

Aus Sicherheitsgründen dürfen nicht mehr als zwei Personen gleichzeitig die Brücke überqueren! Empfindliche Naturen schauen dabei lieber nicht auf den 20 m tiefer fließenden Bach, sondern fixieren das gegenüberliegende Ufer.

Die Brücke markiert auch den Beginn der spektakulären Strecke durch die Spasimata-Schlucht. Die Markierungen leiten nun hoch über dem Bach über glatte Felsplatten weiter. Kurze Kletterstellen erfordern den Einsatz der Hände, etwas heikle Abschnitte sind mit Ketten/Drahtseilen gesichert.

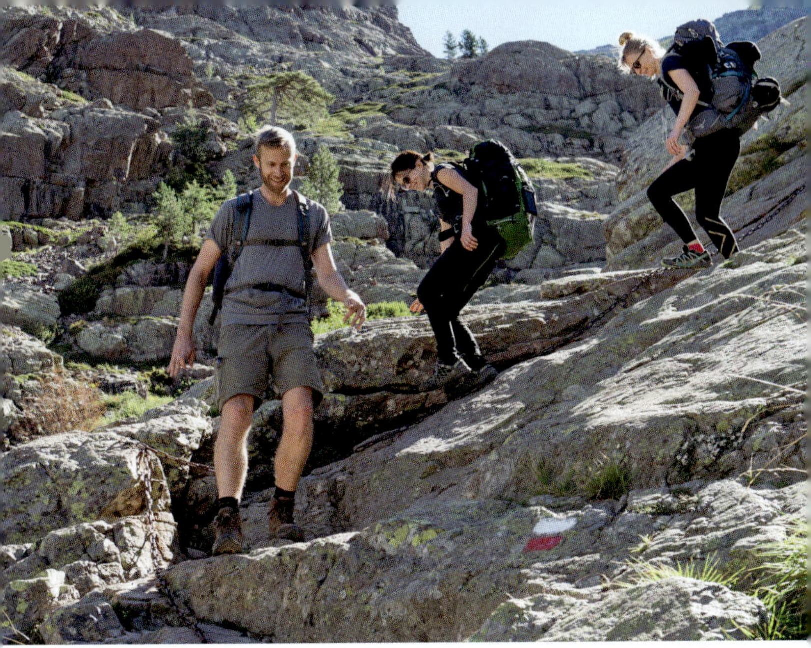

Mehrere Abschnitte der Spasimata-Schlucht sind mit Ketten gesichert

☞ Bei Nässe ist die Passage durch die Schlucht, trotz Sicherungen, nicht ganz ohne! Bei Regen werden die stark geneigten Felsplatten aalglatt und die Überquerung erfordert volle Konzentration. Ausrutschen ist in diesem Gelände verpönt!

Auf diesem Abschnitt ereigneten sich bereits einige schwere (auch tödliche) Unfälle. Im Zweifelsfall sollten Sie sich beim Hüttenwirt erkundigen, ob eine Begehung ratsam ist und ggf. besseres (trockenes) Wetter abwarten.

Am Zusammenfluss zweier Bäche ❶ (km 1,1) lenken die Markierungen abrupt nach rechts und führen, zunächst nach Südwesten, später nach Osten, in einem eiszeitlichen Tal hoch. Auch hier gibt es einige Kettensicherungen. Ab etwa 1.630 m Höhe steigen Sie am Fuß eines steilen Felsgrates weiter, zunächst zwischen hohen Erlen, danach, mit leichter Kletterei, über Felsplatten. 200 m höher wendet sich der Weg nach Süden und gibt bald den Blick frei auf den **Lac de la Muvrella** (⇧ 1.860 m, km 2,5).

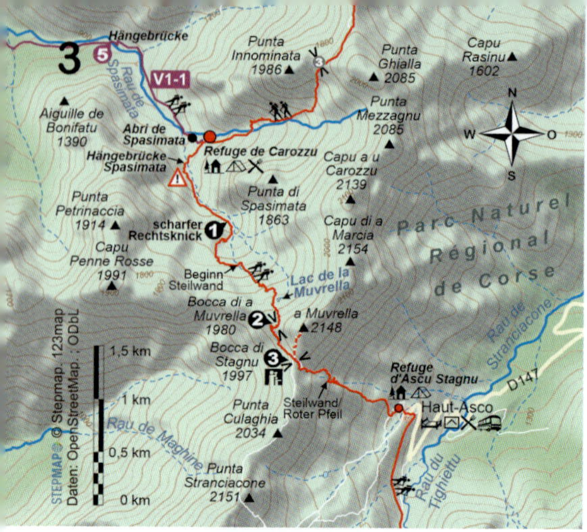

Wie der Name des grünlich schimmernden, von Erlen eingerahmten Bergsees schon ahnen lässt, sind in dieser Umgebung Mufflons (korsisch *a muvra*) zu Hause. Mit etwas Glück erspähen Sie einige Exemplare des korsischen Wappentiers. Rückblickend ergibt sich eine imposante Aussicht nach Norden auf die Stadt Calvi. Die Umgebung des Sees ist ein beliebter Ort für eine Rast oder Picknickpause.

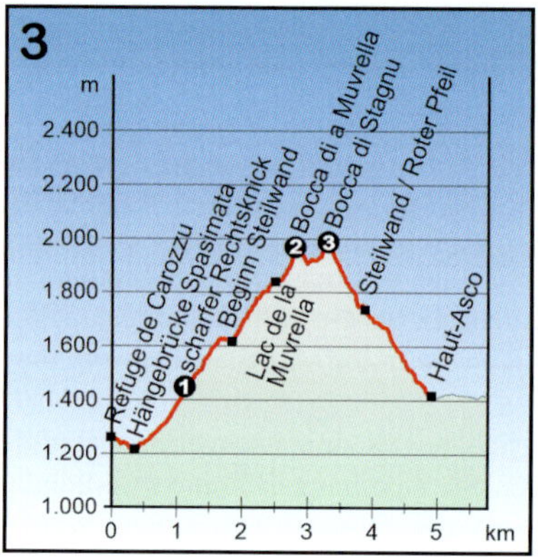

Das Wasser des Sees ist nicht trinkbar, die Umgebung ist aufgrund zahlreicher Besucher ziemlich fäkalienverseucht. Zelten ist strikt verboten!

Vom See folgt ein steiler Aufstieg (Steinschlaggefahr!) über Geröll zur **Bocca di a Muvrella** ❷ (⇧ 1.980 m, km 2,8), auch bekannt als **„Osterhasenscharte“**. Ihren Spitznamen dankt die Scharte im Westgrat der Muvrella einem markanten Felsen, der einem Osterhasen ähnelt. Während des Aufstiegs kann manchmal Trinkwasser aus einem Bach entnommen werden, der links vom Weg hinunterplätschert. Darauf verlassen sollten Sie sich aber nicht!

Von der Scharte geht es zunächst nach rechts, dann scharf nach links und mit etwas Kletterei 60 m hinunter, bevor Sie in der Ostflanke der Muvrella zu einem weiteren Pass hochsteigen.

Von der **Bocca di Stagnu** ❸ (⇧ 1.997 m, km 3,3) ergibt sich eine herrliche Aussicht auf die Gipfel von Monte Cinto, Capu Larghia, Capu Rossu und Punta Minuta sowie auf das Tagesziel Haut-Asco im Tal. Noch bombastischer ist nur die Aussicht vom 2.148 m hohen Nachbargipfel **a Muvrella**.

Blick von Bocca di Stagnu auf Capu Larghia und Punta Minuta

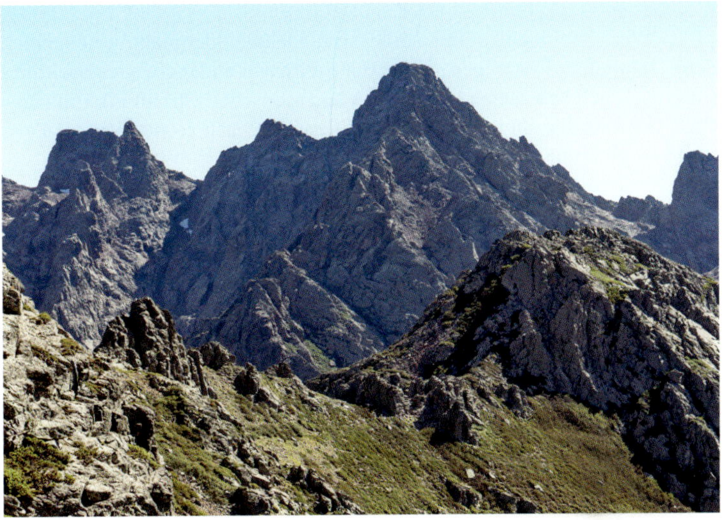

Aufstieg zu der a Muvrella

⇔ 0,8 km, ⌛ Aufstieg 30 Min., Abstieg 20 Min., ↑ 160 m, ↓ 160 m, ⇧ 1.997-2.148 m

Die mit Steinmännchen markierte Aufstiegsroute zweigt an der **Bocca di Stagnu** nach links ab. Sie führt direkt nach Norden, leitet links am schroffen Felsgrat vorbei und enthält nur wenige leichte Kletterstellen (**I-II**). Der Gipfel bietet bei klarer Sicht ein imposantes Panorama auf die Gipfelkette der Grande Barrière – vom Capu Biancu im Osten über den Monte Cinto bis zur Paglia Orba im Südwesten. Nach Norden geht der Blick bis zur Bucht von Calvi.

Von der Bocca di Stagnu leiten die Markierungen nach Südosten in eine schroffe Felsrinne hinunter. Der Abstieg ist vor allem zu Beginn extrem steil und beinhaltet wieder einige kurze Kletterstellen. Um die Kniegelenke zu schonen, sollten Sie möglichst keine Kehren abkürzen, auch Wanderstöcke bringen Entlastung.

In etwa 1.750 m Höhe steuern die Markierungen auf eine steile Felswand zu und führen dann an deren Basis weiter hinunter.

Wer von Süden kommt, sollte darauf achten, hier nicht versehentlich dem Trampelpfad zu folgen, der an der Steilwand entlang weiter hochführt (offensichtlich haben sich hier schon viele Menschen verlaufen). Ein **roter Pfeil** markiert die Stelle, wo die Markierungen nach rechts von der Felswand wegführen!

Gut 100 m tiefer, etwa in Höhe der Baumgrenze, entfernen Sie sich von der Felswand und steigen im Zickzack zwischen knorrigen Kiefern weiter ab. Kurz vor Haut-Asco mündet der Pfad in einen Forstweg, dem Sie nach links folgen. (Wer von Süden kommt, beachtet hier die Hinweisschilder „a Muvrella“ und „Carozzu“.). Nach 50 m biegen Sie in den rechts abzweigenden Pfad und erreichen nach 100 m die PNRC-Hütte und den kleinen Wintersportort **Haut-Asco** (korsisch: *Ascu Stagnu*).

Haut-Asco ⇧ 1.422 m, 20276 Asco

Le Chalet, ☏ 04 95 47 81 08, hotel.le-chalet@wanadoo.fr, www.hotel-lechalet-asco.com, Mai bis Anfang Okt, 20 Zi, @, Kreditkartenzahlung möglich, EZ € 85, DZ € 105, HP EZ € 115, HP DZ € 166, F € 7-14, € 14. Restaurant mit korsischen Spezialitäten (Cannelloni mit *brocciu*, Forelle, Wildschwein), Abendmenü € 20.

Im Erdgeschoss des Hotels, 50 Schlafplätze in 4-, 6- und 8-Bett-Zimmern. Anmeldung ☞ Hotel Le Chalet. Ü € 15, HP € 47, Bettwäsche € 12

Die PNRC-Hütte in Haut-Asco hat 32 Schlafplätze (8-Bett-Zimmer). ganzjährig, bewirtschaftet von Ende Mai/Anfang Juni bis Sep,

bei der PNRC-Hütte

♦ beim Hotel Le Chalet, Ü € 6/Pers., Leihzelt € 11, HP € 35/Pers., HP mit Leihzelt € 47/Pers. Anmeldung im ☞ Hotel Le Chalet

☺ Ist die Etappe Haut-Asco – Tighiettu (☞ Etappe 4) z. B. aufgrund vereister Schneefelder nicht begehbar, kann diese umgangen werden:

Haut-Asco – Calasima, Juli und Aug tägl. ab Haut-Asco um 8:00, ab Calasima (Monument aux Morts) um 10:00; Mai-Juni und Sep-Okt tägl. ab Haut-Asco um 9:30, ab Calasima um 11:30. Fahrpreis: Haut-Asco – Ponte Leccia € 15, Haut-Asco – Calasima € 35, Reservierung ratsam. **Corsica Giru,** 06 26 65 38 00, corsica-giru@bbox.fr, Fahrpläne unter www.corsicabus.org

Etappe 4: Haut-Asco – Refuge de Tighiettu

8,4 km, N→S 8 Std., S→N 7 Std., ↑ 1.210 m, ↓ 955 m, ⇧ 1.411-2.607 m

0,0 km	⇧ 1.422 m	Haut-Asco
1,7 km	⇧ 1.490 m	Ruisseau du Tighiettu
3,5 km	⇧ 2.120 m	Plateau unter Bocca Borba
5,0 km	⇧ 2.607 m	Pointe des Éboulis
5,9 km	⇧ 2.456 m	Bocca Crucetta
8,4 km	⇧ 1.683 m	Refuge de Tighiettu

Die Etappe über das Cinto-Massiv ersetzt die ehemalige „Königsetappe" durch den Cirque de la Solitude, die seit einem Bergsturz im Juni 2015 nicht länger Teil des GR 20 ist. Die neue Strecke über die Pointe des Éboulis ist aber kaum weniger anspruchsvoll und aufgrund der Höhe sogar wetteranfälliger. In schneereichen Jahren können vereiste Schneefelder bis in den Sommer hinein Risiken bergen. Der Aufstieg von Haut-Asco ist lang und steil und führt über schroffe Felsen und rutschige Schotterhänge. Von der Pointe des Éboulis, wo der GR 20 seinen höchsten Punkt erreicht, geht es über den Südwestgrat des Monte Cinto zur Bocca Crucetta, wo der steile Abstieg über Schotter und glatte Felsen zur Tighiettu-Hütte beginnt. Nehmen Sie genügend Trinkwasser von Haut-Asco mit, nach der Brücke über den Ruisseau de Tighiettu gibt es keine Auffüllmöglichkeiten mehr! Mit etwas Glück treffen Sie unterwegs auf Mufflons.

Am **P** Parkplatz des Hotels Le Chalet deuten Holzpfeile („Refuge Tighiettu" und „Monte Cinto") auf den Beginn der „neuen" Etappe hin, die seit 2016 die einstige Route durch den Cirque de la Solitude (☞ Tragödie im Felskessel) ersetzt.

Sie wandern zunächst im Schatten von mächtigen Laricio-Kiefern auf einem bequemen Waldweg nach Süden und queren nach 900 m ein erstes (oft trockenes) Bachbett. Der Wald lichtet sich allmählich und gibt bald den Blick frei auf den **Cirque de Trimbolacciu**, ein imposantes eiszeitliches Kar, beherrscht von der markanten Doppelspitze des 2.503 m hohen Capu Larghia. In Gehrichtung taucht nun auch die Brücke über den **Ruisseau du Tighiettu** ❶ (km 1,7) auf.

Nutzen Sie die Möglichkeit, hier die Trinkflasche noch einmal aufzufüllen. Nachher kommt nichts mehr!

Jenseits der Brücke schießen die rot-weißen Streifen förmlich in die Höhe. Kurze Abschnitte mit „Gehgelände" wechseln mit schroffen Felsstufen. Wer etwas Kletterei (**I-II**) liebt, kommt hier aber voll auf seine Kosten. Ketten entschärfen die schwierigsten Stellen.

Bei Nässe werden die Felsen aalglatt und es herrscht Rutschgefahr! Das gilt insbesondere, wenn man von Süden kommt und über diese Felsstufen absteigen muss.

Gut 200 m höher (km 2,3) ergibt sich eine spektakuläre Aussicht in eine tiefe Schlucht, die rechts vom Weg liegt. Nicht weniger imposant ist der gewaltige 2.116 m hohe Felsklotz, der in Gehrichtung auftaucht. Die korsische Version des schiefen Turms von Pisa heißt schlicht **La Tour Penchée** – „der schiefe Turm".

Der GR 20 wendet sich nun nach Osten, später nach Südosten. Sie steigen über Schotter, Schutt und Felsstufen kontinuierlich weiter im Südhang des **Capu Borba** (Gipfelhöhe 2.305 m) auf und überwinden in 1.870 m Höhe eine Nebenschlucht (km 2,8). Falls Sie vom Geräusch fallendender Steine aufgeschreckt werden, sollten Sie sich ruhig mal umschauen. Gut möglich, dass **Mufflons** in der Nähe die Felsen durchstreifen. Im Cinto-Massiv ist die größte Kolonie des korsischen Wappentiers (☞ Land und Leute, Fauna) beheimatet.

Später führt der GR 20 durch Erlengestrüpp zu einem langen, steilen Schotterhang, über den man sich – frei nach dem Motto: zwei Schritte vor, ein Schritt zurück – mühsam zum Plateau (⇧ 2.120 m, km 3,5) unterhalb der Scharte **Bocca Borba** hocharbeitet.

☝ Auf dem folgenden Abschnitt bis zur Pointe des Éboulis ist in schneereichen Jahren bis in den Juni hinein mit (vereisten) Altschneefeldern zu rechnen. Auf- und Abstieg erfordern dann ggf. entsprechende Ausrüstung (Steigeisen, Pickel). Im Zweifelsfall sollten Sie sich beim PNRC nach den zu erwartenden Konditionen erkundigen.

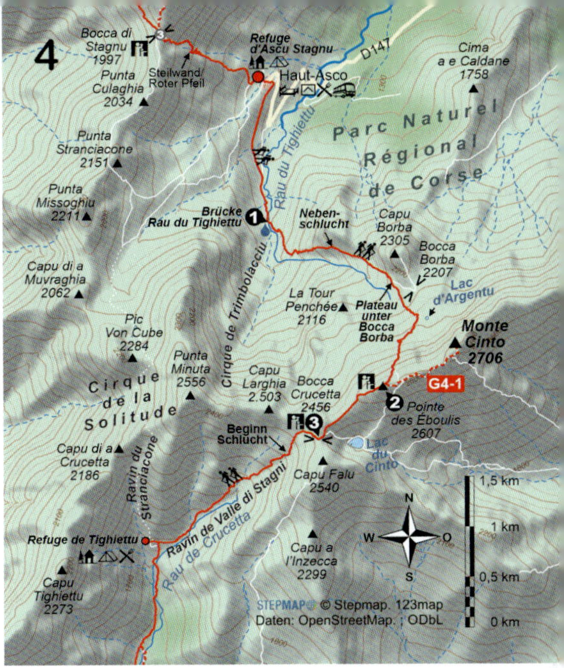

Sie überqueren das Plateau in südlicher Richtung und arbeiten sich dann einen weiteren langen Schotterhang hoch, der auf die senkrechte Nordwand des Monte Cinto zuführt. Ein See, der **Lac d'Argentu** (⇧ 2.300 m, km 4,1), wird rechts passiert. Sie wandern (nun weniger steil) über einen Felskamm nach Südwesten weiter.

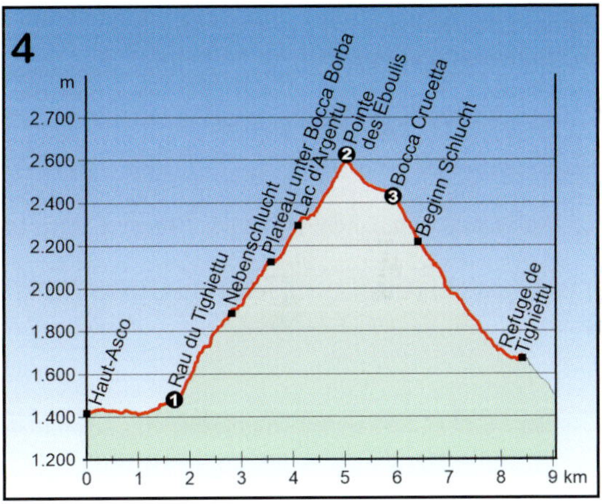

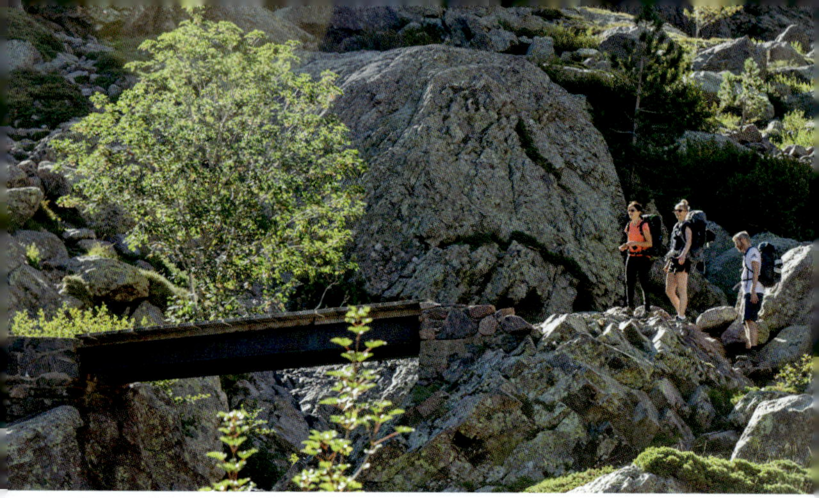

Eine stabile Brücke führt über den Ruisseau du Tighiettu

Sie wenden sich nach 300 m wieder nach Süden und steigen nun direkt zur **Pointe des Éboulis ❷** (⇧ 2.607 m) auf. Auch auf diesem letzten Abschnitt warten einige Kletterstellen, die z. T. mit Ketten gesichert sind.

Von der Pointe des Éboulis ergibt sich eine grandiose Rundumsicht. Im Uhrzeigersinn erkennen Sie die Halbinsel Capu Rosso (im Westen), Calvi (im Nordwesten), die Halbinsel Cap Corse (im Nordosten) und die Ostküste. Nach Süden schweift der Blick über den Stausee von Calacuccia bis zu den Gipfeln Südkorsikas.

Für eine noch spektakulärere Aussicht empfiehlt sich bei guter Sicht ein Abstecher zum nahen Gipfel des **Monte Cinto** (⇧ 2.706 m).

Aufstieg zum Monte Cinto (G4-1)

⇔ 2,0 km, ⌛ Aufstieg 45 Min., Abstieg 30 Min., ↑ 200 m, ↓ 200 m, ⇧ 2.607-2.706 m

Der Monte Cinto ist mit einer Höhe von 2.706 m das „Dach“ Korsikas. Als Erstbesteiger gilt der Franzose Edouard Rochat, der ihn 1882 bezwang. Der aus Granit und Rhyolith aufgebaute Berg ist Teil einer erodierten Caldera, entstanden durch Vulkanausbrüche im Karbon und/oder Perm.

Die mit roten Punkten markierte Aufstiegsroute führt von der Pointe des Éboulis (Pfeil „Monte Cinto“) nach links weiter, teils direkt auf dem Südwestgrat, teils südlich davon. Sie erreichen zunächst einen Vorgipfel (⇧ 2.651 m), verlieren dann wieder etwas an Höhe und erreichen schließlich, nach einer langen Traverse mit leichter Kletterei (**I-II**), den Hauptgipfel.

Von der Pointe des Éboulis steigen Sie über den mit Schutt übersäten Grat nach Südwesten ab. Im Süden schimmert grünlich der **Lac de Cinto**, in Gehrichtung schieben sich die markanten Gipfel von Paglia Orba und Capu Tafunatu ins Bild.

In etwa 2.450 m Höhe wechseln Sie in die linke Seite des Grates und es beginnt eine unbequeme Traverse durch steiles, felsiges Terrain, gekrönt von einer kurzen Kletterei zur **Bocca Crucetta** ❸ (⇧ 2.456 m, km 5,9). Von hier erkennen Sie in der Tiefe schon, winzig klein, die PNRC-Hütte in Tighiettu, doch bis dahin ist es noch ein langer Weg …

Von der Bocca Crucetta schlittern Sie zunächst im Zickzack einen steilen Schotterhang hinunter. 200 m tiefer erreichen Sie wieder festen Untergrund und ziehen rechts an der Schlucht des **Ravin de Valle di Stagni** vorbei. Im weiteren Verlauf warten wieder einige Kletterstellen.

In 1.970 m Höhe (km 7) queren Sie den aus der Schlucht kommenden Ruisseau de Crucetta und gehen oberhalb des Baches weiter. Die Querung einiger stark geneigter Felsplatten (km 7,3) erfordert noch einmal besondere Aufmerksamkeit (Rutschgefahr bei Nässe!). In Sichtweite der ersten Laricio-Kiefern verlassen Sie den Bach, halten sich an einer Gabelung (km 8,3) rechts und erreichen bald das **Refuge de Tighiettu**. Die Hütte liegt genau an der Schnittstelle zweier tief eingeschnittener Täler (Ravin du Stranciacone und Ravin de Valle di Stagni).

Die PNRC-Hütte von Tighiettu bietet 36 Schlafplätze. Ganzjährig, bewirtschaftet von Juni bis Sep, WC (Hocktoilette) 50 m unterhalb der Hütte, . Der sympathische Wirt Charles „Charly“ Santucci kredenzt ein super Frühstück (diverse Marmeladen, Gebäck usw.) und Abendessen: Seine Spaghetti mit „Sauce Tighiettu“ (Tomaten, Pilze, Pancetta, Zwiebeln, Basilikum, Petersilie, Knoblauch und Olivenöl) sind ein Gedicht! Abendmenü € 20, Tagesgericht € 13, F € 8. Spannend wird es bei starkem Wind: Wenn der Mistral um die Hütte fegt, gerät die auf Stelzen gebaute Konstruktion ordentlich ins Schwanken.

⛺ Eine Handvoll Plätze bei der Hütte. ☺ Mehr Zeltmöglichkeiten gibt es 1,3 km weiter südlich bei der Bergerie de Ballone (☞ Etappe 5).

🏊 schöne Gumpe am Weg, 400 m südlich von der Hütte

Tragödie im Felskessel

Wer vor 2015 auf dem GR 20 unterwegs war, wird sie vermissen: die spektakuläre Passage durch den Cirque de la Solitude, den „Kessel der Einsamkeit". Jahrzehntelang galt die mit Ketten und Leitern gesicherte Route durch den tiefen Felskessel als „Königsetappe" des GR 20. Ein schwerer Bergsturz bereitete dem Mythos ein abruptes Ende: Am 10. Juni 2015 entlud sich gegen 15:00 ein heftiges Unwetter mit Starkregen und Hagel über dem Kessel, in dem sich noch ein Dutzend Wanderer aufhielten. Dann nahm das Unheil seinen Lauf: Durch die sintflutartigen Regenfälle gerieten Altschneemassen und Schutt in Bewegung.

Die Cirque de la Solitude galt einst als „Königsetappe" des GR 20

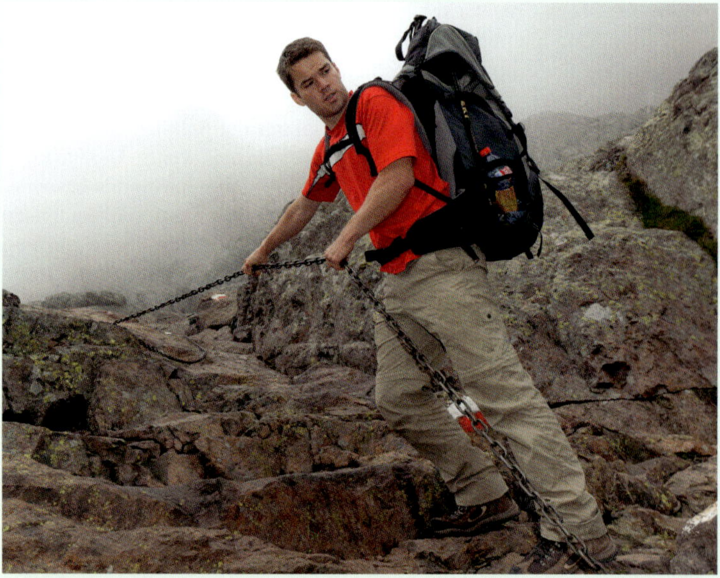

Der Bergsturz riss sieben Personen in den Tod, das letzte Opfer konnte erst nach zwei Monaten geborgen werden. Daraufhin wurde der Felskessel offiziell gesperrt. Geologische Gutachten wurden eingeholt und eine alternative Strecke über das Cinto-Massiv eingerichtet. Am 14. Juni 2018 wurde die Sperrung zwar aufgehoben, doch die Bedenken blieben, sodass entschieden wurde, den Cirque de la Solitude aus dem GR 20 zu streichen. Die Strecke durch den Felskessel wurde komplett zurückgebaut, die Ketten wurden entfernt und Markierungen mit grauer Farbe übermalt, sodass die Route nicht mehr ohne Weiteres auffindbar ist. Eine Begehung ist heute nur mit Bergführer zu empfehlen.

Etappe 5: Refuge de Tighiettu – Refuge de Ciottulu di i Mori

6,6 km, N→S 4 Std. 30 Min., S→N 4 Std., ↑ 690 m, ↓ 400 m, ⇧ 1.371-2.037 m

0,0 km	⇧ 1.683 m	Refuge de Tighiettu
1,3 km	⇧ 1.440 m	Bergerie de Ballone
2,7 km	⇧ 1.385 m	Ruisseau de Paglia Orba
3,7 km	⇧ 1.400 m	Ruisseau de Foggiale
4,6 km	⇧ 1.595 m	Bach
5,7 km	⇧ 1.962 m	Bocca di Foggiale
6,1 km	⇧ 2.037 m	höchster Punkt
6,6 km	⇧ 1.991 m	Refuge de Ciottulu di i Mori

Diese relativ leichte Etappe, im Schatten der Paglia Orba, bildet das Pendant zu den strapaziösen ersten Tagen. Weite Strecken führen durch schattige Kiefernwälder, Gumpen laden zum Baden ein, in der Bergerie de Ballone kann man sich für den finalen Aufstieg zur Bocca di Foggiale stärken. Auch Trinkwasser gibt es genug: Der Weg kreuzt mehrere Bäche.

Von Tighiettu gehen Sie etwa 100 m zurück Richtung Haut-Asco, halten sich an der Gabelung rechts und steigen zwischen kleinen Kiefern weiter ins Tal ab. Nach insgesamt 400 m queren Sie den **Ruisseau de Crucetta**, der hier eine große Gumpe bildet.

300 m weiter wird der Bach erneut gequert. Das Tal weitet sich, die Vegetation wird üppiger und die Landschaft insgesamt freundlicher. Sogar die Zacken von Punta Minuta, Capu Rossu und Capu Larghia, die das Tal nach Norden hin abriegeln, sehen aus der Distanz nicht mehr ganz so abweisend aus.

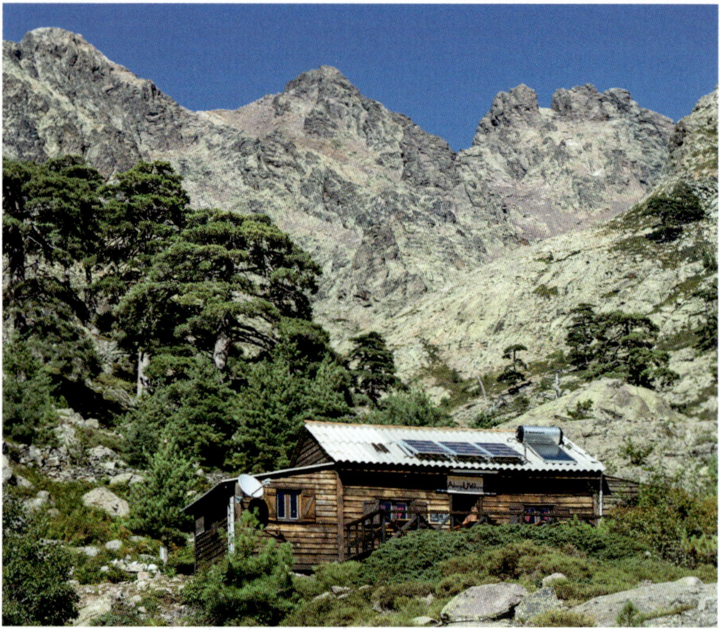

Bergerie de Ballone

Wenn sich die Bäume allmählich zum Wald verdichten, taucht, zwischen Kiefern versteckt, die ⛺ ✕ **Bergerie de Ballone ❶** (⇧ 1.440 m) auf. Schafe und Ziegen gibt es dort schon lange nicht mehr, dafür grunzende Hausschweine, die zwischen Farnen und Büschen nach Essbarem schnüffeln. In der Bergerie können Sie essen und nebenan im Zelt übernachten. An alte Zeiten erinnern die zwischen Trockensteinmauern parkenden Maultiere, mit denen bis heute die Bevorratung erfolgt.

Bergerie de Ballone, Don Pierre & Cathy Alfonsi, 06 12 03 44 65, cathy.alfonsi13@gmail.com, www.bergeriedeballonegr20.com, Anfang Juni bis Sep, WC, Ü € 8,50/Pers. inkl., Ü mit Leihzelt € 10,50/Pers., HP € 40,50/Pers., HP mit Leihzelt € 42,50/Pers. Viele Stellplätze, umgeben von hohen Steinwällen, zum Schutz gegen allzu aufdringliche Hausschweine. Geräumige Leihzelte: 2-Personen-Zelt für 1 Pers., 3-Personen-Zelt für 2 Pers. Einfaches Restaurant mit regionalen Spezialitäten, wie korsische Suppe, Wurstplatte, Omelette und Schafskäse, Frühstück ab 6:30 (Sep 7:00), Abendessen ab 18:30, 3-Gänge-Menü € 24, F € 8, € 15. Nahezu alles, was auf den Tisch kommt, ist hausgemacht: Lamm- und Kalbfleisch, Käse, Marmelade, Kastanienkuchen usw. Verkauf von Proviant (kleine Auswahl) und hausgemachten Produkten (Wurst, Käse)

schöne Gumpen im Viru-Bach

Von der Bergerie de Ballone gibt es eine **Abstiegsmöglichkeit nach Calasima**.

Abstieg nach Calasima (A5-1)

6 km, Abstieg 2 Std., Aufstieg 2 Std. 30 Min., ↑ 40 m, ↓ 380 m, 1.055-1.440 m

Calasima ist das höchste Bergdorf Korsikas. Um zu dem Hirtendorf zu gelangen, queren Sie unterhalb der Bergerie de Ballone den **Viru**, folgen dem Maultierpfad (Bevorratung der Bergerie) und erreichen nach 1 km das Ende einer Piste. Sie lassen diese aber links liegen, halten sich rechts und folgen weiter dem Pfad, der mehrere Kehren der Piste abschneidet. Der Pfad mündet schließlich in einer weiteren Kehre (km 1,9) in die Piste, auf der Sie nach rechts weiter absteigen. 400 m weiter ignorieren Sie den Rechtsabzweig zur Bergerie de Prugnoli. Bei einem P Parkplatz (km 4) mündet die Piste in die Straße D318, auf der es nach **Calasima** weitergeht.

Calasima

1.100 m, 20224 Albertacce

Haut-Asco – Calasima, Juli und Aug tägl. ab Calasima (Monument aux Morts) um 10:00, ab Haut-Asco um 8:00; Mai-Juni und Sep-Okt tägl. ab Calasima um 11:30, ab Haut-Asco um 9:30. Fahrpreis: Calasima – Ponte Leccia € 20, Calasima – Haut-Asco € 35. Reservierung erforderlich. **Corsica Giru**, 06 26 65 38 00, corsica-giru@bbox.fr, Fahrpläne unter www.corsicabus.org

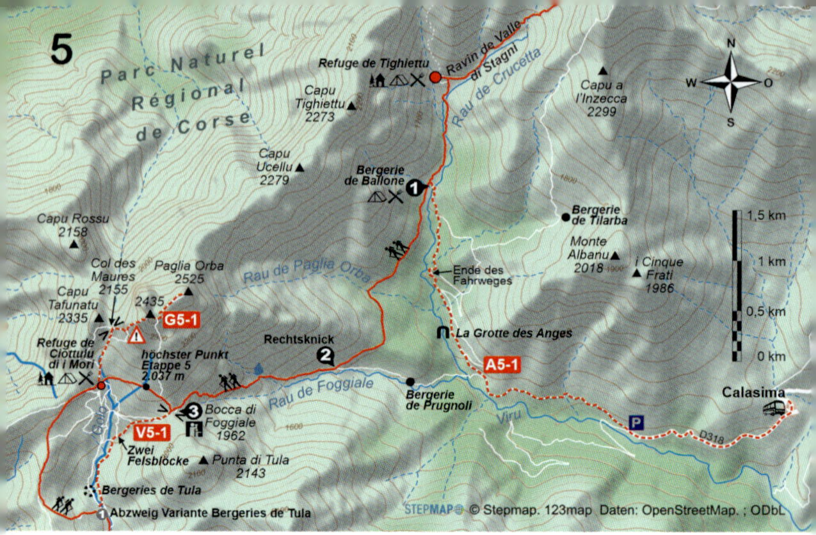

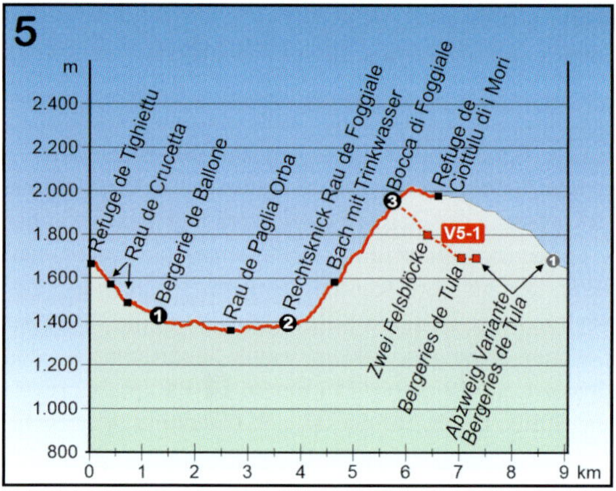

Der GR 20 verläuft nun auf der rechten Seite des Viru-Baches. Während dieser aber schnell an Höhe verliert, führt der Wanderweg ohne nennenswerte Höhenverluste durch lichte Kiefernwälder nach Süden weiter. Kurz bevor Sie den **Ruisseau de Paglia Orba** kreuzen, erhaschen Sie zwischen dem Laub einen imposanten Blick auf die Pyramide der 2.525 m hohen ☞ **Paglia Orba**, die sich von ihrer Schokoladenseite zeigt.

Der GR 20 führt zunächst weiter nach Süden, knickt dann nach Westen. Anschwellendes Rauschen verrät die Lage eines weiteren Baches: Der **Ruisseau de Foggiale ❷** (km 3,7) wird aber nicht gequert. Der Weg bleibt auf der Nordseite des Baches, führt nun wieder kräftig bergan und erreicht bei km 4,5 felsiges Terrain.

☺ Ein kleiner Bach (⇧ 1.600 m, km 4,6) spendet ♦ klares Trinkwasser.

Die letzten Bäume verschwinden. Leichtes Gehgelände, wo sich der Weg zwischen Erlen hochwindet, wechselt mit Felsstufen, die ab und zu den Einsatz der Hände erfordern. Zum Schluss schlängelt sich der Weg zwischen den Erlen zum großen Steinmann, der die Passhöhe der **Bocca di Foggiale ❸** (⇧ 1.962 m, km 5,7) dominiert.

Blick auf die i Cinque Frati von der Bocca di Foggiale aus

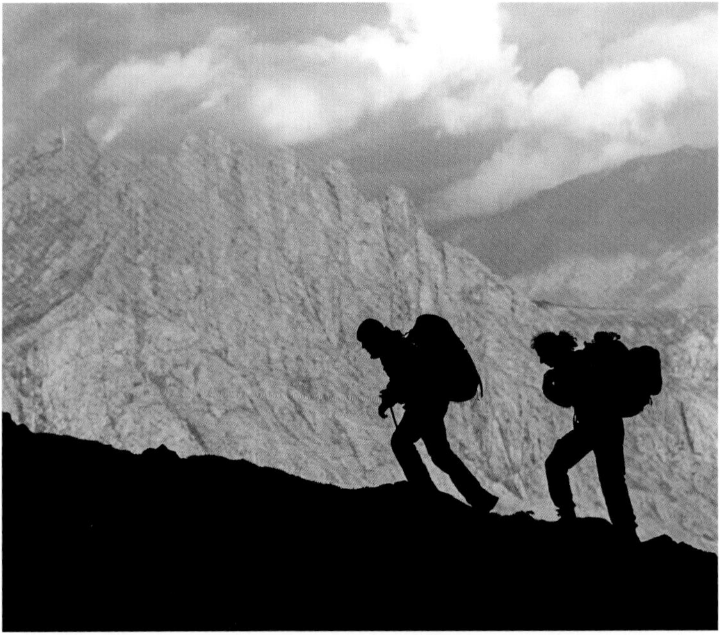

Auf dem Pass tut sich eine großartige Aussicht auf. Nach Osten schweift der Blick über die fünf markanten Zinnen des Massivs i Cinque Frati (1.986 m) zum Stausee von Calacuccia und den Hirtendörfern Calacuccia und Albertacce. Im Nordosten entdeckt man den Capu Larghia und den (z. T. vom Capu Falu verdeckten) Monte Cinto. Im Norden thront majestätisch die Pyramide der ☞ **Paglia Orba**, flankiert vom ☞ **Capu Tafunatu**.

Vom Pass gibt es zwei Möglichkeiten. Wenn Sie z. B. im Castel de Vergio (☞ Etappe 6) übernachten möchten, bietet sich eine Abkürzung über die geradeaus weiterführende ☞ **Variante über die Bergeries de Tula** an.

Variante über die Bergeries de Tula (V5-1)

1,5 km kürzer, 45 Min. weniger, ↑ ↓75 m weniger

Diese nicht markierte Variante führt von der Bocca di Foggiale geradeaus über die Hochweiden nach Südwesten direkt ins Golo-Tal hinunter. Der Pfad – der alte GR 20 – ist manchmal etwas undeutlich. Grund sind die vielen kreuz und quer über den Hang verlaufenden Kuhpfade. Als Orientierungshilfe dienen zwei haushohe Felsblöcke östlich des Golo-Baches (km 0,6). Hinter diesen Felsen schwenkt der Weg nach Süden und folgt dem linken Ufer des jungen **Golo**, der vom Refuge de Ciottulu di i Mori herabfließt. Nachdem Sie links an den Ruinen der **Bergeries de Tula** (⇧ 1.720 m, km 1,3) vorbei gegangen sind, quert der Weg den Golo und vereint sich 100 m weiter wieder mit dem GR 20, der rechts vom Kamm hinunterkommt (☞ Etappe 6, km 2,2).

Der GR 20 schwenkt auf dem Pass nach rechts und führt im Bogen nach Nordwesten weiter. Der Weg steigt zunächst leicht an, fällt dann allmählich zum nahen **Refuge de Ciottulu di i Mori** ab.

Kleine Hütte mit 30 Betten am Fuß von Paglia Orba und Capu Tafunatu. Ganzjährig, bewirtschaftet Juni bis ca. 8 Okt. Abends bietet Hüttenwirt Jean-Paul ein 3-Gänge-Menü und eine kleine Karte (Salate, korsische Suppe, Omelette, belegte Brote). Menü € 22, Omelett € 10, F € 7. Mobilfunkempfang 100 m von der Hütte entfernt, netzabhängig

gute Zeltmöglichkeiten bei der Hütte

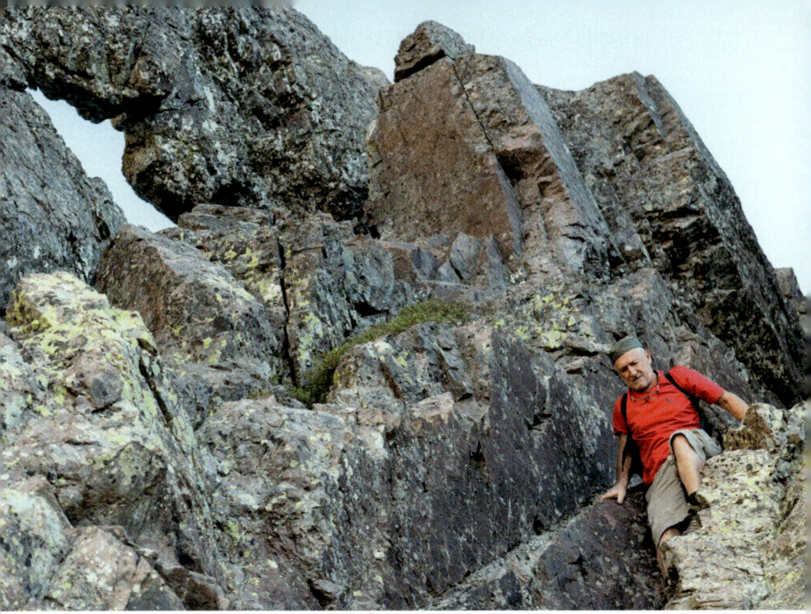

Traumziel für kraxelfreudige GR-20-Wanderer: Paglia Orba

Ciottulu di i Mori ist auch Ausgangspunkt für Besteigungen der **Paglia Orba** (⇧ 2.525 m).

↳ Aufstieg zur Paglia Orba (G5-1)

⇔ 3,2 km, ⌛ Aufstieg 2 Std. 15 Min., Abstieg 1 Std. 30 Min., ↑ 600 m, ↓ 600 m, ⇧ 1.990-2.525 m

„Matterhorn Korsikas", „Königin der korsischen Berge" … kaum ein Berg der Insel beflügelt so sehr die Fantasie wie die Paglia Orba. Dennoch ist der pyramidenförmige Berg über die „Normalroute" auch von Bergwanderern mit etwas Klettererfahrung durchaus zu bewältigen. Trittsicherheit, Schwindelfreiheit und Orientierungssinn sind aber Voraussetzung! Die Besteigung sollte außerdem nur bei stabilem, trockenem Wetter in Angriff genommen werden.

Die mit Steinmännchen angegebene Aufstiegsroute beginnt am Refuge de Ciottulu di i Mori.

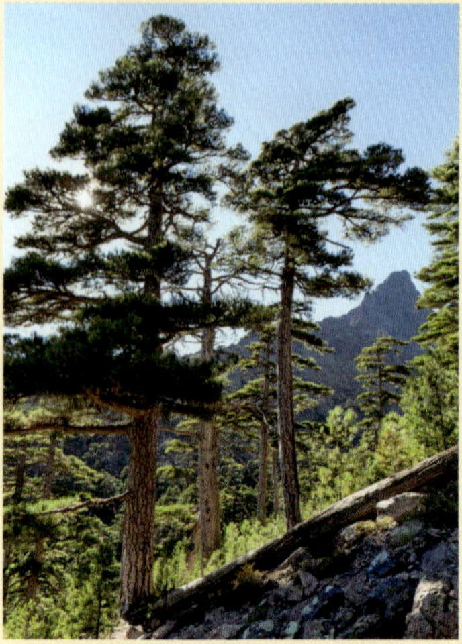

Paglia Orba

Zum Auftakt folgen Sie dem Trampelpfad, der von der Hütte durch ein Geröllkar zum **Col des Maures** (Passhöhe 2.155 m) hochführt. 100 m vor der Scharte achten Sie auf die Steinmännchen, die nach rechts auf die Paglia Orba zuführen. Einige Felswände werden umgangen, mehrere steile Rinnen müssen mit leichter Kletterei (**I-II**) überwunden werden. Das rote Konglomerat-Gestein ist aber griffig.

Mit zunehmender Höhe wird die Aussicht immer spektakulärer. In etwa 2.200 m Höhe zeigt sich beim Blick zurück erstmals das riesige Loch im nahen ☞ **Capu Tafunatu** (⇧ 2.335 m). Steinmännchen lotsen Sie über Konglomerat-Geröll und durch weitere Rinnen. Die Schlüsselstelle folgt in etwa 2.350 m Höhe (km 0,9), wo die Bewältigung eines kleinen Kamins (**II**) etwas Geschick erfordert. Im Anschluss wartet eine luftige Simsquerung (Absturzgefahr!), die aber auch (rechts) umgangen werden kann. Wenig später ist der Westgipfel (⇧ 2.435 m, km 1,1) der Paglia Orba erreicht. Von dort steigen Sie in die Scharte zwischen Vor- und Hauptgipfel ab und erreichen bald, nach einem (einfachen) letzten Anstieg, den Hauptgipfel.

Die Aussicht ist phänomenal: Im Nordosten erheben sich die Zacken von Punta Minuta, Capu Larghia und Monte Cinto. Nach Osten wandert der Blick über den Stausee von Calacuccia bis zum Monte San Petrone in der Castagniccia. Im Südosten stechen Monte Rotondo und Monte Renoso aus dem Gipfelmeer hervor. Im Südwesten erstreckt sich der Golf von Sagone, im Westen der Golf von Porto, eingerahmt vom Capu Rosso und der Halbinsel Scandola. Im Norden sind Calvi und die Pointe de la Revellata zu sehen.

Der Abstieg erfolgt auf dem gleichen Weg zurück.

Etappe 6: Refuge de Ciottulu di i Mori – Refuge de Manganu

24,5 km, N→S 8 Std. 30 Min., S→N 9 Std., ↑ 700 m, ↓ 1.090 m, ⇧ 1.323-1.998 m

0,0 km	⇧ 1.991 m	Refuge de Ciottulu di i Mori
2,2 km	⇧ 1.695 m	Abzweig Variante über Bergeries de Tula
5,0 km	⇧ 1.388 m	Bergeries de Radule
8,2 km	⇧ 1.405 m	Castel de Vergio
12,5 km	⇧ 1.452 m	Bocca San Pedru
16,4 km	⇧ 1.881 m	Bocca â Reta
17,5 km	⇧ 1.750 m	Lac de Nino
19,7 km	⇧ 1.750 m	Bergerie des Inzecche
22,4 km	⇧ 1.600 m	Bergeries de Vaccaghja
23,7 km	⇧ 1.570 m	Bocca d'Acqua Ciarnente
24,5 km	⇧ 1.601 m	Refuge de Manganu

Die 6. Etappe ist eine sehr lange, aber relativ einfache und landschaftlich abwechslungsreiche. Von Ciottulu di i Mori geht es zunächst in das obere Golo-Tal hinunter, wo zahlreiche Gumpen zum Baden und Rasten einladen. Die Wanderung im Schatten des Waldes von Valdu-Niellu ist Erholung pur. Windschiefe Bäume und herrliche Ausblicke auf die umliegende Bergwelt machen die darauf folgende Gratwanderung zur Bocca â Reta zu einem einmaligen Erlebnis. Nach dem Abstieg zum Lac de Nino, einem der schönsten Bergseen Korsikas, geht es schließlich durch das Tavignano-Tal gemächlich weiter zum Refuge de Manganu. Wer es ruhiger angehen lassen möchte, schiebt eine zusätzliche Übernachtung im Castel de Vergio ein.

Vom **Refuge de Ciottulu di i Mori** geht es zum Auftakt, mit Aussicht auf die Westküste, über einen breiten Kamm im Bogen nach Südwesten weiter. Später schwenkt der GR 20 nach Südosten und führt im Zickzack ins Tal des **Golo** hinunter, wo Sie auf die von Norden kommenden ☞ **Variante über die Bergeries de Tula** ❶ (km 2,2, ☞ Etappe 5) treffen.

Der GR 20 folgt nun dem rechten Ufer des Golo, der durch ein weites Hochtal fließt, das seit Jahrhunderten von den Bauern aus dem Niolu als Sommerweideland genutzt wird.

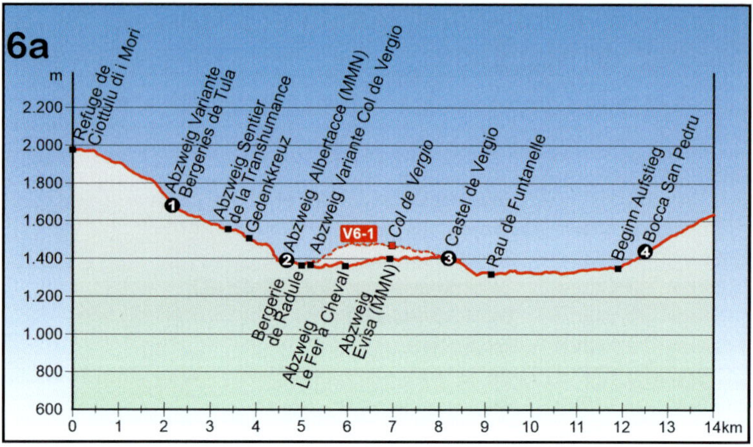

Die Silhouette des legendären ☞ **Capu Tafunatu** beherrscht noch lange die Sicht nach Norden. Bei bestimmten meteorologischen Konstellationen lässt sich ein seltsames Schauspiel beobachten: Der Wind bläst die Wolken quer durch den Berg hindurch! „Der Tafunatu raucht", pflegen die Niolu-Hirten dann zu sagen.

Capu Tafunatu

Über die Entstehung der eigentümlichen Form des Capu Tafunatu kursiert so manche Legende – immer mit dem hl. Martin und Satan als Protagonisten. Eine Version erzählt wie der hl. Martin, der als Hirte im Niolu ansässig war, von einem Fremden besucht wurde, der ihn um eine Anstellung bat. Doch schon in der ersten Nacht verriet der von seinem Gast im Schlaf ausgehauchte Schwefelgeruch dessen wahre Identität und Martin jagte ihn fort. Satan ließ sich daraufhin als Bauer nieder. Doch der hl. Martin lachte ihn aus, da der Teufel kaum eine gerade Furche hinbekam. Daraufhin geriet Satan in Rage und schlug seine Ochsen so heftig, dass sie durchgingen. Als dabei der Pflug zerbrach, schleuderte der Teufel das Werkzeug mit großer Wucht auf den Heiligen, verfehlte ihn aber. Stattdessen durschlug der Pflug den Berg Capu Tafunatu, in dem seitdem ein riesiges Loch klafft – 55 m breit und 16 m hoch.

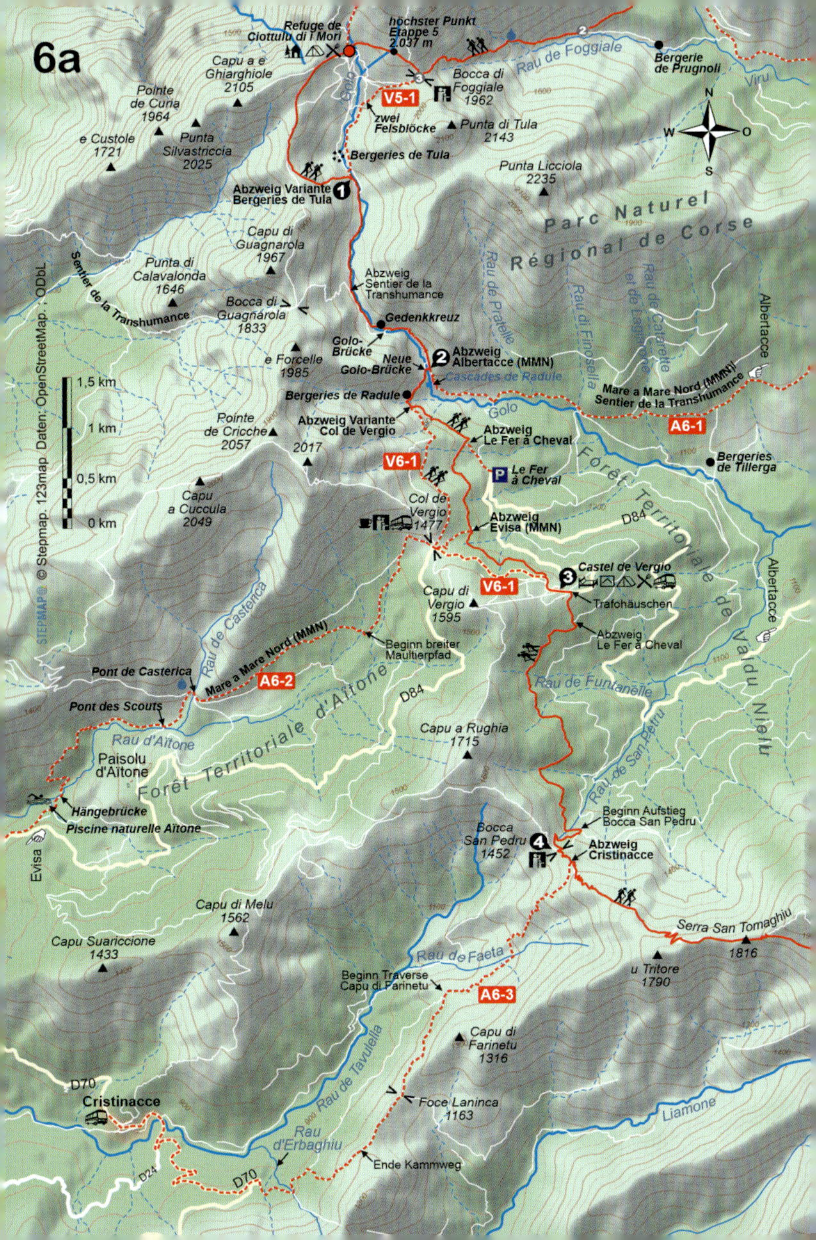
6a
Refuge de Ciottulu di i Mori
höchster Punkt Etappe 5 2.037 m
Bergerie de Prugnoli
Rau de Foggiale
Bocca di Foggiale 1962
V5-1
Capu a e Ghiarghiole 2105
Pointe de Curia 1964
e Custole 1721
Punta Silvastriccia 2025
zwei Felsblöcke
Punta di Tula 2143
Bergeries de Tula
Punta Licciola 2235
Abzweig Variante Bergeries de Tula
Parc Naturel Régional de Corse
Capu di Guagnarola 1967
Punta di Calavalonda 1646
Sentier de la Transhumance
Abzweig Sentier de la Transhumance
Bocca di Guagnarola 1833
Gedenkkreuz
Golo-Brücke
Neue Golo-Brücke
Abzweig Albertacce (MMN)
Cascades de Radule
e Forcelle 1985
Bergeries de Radule
Mare a Mare Nord (MMN) Sentier de la Transhumance
A6-1
Albertacce
Golo
Pointe de Cricche 2057
Abzweig Variante Col de Vergio
2017
Abzweig Le Fer à Cheval
Bergeries de Tillerga
V6-1
Le Fer à Cheval
Capu a Cuccula 2049
Col de Vergio 1477
Abzweig Evisa (MMN)
D84
Forêt Territoriale de Valdu Niellu
Castel de Vergio
V6-1
Capu di Vergio 1595
Trafohäuschen
Beginn breiter Maultierpfad
Abzweig Le Fer à Cheval
Rau de Casterica
Pont de Casterica
Mare a Mare Nord (MMN)
A6-2
Pont des Scouts
Rau d'Aïtone
Rau de Funtanelle
Capu a Rughia 1715
Forêt Territoriale d'Aïtone
Paisolu d'Aïtone
Hängebrücke
Piscine naturelle Aïtone
Evisa
Rau de San Petru
Beginn Aufstieg Bocca San Pedru
Bocca San Pedru 1452
Abzweig Cristinacce
Capu di Melu 1562
Capu Suariccione 1433
Serra San Tomaghiu 1816
u Tritore 1790
Rau de Faeta
Beginn Traverse Capu di Farinetu
A6-3
Capu di Farinetu 1316
Rau de Tavulella
D70
Cristinacce
Foce Laninca 1163
Liamone
Rau d'Erbaghiu
D24
D70
Ende Kammweg
1,5 km
1 km
0,5 km
0 km
STEPMAP® © Stepmap, 123map Daten: OpenStreetMap, ODbL

Der nächste Abschnitt ist bei Badefreunden beliebt. Grund sind die vielen Gumpen, die der Golo über Jahrtausende in den Fels gehobelt hat.

Bei km 3,3 (Pfeil „Refuge de Puscaghia“) vereint sich der GR 20 mit dem Sentier de la Transhumance, einem weiteren Fernwanderweg, der von rechts kommt. Der Verlauf beider Wege ist nun zunächst identisch, zu den rot-weißen Streifen gesellen sich deshalb auch violette Markierungen. 400 m flussabwärts wird der Golo bei einer besonders schönen Gumpe überquert.

Bei Hochwasser ist der Fluss hier oft unpassierbar. Dann folgen Sie weiter dem rechten Ufer und nutzen die Brücke 200 m flussabwärts.

Das Tal wird nun enger. Der mit Felsplatten angelegte Weg ist ein Musterbeispiel eines sog. *sentier de transhumance* (Transhumanz-Weg). Über diese in mühsamer Handarbeit angelegten Wege erfolgte jahrhundertelang der jahreszeitliche Viehtrieb.

In diesem Fall trieben die Hirten ihre Herden im Frühsommer zu den Hochweiden im Niolu und von dort im Spätsommer über die Bocca di Guagnarola wieder zurück zu den Winterweiden in der Küstenregion von Galeria (Filosorma).

Ganz ungefährlich war das Hirtenleben in den Bergen nicht. Hin und wieder forderten Wetterstürze ihren Tribut. Ein schlichtes Holzkreuz (km 3,8) erinnert an eine Tragödie, die sich hier im späten 19. Jh. zugetragen hat. Am 28. September 1885 befanden sich drei Hirten aus Calasima mit ihrem Käse auf dem Heimweg, als sie im Golo-Tal von einem fürchterlichen Unwetter heimgesucht wurden. Ein 42-Jähriger und ein 55-Jähriger starben an Unterkühlung. Der dritte, ein 19-jähriger Bursche, konnte sich bis zu den Bergeries de Radule durchschlagen, wo er vor der Tür tot umfiel. Nur die Maultiere, die in der Macchia Schutz fanden, überlebten das Desaster.

100 m weiter passieren Sie den Rechtsabzweig zur vorhin erwähnten Golo-Brücke. In der Landschaft tauchen nun auch die ersten Laricio-Kiefern auf. Bei einem großen Baumstumpf erreichen Sie eine Gabelung mit Wegweisern ❷ (km 4,6), wo sich der GR 20 mit dem Mare a Mare Nord vereint.

In diesem Bereich sollten Sie auf die Markierungen achten. Es ist nämlich verführerisch, weiter dem besser ausgebauten Weg zu folgen, der geradeaus weiterführt – dieser ist allerdings falsch, es sei denn Sie möchten über den **Mare a Mare Nord/Sentier de la Transhumance** nach ☞ **Albertacce** absteigen.

Abstieg nach Albertacce (A6-1)

11,3 km, Abstieg 3 Std. 30 Min., Aufstieg 4 Std., ↑ 135 m, ↓ 695 m, ⇧ 855-1.415 m

Die Abstiegsroute nach Albertacce ist mit den orangefarbenen Markierungen des Fernwanderweges **Mare a Mare Nord** gekennzeichnet. Bis kurz vor Albertacce begleiten Sie auch die violetten Markierungen des **Sentier de la Transhumance**.

Sie steigen zunächst am linken Golo-Ufer weiter ab und passieren nach 300 m die **Cascades de Radule**. Am Fuß der sehenswerten Wasserfälle bietet eine große Gumpe Abkühlung. Fluss und Wanderweg schwenken nun nach Osten und durchqueren den **Forêt de Valdu Niellu** mit seinen imposanten Laricio-Kiefern. Der Pfad kreuzt zwei Bäche und mündet in einen Forstweg (km 2), dem Sie nach links folgen. Schon nach 500 m verlassen Sie ihn aber und biegen in den rechts abzweigenden Pfad ein. Sie kreuzen einen weiteren Bach und ignorieren den Rechtsabzweig zu den Bergeries de Tillerga (km 3,5).

Auf dem Plateau des Vinacce sind die Narben eines Waldbrandes kaum zu übersehen. Ignoriert wird der Linksabzweig nach Calasima (km 7,6). Ein erster steiler Abstieg führt zu einem Plateau, bedeckt mit alten Kastanien, ein weiterer endet im Tal des **Viru**.

Den Fluss überbrückt die ⌘ **Pont de Muricciolu** (⇧ 855 m, km 9,7), eine traditionelle Genueserbrücke. Gleich nebenan befindet sich eine liebevoll restaurierte alte ⌘ Wassermühle, mit der einst Kastanienmehl hergestellt wurde.

100 m weiter gabelt sich der Weg: Der Sentier de la Transhumance biegt links ab, Sie halten sich aber rechts und folgen weiter dem Mare a Mare Nord, der, zunächst durch Dornengestrüpp, später zwischen Kastanien und verfallenen Gemüsegärten, zur D84 am Südrand von **Albertacce** weiterführt.

Albertacce

⇧ 860 m, 20224, 205 Ew.

Office de Tourisme Pasquale Paoli, office.tourisme@cc-pasquale-paoli.corsica, www.tourisme-pasqualepaoli.corsica

Hôtel Sant'Anna, 8 lieu dit Vignacce, 06 26 83 22 09, mariemadeleine.cesari@sfr.fr, www.hotel-asantanna.com, ganzjährig, 8 Zi, @, Kreditkartenzahlung möglich, DZ € 60-80 je nach Saison, F € 10

Gîte Albertini, U Casale (an der D84), 04 95 48 05 60, simeoni.antoine.marc@gmail.com, April bis Anfang Okt, 20 Schlafplätze, Ü € 25, HP € 50, F € 5, € 10

Corte – Col de Vergio: Anfang Mai bis Mitte Okt, 1x tägl. Abfahrt Corte (Gare) um 8:00; Abfahrt von Albertacce nach Corte um 11:10; Fahrzeit Albertacce – Corte: 40 Min., Fahrpreis € 15. **Autocars Cortenais**, 06 20 17 17 55, autocars.corte@wanadoo.fr, www.autocars-cortenais.fr

François Luciani, 04 95 48 08 17

♦ Françoise Luciani, 04 95 48 04 07

♦ Jean-Charles Antolini, 04 95 48 01 97

Der GR 20 macht hier einen scharfen Rechtsknick (Pfeil „GR 20/Mare a Mare Nord") und führt auf die neue Golo-Brücke zu. Kurz hinter der Brücke tauchen die Steinhütten der **Bergeries de Radule** (km 5) auf. Hinter der nicht bewirtschafteten Bergerie gabelt sich der Weg. Nach Süden zweigt hier eine ☞ **Variante über den Col de Vergio** (korsisch: *Bocca di Verghju*) ab.

Variante über den Col de Vergio (V6-1)

150 m mehr, gleiche Zeit, ↑ 65 m mehr, ↓65 m mehr

Diese gelb markierte Route führt von den **Bergeries de Radule** durch den Wald nach Süden hoch zum **Col de Vergio** (⇧ 1.477 m).

Vom höchstgelegenen Straßenpass Korsikas ergibt sich eine beeindruckende Rundumsicht. Die Passhöhe beherrscht eine imposante ⌘ **Christkönigsstatue** des korsischen Bildhauers Noël Bonardi. Der 25 t schwere Granitmonolith hat eine Höhe von 6 m (9,5 m einschließlich des Sockels) und schmückt den Pass seit 1984.

Auf der Passhöhe befindet sich im Sommer auch ein Verkaufsstand mit korsischen Spezialitäten und angegliedertem Café.

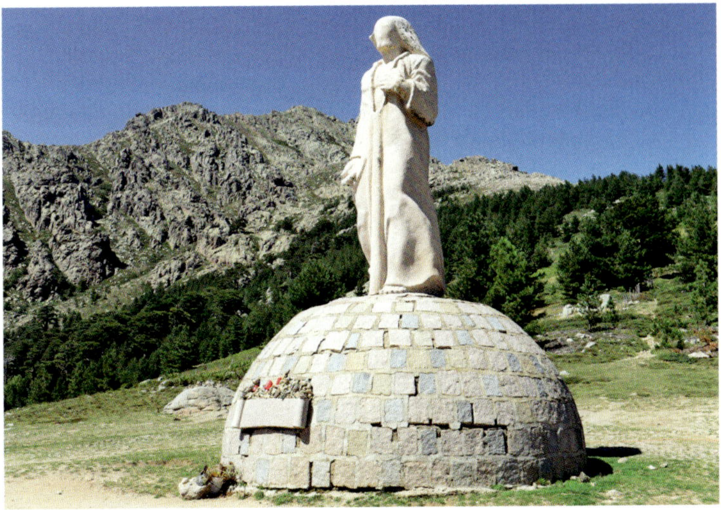

Den Col de Vergio schmückt eine stattliche Christkönigsstatue aus Granit

Col de Vergio ⇧ 1.477 m, 20224 Albertacce

Chez Lisandra Geronimi, 06 25 89 78 03, lisandra.geronimi@yahoo.fr, Ende Mai bis Sep tägl. 9:30-19:00. Regionale Spezialitäten: hausgemachte *canistrelli* (Gebäck), Marmelade aus Cristinacce, Fleischwaren, Käse, Honig, Wein usw. Im Café Verkauf von kalten und heißen Getränken, Sandwiches und mit lokalen Spezialitäten € 19 für 2 Pers.

Corte – Col de Vergio: Anfang Mai bis Mitte Okt, 1x tägl. Abfahrt Corte (Gare) um 8:00, Abfahrt Col de Vergio um 10:30, Fahrzeit Corte – Col de Vergio: 1 Std. 20 Min., Fahrpreis € 20. **Autocars Cortenais**, 06 20 17 17 55, autocars.corte@wanadoo.fr, www.autocars-cortenais.fr

Auf der Straße D84 gelangen Sie in östlicher Richtung rasch zum 1,4 km entfernten **Castel de Vergio**.

Der GR 20 führt nach Südosten weiter und erreicht bald den Rand des **Forêt de Valdu Niellu**. Der zauberhafte Mischwald aus Laricio-Kiefern, Buchen, Erlen und Birken ist mit einer Fläche von 44 km² der größte zusammenhängende Wald Korsikas.

Sie ignorieren den Linksabzweig (km 5,9) nach **Le Fer à Cheval** – der Weg, der nach 400 m bei einem P Parkplatz in einer Kehre der D84 endet, entspricht dem alten Verlauf des GR 20 – und verabschieden sich nach einem weiteren Kilometer vom rechts abzweigenden **Mare a Mare Nord**, der eine **Abstiegsmöglichkeit nach Evisa** bietet.

Abstieg nach Evisa (A6-2)

9,7 km, Abstieg 3 Std., Aufstieg 4 Std., ↑ 185 m, ↓ 750 m, ⇧ 854-1.492 m

Die orangefarbenen Markierungen führen zunächst leicht ansteigend nach Südwesten zum **Col de Vergio** (⇧ 1.477 m, km 0,4). Auf der Passhöhe wird im Sommer ein Verkaufsstand mit korsischen Spezialitäten betrieben (☞ Variante über den Col de Vergio).

Auf dem Pass wählen Sie den Pfad, der hinter der weißen ⌘ **Christkönigsstatue** nach Westen führt. Dieser leitet durch den Kiefernwald von Aïtone hinunter und mündet in einen breiteren Weg (km 1,9), auf dem es leicht bergab nach rechts weitergeht. Kurz vor der **Pont de Casterica** (km 3,9) mündet der Weg in einen Forstweg, dem Sie nach rechts folgen. Unter der Brücke gibt es eine schöne Gumpe, oberhalb (rechts) eine Quelle.

Gleich nach der Brücke biegen Sie links ab und folgen dem Pfad, der durch den Wald zum Pont des Scouts (km 4,4) hinunterleitet. Sie lassen diese Brücke über den Ruisseau d'Aïtone aber links liegen und bleiben auf dem rechten Bachufer. Der Weg steigt zwischenzeitlich wieder etwas an, umgeht eine Felsklippe und senkt sich dann zurück zum Aïtone-Bach, der auf einer etwas abenteuerlichen **Hängebrücke** (km 6,5) überquert wird.

Auf der Brücke sollte sich aus Sicherheitsgründen nie mehr als eine Person aufhalten!

Wer etwas Abkühlung gebrauchen kann, geht an der nächsten Gabelung rechts die Steintreppe zum **Piscine naturelle Aïtone** hinunter, einem der schönsten Naturpools der Insel. Der orange markierte Weg führt indes links weiter (Achtung, die Markierungen sind hier recht dürftig) zu einem Forstweg, der Sie nach rechts zur Straße D84 bringt.

Sie folgen der Straße nach rechts, biegen nach 100 m (in einer Linkskurve) rechts ab und wandern auf dem Chemin du châtaignier, einem Lehrpfad über die Kastanie, zwischen uralten Kastanien weiter bis zum malerischen Bergdorf **Evisa**. Der Abstieg endet dort bei der Bar de la Poste.

Evisa ⇧ 855 m, 20126, 215 Ew.

Hôtel La Châtaigneraie, Rimpianata, ☏ 04 95 26 24 47, hotellachataigneraie@wanadoo.fr, www.hotel-la-chataigneraie.net, Mitte April bis Okt, 10 Zi, @, Kreditkartenzahlung möglich, DZ Juli-Sep ab € 66, Mitte April bis Juni und Okt ab € 58, F € 7. Kleines Hotel am westlichen Ortsausgang.

♦ weitere Hotels im Zentrum

Gîte d'étape U Poghju, U Poghju, ☏ 04 95 26 21 88, 06 80 83 86 47, gite-etape-upoghju@orange.fr, www.gite-detape-evisa.com, April bis Okt, 40 Schlafplätze in 4-, 8- und 10-Bett-Zimmern, @, Ü € 19, HP € 40, F € 8, € 9

Camping L'Acciola, an der D70, ☏ 04 95 26 23 01, www.acciola.com, Juni bis Sep, 70 Stellplätze, Ü € 7,20/Pers., Zelt € 3,50. Tolle Lage oberhalb von Evisa

Ajaccio – Evisa – Marignana: ganzjährig, im Juli und Aug 2x tägl., ab Evisa um 7:45 und 13:15, ab Ajaccio um 10:00 und 15:30; von Sep bis Juni Mo-Sa 1x tägl., ab Evisa Mo-Sa um 7:45, ab Ajaccio Mo-Fr um 15:30, Sa um 12:00. Abfahrt Evisa: place de la Fontaine, Abfahrt Ajaccio: Gare routière (Busbahnhof). Fahrpreis Evisa – Ajaccio € 14,40. **Autocars de l'Île de Beauté (AIB)**, ☏ 04 95 22 41 99, f-ceccaldi@wanadoo.fr, www.autocars-iledebeaute-ajaccio-20.fr, Fahrpläne unter www.corsicabus.org

Der GR 20 schlängelt sich weiter durch den Wald und mündet schließlich in die Straße D84 (km 8,1). Sie folgen der Straße nach links und erreichen bald das nahe Hotel **Castel de Vergio ❸** (km 8,2).

Castel de Vergio ⇧ 1.405 m, 20224 Albertacce

Castel de Vergio, an der D84, 06 12 74 87 04, casteldevergio@orange.fr, www.hotel-castel-vergio.com, Mai bis Anfang Okt, 29 Zi, @, Kreditkartenzahlung möglich, EZ/DZ € 100, HP EZ € 132, HP DZ € 164, F € 7. Schmuckloses Hotel mit Kasernenflair. Das karge Frühstück, serviert in einer Art Mensa, ist auch kein Stimmungsheber. Das Hotelrestaurant bietet eine kleine Karte mit korsischen Spezialitäten. Im gut sortierten Laden gibt es u. a. auch frisches Obst, Tomaten usw.

Im Hotel, 75 Schlafplätze in 6- bis 10-Bett-Zimmern, Ü € 20, HP € 52, F € 7
Eingezäunte Rasenfläche neben dem Hotel, WC und , € 8/Pers., HP € 40
Corte – Col de Vergio, Anfang Mai bis Mitte Okt, 1x tägl. Abfahrt Corte (Gare) um 8:00, Abfahrt von Castel de Vergio nach Corte um 10:35, Fahrzeit Castel de Vergio – Corte: 1 Std. 15 Min., Fahrpreis € 20. **Autocars Cortenais**, 06 20 17 17 55, autocars.corte@wanadoo.fr, www.autocars-cortenais.fr

Beim ehemaligen Wintersporthotel – der Skibetrieb wurde 2007 eingestellt und die Skilifte abgebaut – queren Sie die D84 und folgen der Straße nach links, bis der GR 20 beim Trafohäuschen rechts in den **Forêt de Valdu Niellu** hinunterführt.

Kapelle auf der Bocca San Pedru

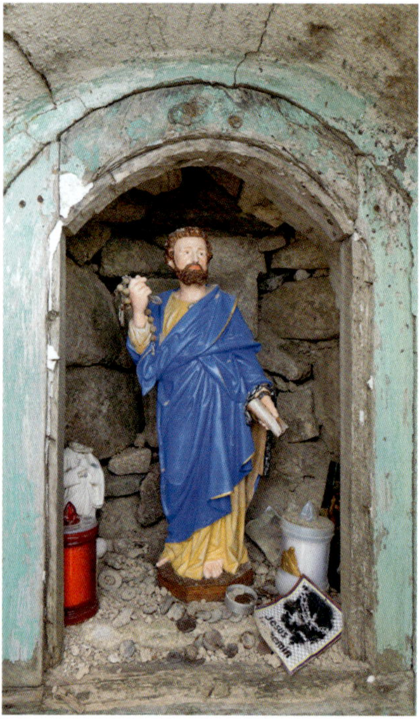

Im Wald treffen Sie bei km 8,7 wieder auf den „alten" GR 20, der von Le Fer à Cheval kommt. Auf den nächsten 3 km wandern Sie auf gleicher Höhe nach Süden weiter. Unterwegs gibt es mehrere klare Bäche, die oft bis in den Sommer hinein Trinkwasser spenden.

Wenn man sich an das erholsame Gehen auf dem schattigen Waldweg so richtig gewöhnt hat, knickt der GR 20 unvermittelt scharf nach rechts (km 11,9) und schwingt sich in Serpentinen durch Buchenwäldchen hoch zur **Bocca San Pedru** ❹ (⇧ 1.452 m, km 12,5). Die Passhöhe schmückt eine winzige Kapelle mit einem Jesusbild.

Wenige Meter oberhalb der Passhöhe folgt eine **Abstiegsmöglichkeit nach Cristinacce.**

Abstieg nach Cristinacce (A6-3)

8,8 km, Abstieg 3 Std. 30 Min., Aufstieg 4 Std., ↑ 115 m, ↓ 755 m, ⇧ 770-1.470 m

Die gelb markierte Abstiegsroute beginnt 200 m oberhalb der Bocca San Pedru und führt nach Südwesten. Der Pfad durchquert zunächst ein Wäldchen (km 0,4) und eilt dann im Zickzack ins Tal hinunter, wo der Ruisseau de Faeta (⇧ 1.158 m, km 1,5) gequert wird.

Jenseits des Baches gewinnen Sie wieder etwas an Höhe. Auf einem kleinen Grasplateau (km 2,4) schwenkt der Weg nach Süden und wechselt in die steil abfallende Westflanke des Capu di Farinetu. Sie steigen allmählich zur Passhöhe der **Foce Laninca** (⇧ 1.163 m, km 3,5) hoch und wandern dann auf gleicher Höhe auf dem Kamm nach Südwesten weiter.

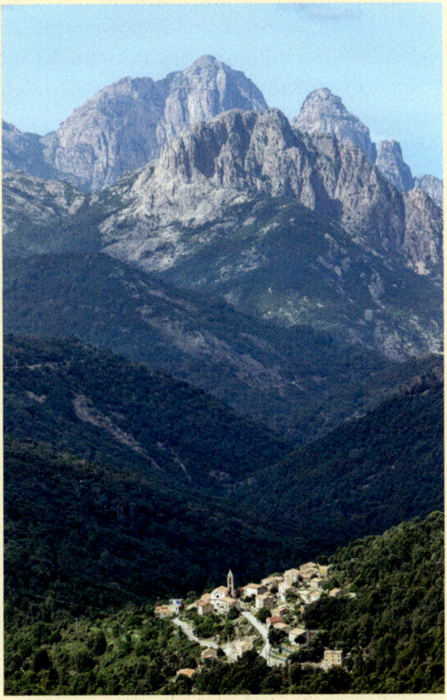

Das Bergdorf Cristinacce und Capo d'Ortu

700 m weiter verlassen Sie ihn und steigen, mit Blick auf das Bergdorf Cristinacce und das Granitmassiv Capu d'Orto, über den Westhang ab. Der Pfad führt zunächst durch die Macchia, später (ab etwa 1.070 m Höhe) durch alte Kastanienhaine, zum Ruisseau d'Erbaghiu (km 5,3) hinunter und mündet wenig später in eine Kehre der Straße D70. Auf dieser geht es nach rechts weiter zum 3 km entfernten Ort **Cristinacce**, der sich terrassenförmig zwischen Kastanienwäldern über dem Tavulella-Fluss erstreckt.

Cristinacce

⇧ 810 m, 20126, 70 Ew.

Ajaccio – Cristinacce – Marignana: ganzjährig, im Juli und Aug 2x tägl., ab Cristinacce um 7:50 und 13:20, ab Ajaccio um 10:00 und 15:30; von Sep bis Juni Mo-Sa 1x tägl., ab Cristinacce Mo-Sa um 7:55, ab Ajaccio Mo-Fr um 15:30, Sa um 12:00. Abfahrt Cristinacce: Mairie, Abfahrt Ajaccio: Gare routière (Busbahnhof). Fahrpreis Cristinacce – Ajaccio € 9,60. **Autocars de l'Île de Beauté (AIB)**, ☏ 04 95 22 41 99, f-ceccaldi@wanadoo.fr, www.autocars-iledebeaute-ajaccio-20.fr, Fahrpläne unter www.corsicabus.org

Von der Bocca San Pedru schraubt sich ein mit Steinplatten und Stützmauern in Serpentinen angelegter Saumpfad den lang gezogenen Höhenrücken hoch. Über diesen alten *sentier de transhumance* trieben einst die Hirten ihre Tiere von der Westküste zum Tavignano-Tal und zurück. Heute begegnet man allenfalls ab und zu Maultierkarawanen, beladen mit Treibstoff und Proviant für eine Bergerie oder Hütte.

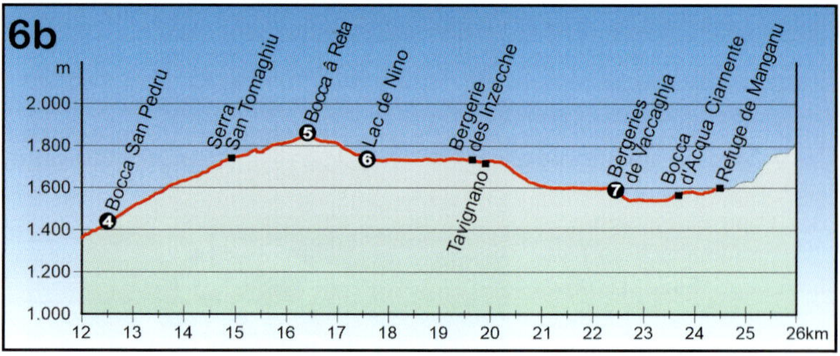

Die Aussicht wird mit jeder Kehre beeindruckender, vor allem nach Norden, wo sich die Gipfelkette der **Grande Barrière** abzeichnet – von Capu Tafunatu und Paglia Orba im Nordwesten über Monte Cinto bis Capu a u Verdatu im Nordosten. Skurril wirken die windschiefen Buchen auf dem Kamm – krumm gewachsen durch den Wind, der den Kamm ewig zu geißeln scheint.

Der Kamm schrumpft schließlich zur **Serra San Tomaghiu**, einem felsigen Grat, auf dem der GR 20 zwischen **u Tritore** (1.790 m) und **Capu a u Tozzu** (2.005 m) weiter balanciert.

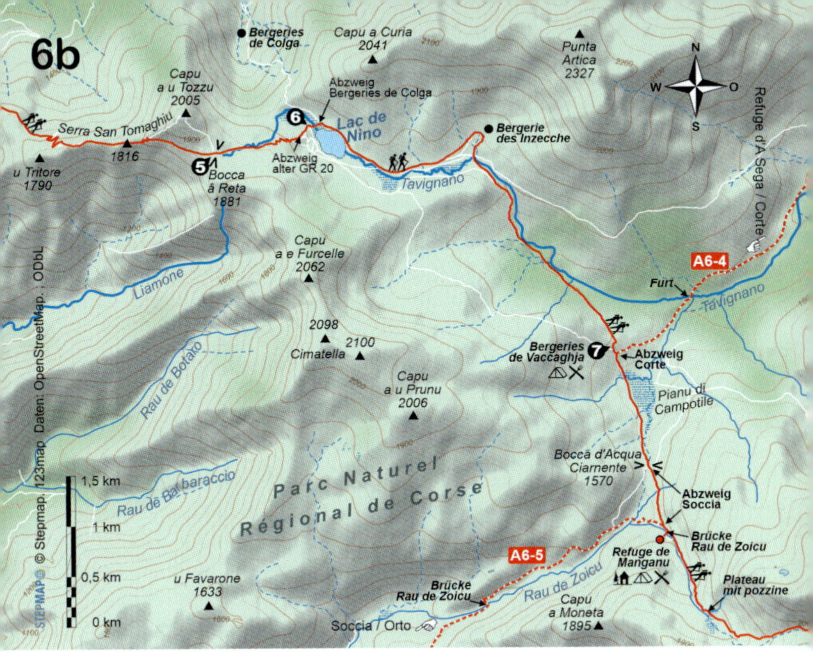

Kurz vor dem Gipfel des Capu a u Tozzu verlassen Sie den Grat, ziehen rechts am Berg vorbei und steigen langsam weiter zum großen Steinmann, der die Passhöhe der **Bocca â Reta ❺** (⇧ 1.881 m, km 16,4) beherrscht.

Die Passhöhe markiert auch den Übergang zwischen den kargen, schroffen Felsgraten im Westen und der freundlichen Weidelandschaft des Tavignano-Tals im Osten.

Wenn nach weiteren 500 m ein weiterer großer Steinhaufen auftaucht, erblicken Sie in der Tiefe erstmals den **Lac de Nino ❻** (⇧ 1.743 m), zu dem es nun hinuntergeht.

Still und dunkel breitet sich der zweitgrößte korsische See auf dem Boden eines weiten Trogtals aus. Rund um das 6,5 ha große und bis zu 12 m tiefe Gewässer, das vor 14.000 Jahren beim Rückzug der Eiszeitgletscher entstanden ist, erstrecken sich sattgrüne Weiden mit grasenden Kühen und Pferden. Diese von Tümpeln und Bächen durchzogene Weidelandschaft wird als *pozzine* (von korsisch *i pozzi* = „Wasserloch“) bezeichnet (☞ Land und Leute, Flora).

Zelten ist am Lac de Nino ausdrücklich verboten! Die Gehwege in diesem Bereich bitte nicht verlassen! Die Umgebung der *pozzine* ist ein hochempfindliches Ökosystem, das innerhalb des korsischen Naturparks besonderen Schutz genießt.

In der Umgebung des Sees wurde die Streckenführung geändert. Früher verlief der GR 20 südlich um den See herum (bei km 17,4 sind noch alte GR-Markierungen erkennbar, die mit grauer Farbe übermalt wurden), heute nördlich.

Am Nordufer des Sees lassen Sie den Linksabzweig zu den Bergeries de Colga unbeachtet und gehen am Wasser entlang weiter. Aus dem See entspringt der **Tavignano**, mit einer Länge von 89 km der zweitlängste Fluss Korsikas.

Sie folgen nun dem linken Ufer des jungen Flusses, der zunächst noch von *pozzine* gesäumt wird. Bei km 19,1 bietet sich eine kurze Schleife über die **Bergerie des Inzecche** (Käseverkauf) an (die Schleife mündet 300 m weiter wieder in den GR 20). Unterhalb der Bergerie wird der Tavignano gequert.

Der GR 20 folgt nun dem Südufer des Flusses und verliert dabei schnell an Höhe. Die Umgebung erinnert mit ihren kargen, abgeschliffenen Bergen an das schottische Hochland. 1,5 km hinter der Bergerie des Inzecche schwenkt der Tavignano nach Osten. Der GR 20 entfernt sich rasch vom Fluss und führt, zunächst durch lichte Buchenwäldchen, später über Weideland mit Erlen, nach Südosten weiter, wo, etwas überraschend, die hinter einem Felsrücken versteckten Steinhütten der ⛺ ✕ **Bergeries de Vaccaghja ❼** (km 22,4) auftauchen.

⛺ **Bergeries de Vaccaghja**, Marie-Charlotte Donati, 📱 06 89 01 51 02, ✉ donatimariec@icloud.com, 27. Mai bis 10. Okt, 🚿 ✕, Ü € 8/Pers., Leihzelt € 12, Abendessen € 25, F € 8, 🍎 € 8. ☺ Sehr empfehlenswerte Küche! Verkauf von Käse, Wurst und Brot

Von dort ist das Tagesziel, die Hütte von Manganu, bereits zu sehen. Für Geschichtsinteressierte, die die Hauptstadt des unabhängigen Korsikas (☞ Land und Leute, Geschichte) kennenlernen möchten, gibt es von den Bergeries de Vaccaghja eine **Abstiegsmöglichkeit nach Corte.**

Abstieg nach Corte (A6-4)

21,2 km, Abstieg 7 Std. 30 Min., Aufstieg 9 Std. 30 Min., 160 m, 1.290 m, 445-1.580 m

Der Abstieg nach Corte ist lang, kann aber in zwei Etappen aufgeteilt werden, wobei eine Übernachtung in A Sega eingeschoben wird. Von den Bergeries de Vaccaghja (Hinweisschild) folgen Sie zunächst den gelben Markierungen, die nach links abzweigen. Nach 1 km queren Sie den Tavignano und wandern am linken Flussufer weiter zu der **Bergerie de Tramizzole** (km 2,2).

Der Weg entfernt sich dann etwas vom Fluss, überwindet eine kleine Anhöhe (1.460 m, km 4,5), senkt sich wieder und folgt weiter dem linken Flussufer, bis er sich mit dem orange markierten Fernwanderweg **Mare a Mare Nord** (km 8,4) vereint, auf dem es nach rechts weitergeht. Gleich danach führt eine solide Holzbrücke über die Tavignano-Schlucht zum nahen **Refuge d'A Sega** (km 8,6).

Die vor Kurzem renovierte PNRC-Hütte liegt in der Nähe des Flusses und verfügt über 36 Schlafplätze. Ende Mai bis Anfang Okt,

Bis zur früheren Hauptstadt Korsikas folgen Sie weiter dem Verlauf des **Mare a Mare Nord**. Dieser führt durch den Wald auf der rechten Seite des Tavignano zunächst nach Nordosten, später nach Osten, quert zwei tief eingeschnittene Seitentäler, den Ravin de Castagnolu (km 12,2) und den Ravin de Brusco (km 14), und senkt sich dann zum Fluss ab, der auf einer Holzbrücke, der Ponte di u Russulinu (km 14,9), überquert wird. Bei der Brücke gibt es mehrere Badestellen.

Der Weg verläuft nun bis Corte am linken Ufer. Auf halber Strecke dorthin taucht am Waldrand die ☒ **Cabane d'Antia** (km 17,7) auf, eine einfache Steinhütte, die nur als Notschutzhütte gedacht ist. Mit abnehmender Höhe ändert sich die Vegetation: Zunächst weichen die Laricio-Kiefern den Eichen und Kastanien, die ihrerseits später von der Macchia verdrängt werden.

Der Wanderweg endet am Westrand von **Corte** (rue Saint Joseph, 250 m nördlich von der Zitadelle).

Corte

445 m, 20250, 7.500 Ew.

Office de Tourisme de Corte, La Citadelle, ☎ 04 95 46 26 70, corte.tourisme@wanadoo.fr, www.corte-tourisme.com, Aug und Sep tägl. 9:00-18:00, Mai-Juli Mo-Fr 9:00-18:00, Okt-April Mo-Fr 9:00-12:00 und 14:00-17:00

Hôtel Duc de Padoue, 2 place Padoue, ☎ 04 95 46 01 37, info@ducdepadoue.com, www.ducdepadoue.com, ganzjährig, 11 Zi, @ P, Kreditkartenzahlung möglich, ÜF DZ ab € 100. Kleines Hotel in einem Haus von 1875, in zentraler, ruhiger Lage

♦ Im Zentrum gibt es viele weitere Hotels, Pensionen und B&Bs für jeden Geldbeutel.

U Tavignanu, Agnes Gambini, chemin de Baliri (800 m vom Zentrum), ☎ 04 95 46 16 85, 06 20 63 07 47, gite.utavignanu@orange.fr, www.facebook.com/giteutavignanu, ganzjährig, 20 Schlafplätze, ÜF € 20, HP € 45, € 12

bei der ☞ U Tavignanu, 20 Zeltplätze, € 8/Pers., € 2/Zelt, HP € 35

Corte – Col de Vergio, Anfang Mai bis Mitte Okt, 1x tägl. Abfahrt Corte (Gare) um 8:00, Abfahrt Col de Vergio um 10:30, Fahrzeit Corte – Col de Vergio: 1 Std. 20 Min., Fahrpreis € 20. **Autocars Cortenais**, 06 20 17 17 55, autocars.corte@wanadoo.fr, www.autocars-cortenais.fr

mehrere Verbindungen pro Tag nach Ajaccio, Bastia und Calvi, **Chemins de Fer de la Corse (CFC)**, ☎ 04 95 32 80 57, contact@cf-corse.com, cf-corse.corsica

Taxi Michel, ☎ 04 95 48 24 74, 06 33 09 82 07

♦ **Taxi Deneb**, 06 12 10 60 60

⌘ **Museu di a Corsica**, La Citadelle, ☎ 04 95 45 25 45, museudiacorsica@isula.corsica, www.museudiacorsica.corsica, 22.6. bis 20.9. tägl. 10:00-20:00; 21.9. bis 31.10. und 1.4. bis 21.6. Di-So 10:00-18:00; 1.11. bis 30.12. und 15.1. bis 31.3. Di-Sa 10:00-17:00. Eintritt: € 5,50, Kinder € 3. Das anthropologische Museum in der Zitadelle gewährt Einblicke in das Leben der korsischen Hirten durch die Jahrhunderte.

Der GR 20 durchquert die grasige Ebene der **Pianu di Campotile** und steigt kurz an zur **Bocca d'Acqua Ciarnente** (1.570 m, km 23,7). Hier gibt es rechts eine erste Möglichkeit, nach Soccia abzusteigen (Pfeil, gelbe Markierungen). Dieser Weg vereint sich nach 750 m mit einer weiteren Abstiegsroute vom Refuge de Manganu (☞ Abstieg nach Soccia).

Auf dem GR 20 erreichen Sie nach weiteren 1,8 km den Abzweig zur Brücke, die zum **Refuge de Manganu** führt.

Die PNRC-Hütte von Manganu bietet 30 Wanderern Unterkunft. Ganzjährig, bewirtschaftet ca. 25 Mai bis Anfang Okt, Trockentoiletten. Bestellungen für Abendessen werden bis 19:00 angenommen, kein Handyempfang. Trinkwasser bitte nur aus der Quelle (links unterhalb der Hütte) entnehmen! Kein Wasser bei den Sanitäranlagen oder Spülstellen schöpfen oder aus dem Fluss verwenden – oben weiden Kühe …

bei der Hütte

Gumpen oberhalb der Hütte

Von der PNRC-Hütte gibt es eine **Abstiegsmöglichkeit nach Soccia**.

Abstieg nach Soccia (A6-5)

8,9 km, Abstieg 3 Std., Aufstieg 4 Std., ↑ 20 m, ↓ 885 m, ⇧ 735-1.601 m

Die gelb markierte Route führt vom Refuge de Manganu zunächst nach Westen zum Ruisseau de Zoicu hinunter, quert den Bach und schlängelt sich dann am rechten Bachufer entlang hinunter bis zu einer Brücke (⇧ 1.361 m, km 2,5), wo das Ufer gewechselt wird.

Der Weg entfernt sich nun vom Bach und führt zu einem herrlichen Bergsee, eingerahmt von Schwarzkiefern.

Der **Lac de Creno** (⇧ 1.310 m) ist Korsikas tiefstgelegener See eiszeitlichen Ursprungs. Das 6,5 m tiefe Gewässer ist für seine Seerosen bekannt. Die angrenzenden pozzine gehören zu den seltenen korsischen Fundorten des Rundblättrigen Sonnentaus (☞ Land und Leute, Flora).

An der Weggabelung in etwa 1.280 m Höhe (km 5) ignorieren Sie den Linksabzweig nach Orto und steigen nach rechts weiter ab bis zu einem Parkplatz mit Imbissbude (nur im Sommer). Sie queren den Parkplatz, queren die Straße und folgen dem Pfad, der geradeaus durch den Wald nach **Soccia** hinunterführt.

Soccia

⇧ 735 m, 20160, 150 Ew.

Hôtel U Paese, Umbriccia, ☏ 04 95 28 31 92, hotel.u.paese@wanadoo.fr, www.hotel-soccia.com, Mitte April bis Okt, 22 Zi, @, Kreditkartenzahlung möglich, EZ € 58-68, DZ € 83-88, F € 9,50

Etappe 7: Refuge de Manganu – Refuge de Petra Piana

➲ *8,5 km, ⌛ N→S 6 Std. 30 Min., S→N 6 Std., ↑ 855 m, ↓ 615 m, ⇧ 1.601-2.225 m*

0,0 km	⇧ 1.601 m	Refuge de Manganu
2,5 km	⇧ 2.040 m	Quelle
3,0 km	⇧ 2.225 m	Bocca alle Porte
3,7 km	⇧ 2.085 m	Brèche de Capitello
4,9 km	⇧ 2.052 m	Bocca a Soglia
6,0 km	⇧ 2.150 m	Col de Rinoso
6,7 km	⇧ 2.206 m	Bocca Muzzella
8,5 km	⇧ 1.842 m	Refuge de Petra Piana

Diese anspruchsvolle Etappe beginnt mit einem langen Aufstieg, zunächst zwischen Erlen, später über Schutthänge, zur Bocca alle Porte. Die anschließende Gratwanderung, mit Blick auf Capitello- und Melo-See, gehört zu den eindrucksvollsten Abschnitten des GR 20. Steile Felsplatten, wilde Schutthänge, luftige Traversen und leichte Klettereien – es ist alles dabei.

Der vergleichsweise einfache Abstieg von der Bocca Muzzella nach Petra Piana bietet herrliche Ausblicke auf den Monte d'Oro. Auf dieser überwiegend schattenlosen Etappe gibt es nur eine halbwegs verlässliche Quelle! Streckenweise ist manchmal bis in den Juli hinein mit tückischen Altschneefeldern zu rechnen.

Beim **Refuge de Manganu** überqueren Sie zunächst wieder die Brücke und halten sich dann rechts. Am orografisch rechten Ufer des Ruisseau de Zoicu geht es nach Südosten durch ein eiszeitliches Trogtal hoch. Schattige Abschnitte mit Erlengestrüpp wechseln mit steilen, bei Nässe außerdem rutschigen Felsplatten.

Fast 200 m höher bietet ein kleines, von Tümpeln durchsetztes Plateau (km 1) eine Möglichkeit zum Verschnaufen. Das Plateau bedeckt die typische *pozzine*, der Vegetationstyp, der auch die Umgebung des Lac de Nino prägt (☞ Land und Leute, Flora).

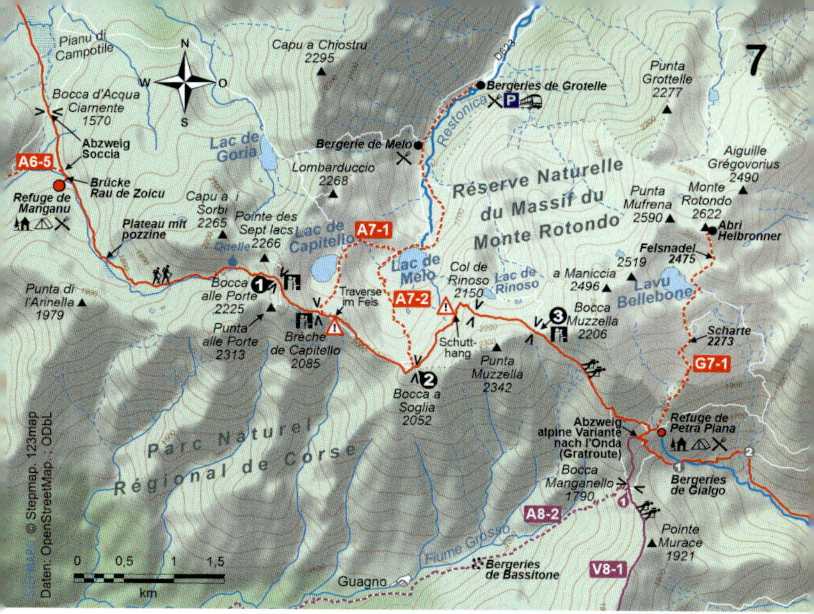

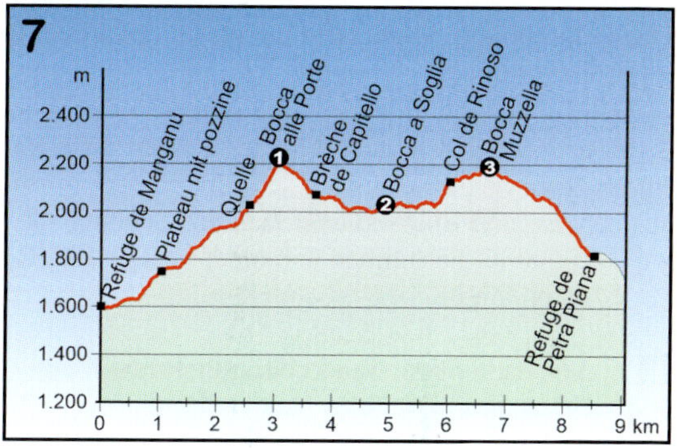

Der GR 20 wendet sich dann allmählich nach Osten und windet sich zwischen Erlen steil bergauf, während der Zoicu-Bach rechts in einer tiefen Schlucht verschwunden ist. In etwa 1.950 m Höhe ist diese zweite Steilstufe überwunden und der Bach wieder aufgetaucht. Dieser fließt nun auf dem Boden eines imposanten Felskessels, der von senkrechten Felsen und Zinnen abgeriegelt wird. Instinktiv sucht das Auge nach einem Durchgang …

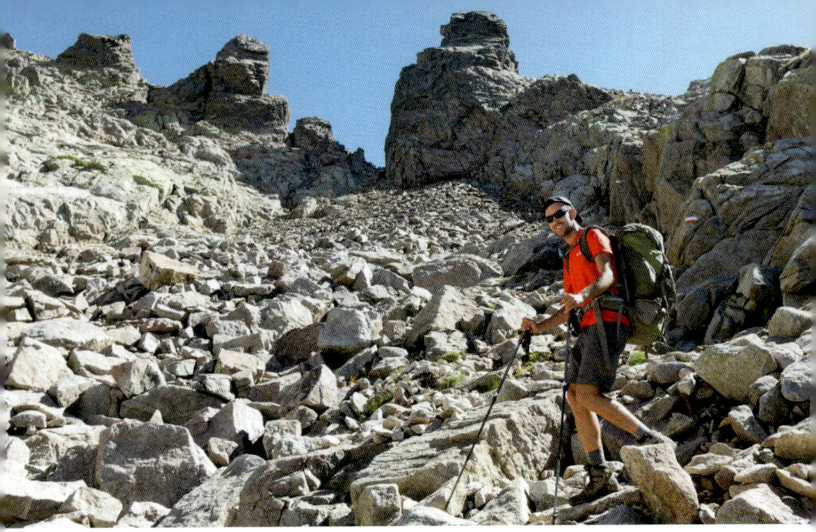

Abstieg von der Bocca alle Porte

Sie gehen links an einem kleinen See vorbei, steigen weiter auf und treffen in etwa 2.040 m Höhe auf die einzige 💧 **Quelle** (km 2,5) des Tages. Die Quelle (schwarzer Schlauch) liegt gleich links vom Weg, etwas versteckt zwischen Erlen.

Das Gelände wird steiler und schroffer, die Vegetation spärlicher. In 2.100 m Höhe geben auch die letzten Erlen auf. Die rot-weißen Streifen führen über einen Schutthang scheinbar direkt auf die Felswand zu. Erst auf den zweiten Blick erkennt man das Schlupfloch, wo sich der GR 20 zwischen zwei Felstürmen hindurchzwängt: die **Bocca alle Porte** ❶ (⇧ 2.225 m, km 3).

Von der Scharte wandert der Blick zum Massiv des Monte Rotondo und zum Lac de Capitello und Lac de Melo in der Tiefe: Die beiden nahezu kreisrunden Gletscherseen sind Relikte der letzten Eiszeit.

Der höchste ist der **Lac de Capitello** (1.930 m), der bis zu acht Monate im Jahr zugefroren ist. Der mit einer Tiefe von 42 m tiefste See Korsikas wird durch seine imposante Lage zwischen den senkrechten Abstürzen des Lombarduccio-Massivs oft mit einem Weihrauchkessel verglichen.

Der Überlauf des Sees fließt in den **Lac de Melo** (1.710 m), aus dem die **Restonica** entspringt. Dem Wasser dieses Nebenflusses des Tavignano wird eine belebende und heilsame Wirkung nachgesagt. Der Legende nach sollen sogar die Freiheitskämpfer Paolis (☞ Land und Leute, Geschichte) ihre Gewehrläufe darin eingetaucht haben, um sie von Rost zu befreien.

☺ Frühaufsteher werden mit einem großartigen Sonnenaufgang über den Bergen rund um den Capitello- und Melo-See belohnt!

✋ Von der Bocca alle Porte schwenken die Markierungen nach Süden und führen über stark geneigte, glatte Felsplatten hinunter. Auf diesem Abschnitt ist besondere Vorsicht geboten, in schneereichen Jahren ist oft bis in den Sommer hinein mit Altschneefeldern zu rechnen. Ein Ausgleiten ist in dem abschüssigen Gelände unverzeihlich! Im Zweifelsfall sollten Sie sich im Vorfeld beim ☞ PNRC nach den aktuellen Bedingungen erkundigen.

Am Fuß der 2.313 m hohen **Punta alle Porte** wendet sich der GR 20 nach Südosten und es beginnt eine lange, spektakuläre Gratwanderung mit herrlichen Ausblicken auf den Lac de Capitello (der Lac de Melo ist zwischenzeitlich nicht mehr zu sehen) und einigen Kletterstellen. Bei km 3,4 wartet ein kleiner Kamin, 200 m weiter eine kurze Steilwand (rutschig bei Nässe!), die mithilfe einer Kette hinuntergeklettert wird. Nach einer weiteren Kletterei ist die **Brèche de Capitello** (⇧ 2.085 m, km 3,7) erreicht.

Von dieser Scharte gibt es eine erste **Abstiegsmöglichkeit zu den Bergeries de Grotelle** (⇧ 1.370 m).

↳ Abstieg zu den Bergeries de Grotelle via Lac de Capitello (A7-1)

➲ 3,9 km, ⧗ Abstieg 2 Std., Aufstieg 3 Std., ↑ 10 m, ↓ 720 m, ⇧ 1.370-2.080 m

Die gelb markierte Route leitet von der Brèche de Capitello durch eine Felsrinne zum **Lac de Capitello** hinunter, zieht rechts am See vorbei, quert dessen Abfluss (km 1) und führt nach Osten weiter zum **Lac de Melo**. Am Westufer dieses Sees liegt eine kleine Schutzhütte (km 1,4) des PNRC (keine Übernachtungsmöglichkeit!), die von den Naturparkrangern bei der Überwachung der Seen genutzt wird.

Sie gehen nördlich um den Melo-See herum und queren die aus dem See entspringende **Restonica** (km 1,7). 900 m flussabwärts wird der Fluss erneut gequert, bevor wenig später die kleine Steinhütte der ✕ **Bergerie de Melo** (⇧ 1.500 m, km 3) in Sicht kommt.

✕ **Bergerie de Melo**, im Sommer tägl. Imbissstand im alten Ziegenstall, Omelette, Wurstplatten und Käse, auch Verkauf von Wurst und Käse

Blick auf den Capitello- und Melo-See, überragt vom Monte Rotondo

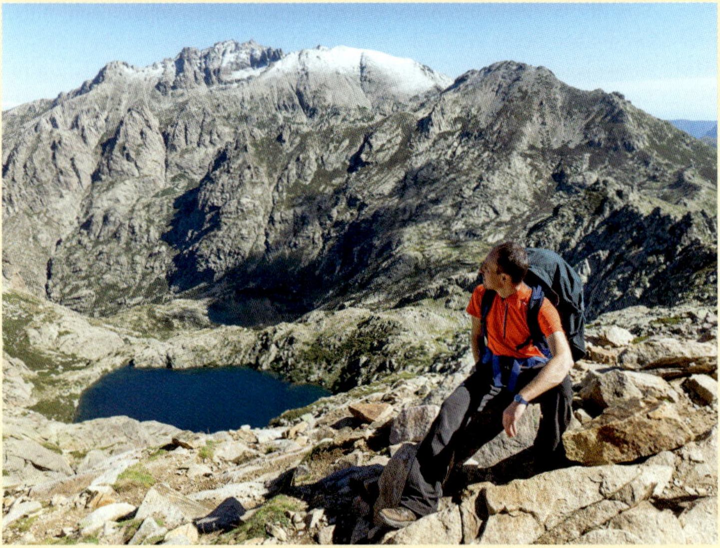

Von dort führt ein bequemer Pfad am linken Ufer der Restonica zu den ✕ **Bergeries de Grotelle** (⇧ 1.370 m, km 3,9). Die Bergeries sind noch in Betrieb. Im Sommer verarbeiten Jean Paul und Claire die Milch von 180 Schafen und 30 Ziegen zu Käse und *brocciu*.

Office de Tourisme de Corte, La Citadelle, F-20250 Corte, ☏ 04 95 46 26 70, corte.tourisme@wanadoo.fr, www.corte-tourisme.com

Bergeries de Grotelle, 06 10 41 22 42, coyotacciu@hotmail.fr, Mitte Mai bis Okt, von Juli bis Sep tägl. ca. 8:00-20:00, sonst kürzere Öffnungszeiten. Imbissstand mit Sandwiches, Omeletten, Wurst- und Käseplatten. Käseverkauf

Corte – Bergeries de Grotelle: Mitte Mai bis Sep, Shuttleservice mit Minibus (8 oder 18 Pers.). Keine festen Abfahrtzeiten von Corte, Sitzplätze müssen am Vortag reserviert werden, Frequenz und Abfahrtzeiten richten sich nach der Nachfrage, bei entsprechender Nachfrage ist ein Frühstart um 6:00 möglich. Rückfahrt von den Bergeries de Grotelle um 15:00 bzw. auf Anfrage. Fahrgäste werden in Corte vom Hotel, Campingplatz bzw. Bahnhof abgeholt. Einzelfahrt € 10, Hin- und Rückfahrt € 15. **Autocars Cortenais**, 06 20 17 17 55, autocars.corte@wanadoo.fr, www.autocars-cortenais.fr

Taxi Michel (Corte), ☏ 04 95 48 24 74, 06 33 09 82 07

♦ **Taxi Deneb** (Corte), 06 12 10 60 60

Bei der Brèche de Capitello wechselt der GR 20 auf die Südseite des Grates und führt, streckenweise etwas ausgesetzt, durch eine wild zerklüftete Felslandschaft. Dabei ergeben sich faszinierende Ausblicke auf das unberührte Tal des **Fiume Grosso**. Später geht es, nun wieder auf dem Grat, mit Blick auf den Melo-See weiter zur **Bocca a Soglia** ❷ (⇧ 2.052 m, km 4,9). Hier gibt es eine weitere **Abstiegsmöglichkeit zu den Bergeries de Grotelle**.

Abstieg zu den Bergeries de Grotelle via Lac de Melo (A7-2)

3,9 km, Abstieg 2 Std., Aufstieg 3 Std., ↑ 10 m, ↓ 675 m, ⇧ 1.370-2.052 m

Die ebenfalls gelb markierte Route führt von der Bocca a Soglia direkt zum **Lac de Melo** (⇧ 1.711 m) hinunter. Der Abstieg ist weniger steil als der zum Lac de Capitello. Vom Lac de Melo geht es weiter wie beschrieben bei der ☞ **Abstiegsroute zu den Bergeries de Grotelle via Lac de Capitello.**

Ab der Bocca a Soglia ändert der GR 20 die Richtung und schlängelt sich nun im Westhang der Punta Muzzella zwischen Erlen nach Nordosten weiter. Auf diesem Abschnitt gut auf die streckenweise recht dürftigen Markierungen achten.

Die Überquerung einer Geröllhalde (km 5,6) mit riesigen Felsblöcken erfordert Geschick und Gleichgewichtssinn. Wenig später knickt der GR 20 abrupt nach rechts und es folgt ein schweißtreibender Aufstieg zwischen Erlengestrüpp zum 100 m höher liegenden **Col de Rinoso** (⇧ 2.150 m, km 6). Ein kleiner Bach auf dem Pass spendet gegebenenfalls Trinkwasser, kann aber im Spätsommer versiegen.

Zurückblickend ergibt sich ein letzter Blick auf den Capitello- und den Melo-See. Im Norden gesellt sich jetzt ein dritter See dazu: **Lac de Rinoso**.

Am Fuß der steilen Nordwand der Punta Muzzella (2.342 m) steigen Sie noch etwas weiter hoch zur **Bocca Muzzella** oder **Col de la Haute Route** ❸ (⇧ 2.206 m, km 6,7). Danach geht es nur noch abwärts: Zunächst wird, mit Blick auf den Monte d'Oro, der Südwesthang von **a Maniccia** (2.496 m) gequert, dann geht es im Zickzack zwischen Erlen am Südhang zum **Refuge de Petra Piana** hinunter.

Die älteste Hütte am GR 20 (1972) hat 25 Schlafplätze. Ganzjährig, bewirtschaftet von Juni bis Sep, Trockentoiletten, , Abendessen muss bis 17:00 bestellt werden. Abendessen + Frühstück € 28, Wurst- oder Käseplatte € 10. Bei der Hütte gibt es einen echten „Tante-Emma-Laden" mit üppigem Angebot, u. a. Wanderstöcken, 8:00-20:00.

Geräumiger Zeltplatz zwischen Erlen.

Von Petra Piana ergibt sich eine großartige Aussicht auf den 2.389 m hohen **Monte d'Oro**. Noch beeindruckender ist es, wenn nachts die Wolken von der Ostküste ins Manganello-Tal treiben und in der Tiefe ein geschlossenes weißes Meer bilden, aus dem nur die höchsten Gipfel aufragen – wie Inseln im Meer …

Aufstieg zum Monte Rotondo (G7-1)

5,2 km, Aufstieg 3 Std., Abstieg 2 Std., ↑ 875 m, ↓ 875 m, ⇧ 1.842-2.622 m

Lange Zeit wurde angenommen, dass nicht der Monte Cinto, sondern der Monte Rotondo der höchste Berg Korsikas sei – ein Irrtum, der durchaus verständlich ist, da der Berg die mit Abstand schönste Weitsicht aller korsischen Gipfel bietet.

Die Besteigung erfordert Ausdauer, Trittsicherheit und Schwindelfreiheit sowie einen guten Orientierungssinn. Beim Aufstieg sind auch einige Kletterstellen (**I-II**) zu bewältigen. Unterwegs gibt es keine Quellen!

Die mit Steinmännchen markierte Aufstiegsroute beginnt beim Haus des Hüttenwirts von Petra Piana. Bei der Querung des hinter dem Haus fließenden Baches sehen Sie schon das erste einer langen Reihe von Steinmännchen, die nach Nordosten über Weideland und Felsen hochführen. In etwa 1.930 m Höhe nähern Sie sich letztmals dem Bach, bevor sich die Steinmännchen definitiv von ihm entfernen.

Das Gelände wird nun steiler und felsiger, immer häufiger müssen die Hände zur Hilfe genommen werden, während die Aussicht auf die Bergwelt immer imposanter wird. In etwa 2.230 m Höhe erreichen Sie schließlich eine Felsrinne, die mit leichter Kletterei zu einer engen Scharte (⇧ 2.273 m, km 1,2) führt, von der Sie erstmals den Gipfel des Monte Rotondo erblicken.

Von der Scharte geht es nach Nordwesten zunächst leicht bergab, dann über Geröll hoch zum **Lavu Bellebone** (⇧ 2.321 m). Dieser herrliche Bergsee, der den Boden eines imposanten Felskessels einnimmt, ist ein weiteres Zeugnis der Eiszeit. Das bis zu sieben Monate im Jahr zugefrorene Gewässer ist mit einer Fläche von 7,4 ha der größte See Korsikas und mit einer Tiefe von 35 m der zweittiefste.

Sie gehen rechts am See entlang und queren seinen Abfluss (km 1,8). Ein auf den Felsen gemalter roter Pfeil und die Buchstaben „ROT“ deuten auf den weiteren Verlauf der Aufstiegsroute hin, der nun über einen Schutthang hochführt, der sich nach oben zu einer schuttgefüllten Rinne verengt. Es gibt Steinmännchen und Pfadspuren. Als zusätzliche Orientierungshilfe dient eine markante Felsnadel, auf die Sie direkt zusteigen.

Bei der Felsnadel (⇧ 2.475 m, km 2,2) ist der Südostgrat des Monte Rotondo erreicht. Die Steinmännchen schwenken nun nach links und dirigieren Sie mal direkt über den Grat, mal links davon, um einigen Felsen auszuweichen.

Wenn Sie (20 m unterhalb vom Gipfel) auf die (ebenfalls mit Steinmännchen markierte) Aufstiegsroute vom Restonica-Tal treffen, halten Sie sich rechts und erreichen mit leichter Kletterei wenig später den ⊠ **Abri Helbronner**, eine primitive Biwakschachtel mit Wellblechdach. Bis zum Gipfelkreuz (⇧ 2.622 m, km 2,6) fehlen dann nur noch wenige Schritte.

Die Rundumsicht ist phänomenal. Vom Monte Rotondo sehen Sie nahezu alle großen Gipfel der Insel. Im Norden erheben sich die Zacken von Capu Tafunatu, Paglia Orba und Monte Cinto. Nach Nordosten schweift der Blick über die Stadt Corte bis zum Monte San Petrone (Castagniccia).

Im Süden beherrscht der Monte d'Oro die Szenerie, dahinter zeichnen sich Monte Renoso und Monte Incudine ab. Im Westen sind der wuchtige Capu d'Orto und ein Großteil der Küste zu sehen.

Der Abstieg erfolgt auf dem gleichen Weg.

Etappe 8: Refuge de Petra Piana – Refuge de l'Onda

10,0 km, N→S 4 Std. 30 Min., S→N 5 Std. 30 Min., ↑ 480 m, ↓ 885 m, ⇧ 960-1.850 m

0,0 km	⇧ 1.842 m	Refuge de Petra Piana
0,2 km	⇧ 1.843 m	Abzweigung der alpinen Variante nach l'Onda (Gratroute)
0,9 km	⇧ 1.609 m	Bergeries de Gialgo
3,9 km	⇧ 1.125 m	Cascades du Manganello
6,1 km	⇧ 1.020 m	Bergeries de Tolla
6,5 km	⇧ 960 m	Pont de Tolla
8,5 km	⇧ 1.205 m	Ruisseau de Grottaccia
10,0 km	⇧ 1.430 m	Refuge de l'Onda

Bei dieser Etappe stehen zwei Routen zur Auswahl: Der GR 20 führt durch die Täler zum Refuge de l'Onda, die aussichtsreiche, aber anspruchsvollere „alpine" Variante über die Grate. Bei Regen und/oder starkem Wind sollte der GR 20 den Vorzug erhalten. Dieser führt zunächst durch eine offene Felslandschaft zu den Bergeries de Gialgo hinunter, dann durch das schattige Manganello-Tal zu den Bergeries de Tolga (Einkehrmöglichkeit im Sommer) weiter. Im Tal laden zahlreiche Gumpen zum Baden ein, letztmals bei der Brücke über den Manganello. Von dort steigen Sie durch das Grottaccia-Tal zum Refuge de l'Onda hoch. Trinkwasser gibt es unterwegs reichlich.

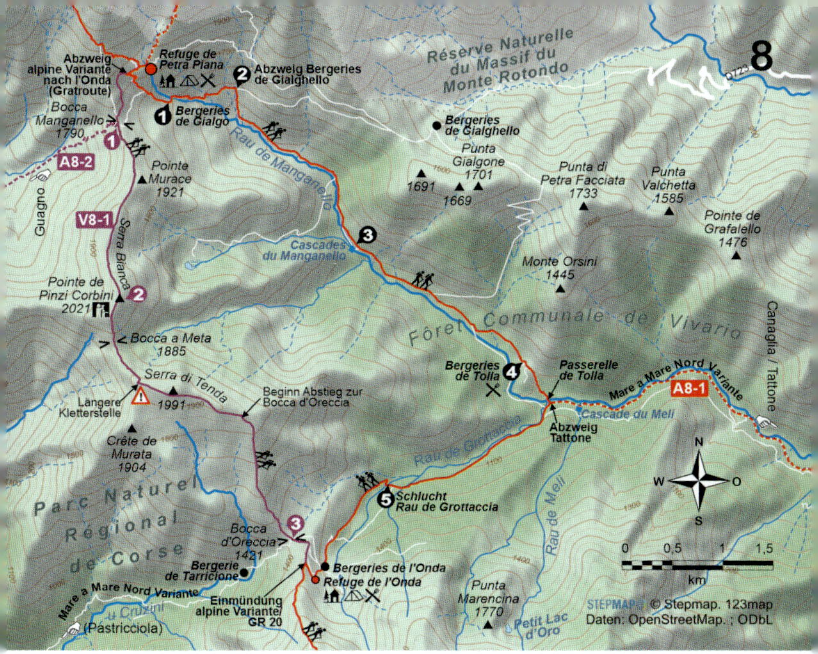
8
Réserve Naturelle du Massif du Monte Rotondo
Abzweig alpine Variante nach l'Onda (Gratroute)
Refuge de Petra Piana
Abzweig Bergeries de Gialghello
Bergeries de Gialgo
Bocca Manganello 1790
Bergeries de Gialghello
A8-2
Pointe Murace 1921
Rau de Manganello
Punta Gialgone 1701
1691
1669
Punta di Petra Facciata 1733
Punta Valchetta 1585
Pointe de Grafalello 1476
Guagno
V8-1
Serra Bianca
Cascades du Manganello
Monte Orsini 1445
Pointe de Pinzi Corbini 2021
Fôret Communale de Vivario
Canaglia / Tattone
Bocca a Meta 1885
Bergeries de Tolla
Passerelle de Tolla
Serra di Tenda
Mare a Mare Nord Variante
A8-1
Längere Kletterstelle
1991
Beginn Abstieg zur Bocca d'Oreccia
Cascade du Meli
Abzweig Tattone
Rau de Grottaccia
Crête de Murata 1904
N
W
O
S
Parc Naturel Régional de Corse
Schlucht Rau de Grottaccia
Rau de Meli
Bocca d'Oreccia 1421
0
0,5
1
1,5
km
Bergerie de Tarricione
Bergeries de l'Onda
Refuge de l'Onda
Mare a Mare Nord Variante
Einmündung alpine Variante/ GR 20
Punta Marencina 1770
STEPMAP © Stepmap. 123map
Daten: OpenStreetMap. ; ODbL
u Cruzini
(Pastricciola)
Petit Lac d'Oro

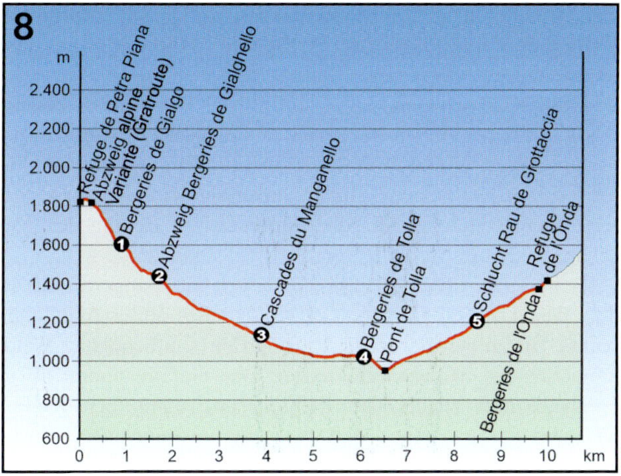
8
m
2.400
2.200
2.000
1.800
1.600
1.400
1.200
1.000
800
600
Refuge de Petra Piana
Abzweig alpine Variante (Gratroute)
Bergeries de Gialgo
Abzweig Bergeries de Gialghello
Cascades du Manganello
Bergeries de Tolla
Pont de Tolla
Schlucht Rau de Grottaccia
Bergeries de l'Onda
Refuge de l'Onda
0
1
2
3
4
5
6
7
8
9
10
km

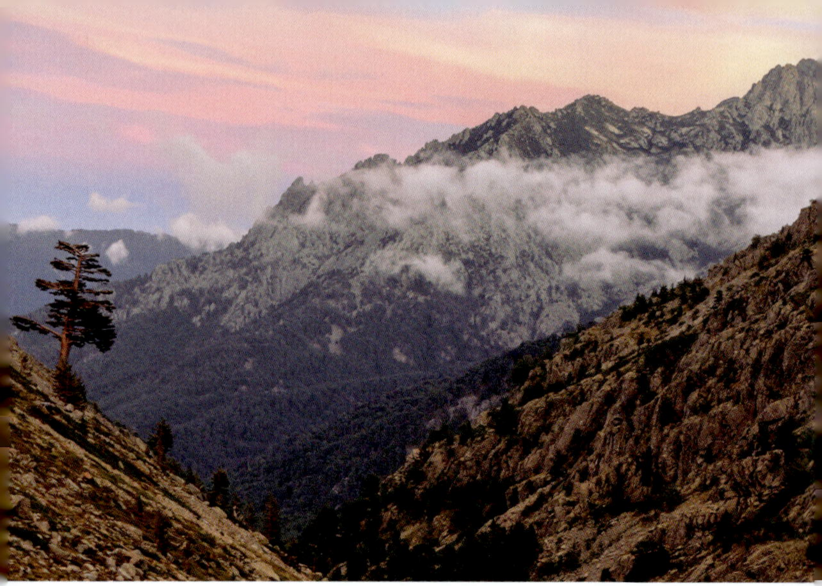

Blick von Petra Piana über das Manganello-Tal

Vom **Refuge de Petra Piana** wandern Sie zum Auftakt nach Westen und erreichen nach 200 m eine Gabelung. Die ☞ **alpine Variante vom Refuge de Petra Piana zum Refuge de l'Onda** führt hier geradeaus weiter.

Der GR 20 schwenkt indes abrupt nach links und es beginnt ein steiler, felsiger Abstieg zu den **Bergeries de Gialgo** ❶ (⇧ 1.609 m, km 0,9). Hinter den Bergeries (im Sommer Käseverkauf) quert der GR 20 einen Bach, der bald rechts in einer Schlucht verschwindet. Auf dem nächsten Kilometer folgen weitere Bäche, die, zumindest zu Beginn des Sommers, wild schäumend vom Monte Rotondo zu Tal schießen.

Beim letzten Bach ❷ (km 1,7) lassen Sie den geradeaus weiterführenden Weg (zu den Bergeries de Gialghello) außer Acht und halten sich rechts. Bis zu den Bergeries de Tolla führt ein bequemer Waldweg am linken Ufer des **Manganello** weiter. Das Gefälle nimmt ab und die raue Felslandschaft weicht dem lichten, hochstämmigen **Kiefernwald von Vivario**. Farne säumen den Weg, herumstreunende Schweine grunzen zufrieden, im Hintergrund rauscht der Manganello-Fluss.

Wenn das Rauschen lauter wird, tauchen rechts vom Weg die **Cascades du Manganello ❸** (km 3,9) auf. Der Manganello hüpft hier über eine Reihe von Felsplatten von Gumpe zu Gumpe.

Die Kaskaden begeistern mit ihrer Ästhetik und Vielfalt. Badefreunde können sich ihre Gumpe auswählen – mit Dusche oder Rutsche, je nach Geschmack des Einzelnen.

Für das leibliche Wohl wird in den **Bergeries de Tolla ❹** (km 6,1) gesorgt. Die Anlage, eine Handvoll Steinhütten mit Wellblechdach und langen Holztischen, liegt rechts vom Weg, versteckt zwischen Farnen und Kiefern.

Bergeries de Tolla, Mitte Juni bis Mitte Sep., . Wurst- und Käseplatten, Omelette mit *brocciu* und Minze. Außerdem eingeschränkter Proviantverkauf, u. a. Brot, Käse, Wurst, Honig und Getränke

Unter der Passerelle de Tolla verbirgt sich eine besonders schöne Gumpe

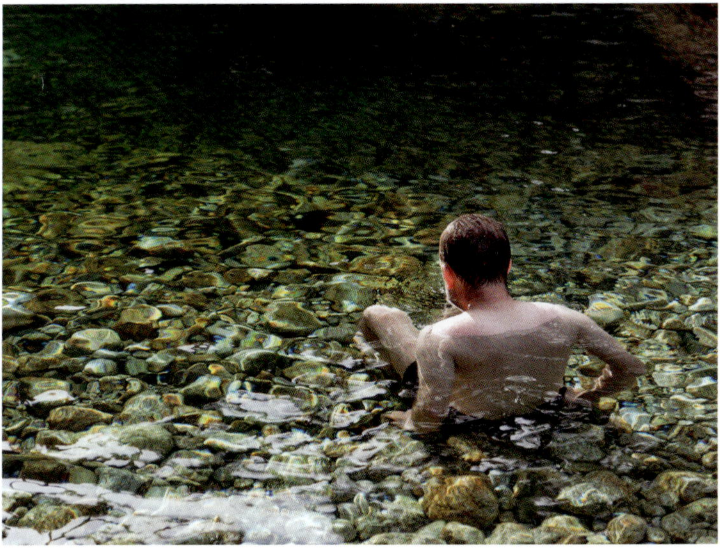

Von der Bergerie führt ein alter Forstwirtschaftsweg zwischen Laricio-Kiefern weiter zu der **Passerelle de Tolla** (950 m, km 6,5). Unter der Brücke befindet sich die wohl schönste Gumpe der Etappe.

Nach der Brücke gabelt sich der Weg. Wer die Wanderung abbrechen möchte, kann hier nach **Tattone** absteigen.

Abstieg nach Tattone (A8-1)

6,1 km, Abstieg 2 Std., Aufstieg 2 Std. 15 Min., ↑ 115 m, ↓ 275 m, 706-964 m

Um nach Tattone abzusteigen, halten Sie sich nach der Brücke links und folgen dem Weg, der, in Ufernähe des **Manganello**, nach Osten weiterführt. Der Weg ist als **Variante des Mare a Mare Nord** orange markiert.

Nach 300 m rauscht rechts der **Cascade du Meli** hinunter, der höchste Wasserfall des Tals. 2,5 km weiter flussabwärts entfernt sich der Weg vom Fluss und führt zu einem Forstweg (km 3,3), dem Sie nach links folgen, bis er bei den ersten Häusern des Weilers **Canaglia** (km 3,9) in die Straße D23 mündet. Von Canaglia gehen Sie auf der Straße weiter, queren auf der **Pont de Mulinello** (km 4,9) den Vecchio-Fluss und wählen gleich nach der Brücke den gelb markierten Pfad, der nach rechts in den Wald verschwindet. Er führt steil bergan und mündet nach 600 m, bei den ersten Häusern von Tattone, in eine Straße, auf der Sie, am Krankenhaus vorbei, zum Bahnhof von **Tattone** gelangen.

Tattone

810 m, 20219 Vivario

Gîte d'étape Chez Pierrot, an der T20, 04 95 31 12 77, 06 24 69 29 85, joannacristini@gmail.com, www.gite-chez-pierrot.fr, Mai bis Okt, 3 Zi (2 bis 5 Pers.) und 2 komfortable Zeltbungalows (*bengali*), WC @ Whirlpool . DZ ab € 57, Ü € 7/Pers., Ü im Zeltbungalow € 12/Pers., F € 7-9,50, Abendessen € 13 (Tagesgericht) bis 22 (3-Gänge-Menü), € 9, € 9, Whirlpool € 5/30 Min., kostenloser Shuttle (bis 4 Pers.) zum GR 20 in Vizzavona

Le Soleil (100 m vom Bahnhof), 04 95 47 21 16, 06 64 88 46 16, camping-lesoleil@orange.fr, camping-lesoleil.fr, Mai bis Sep, 25 Stellplätze und 6 Chalets mit Whirlpool (nur wochenweise vermietet), @, Kreditkartenzahlung möglich, Ü € 8/Pers., kleines Zelt € 2. Schattiger Platz unter Obstbäumen. Pizzeria mit kleiner Mittagskarte, abends Pizza aus dem Holzofen. Kostenloser Shuttle (*navette*) nach Vizzavona und zum GR 20 (1-2x tägl.)

mehrere Verbindungen tägl. nach Ajaccio, Bastia, Calvi und Corte, **Chemins de Fer de la Corse** (CFC), ☏ 04 95 32 80 57, contact@cf-corse.com, cf-corse.corsica

Taxi Vezzani in Vezzani (10 km), 06 20 57 07 69

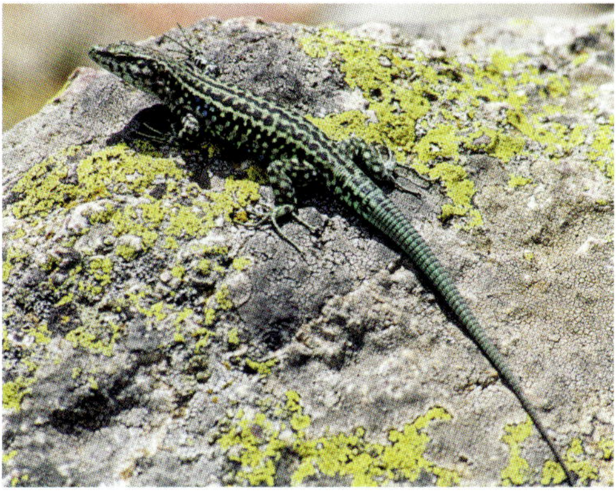

Tyrrhenische Mauereidechse

Der GR 20 führt hinter der Brücke nach rechts weiter. Er ist auf dem nächsten Abschnitt identisch mit dem Verlauf der **Variante des Mare a Mare Nord** und führt, zunächst als breiter, schattiger Forstweg, auf der linken Seite des Ruisseau de Grottaccia sanft bergan. Die dichte Vegetation verleiht der Umgebung fast Dschungelcharakter. 2 km hinter der Manganello-Brücke wird der schluchtähnliche Einschnitt des **Ruisseau de Grottaccia ❺** (km 8,5) gequert, der hier eine große Gumpe bildet. Der Forstweg schrumpft nun zu einem schmalen Pfad, der noch einmal kräftig ansteigt und in etwa 1.370 m Höhe den Waldrand erreicht. Nun ist es nur noch ein Katzensprung bis zum **Refuge de l'Onda**. Die Hütte liegt am Rand eines Buchenwäldchens.

Kleine Hütte mit 16 Schlafplätzen, ganzjährig, bewirtschaftet von Juni bis Sep, . Die Hütte wirkte zuletzt nicht sehr einladend, auch vor Bettwanzen wird oft gewarnt.

Schöne, große eingezäunte Rasenfläche unterhalb der Hütte. Der Zaun soll herumstreunende Hausschweine fernhalten. Meistens klappt das auch ... Den abgesteckten Helikopterlandeplatz unbedingt frei halten! Anmeldung ☞

In den 200 m entfernten Bergeries de l'Onda (unterhalb der Hütte) kredenzen die Hirten ein leckeres Menü: z. B. Suppe, Brocciu-Lasagne mit Minze, frisches Obst und Likör. Außerdem Verkauf von Käse, Fleischwaren, Brot usw.

Alpine Variante Etappe 8: Vom Refuge de Petra Piana zum Refuge de l'Onda (V8-1)

6,9 km, N→S 4 Std., S→N 5 Std., ↑ 385 m, ↓ 795 m, ⇧ 1.420-2.021 m

0,0 km	⇧ 1.842 m	Refuge de Petra Piana
0,2 km	⇧ 1.843 m	Abzweigung GR 20 (Talroute)
0,8 km	⇧ 1.790 m	Bocca Manganello
2,7 km	⇧ 2.021 m	Pointe de Pinzi Corbini
3,2 km	⇧ 1.885 m	Bocca a Meta
4,1 km	⇧ 1.954 m	Serra di Tenda
6,4 km	⇧ 1.421 m	Bocca d'Oreccia
6,9 km	⇧ 1.430 m	Refuge de l'Onda

Die „alpine" Variante über die Höhenzüge Serra Bianca und Serra di Tenda ist gut 3 km kürzer als der Weg durch das Manganello-Tal, dafür aber anspruchsvoller. Die Gratroute ist an manchen Stellen etwas ausgesetzt und beinhaltet einige kurze Kletterstellen.

Bei guten Sichtverhältnissen wartet eine traumhafte Fernsicht, bei Regen und/oder starkem Wind ist der Weg durch das Manganello-Tal vorzuziehen. Nehmen Sie genügend Trinkwasser mit, unterwegs gibt es keine Quellen!

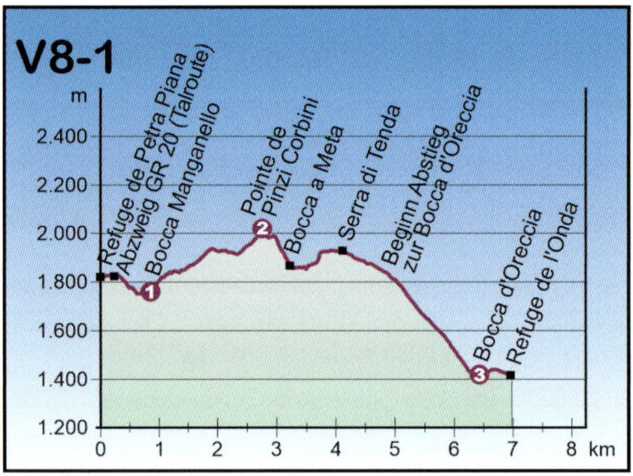

Im Frühsommer können vereiste Altschneefelder und schneegefüllte Rinnen eine Begehung erschweren oder unmöglich machen. Im Zweifelsfall sollten Sie sich bei den Hüttenwirten oder beim PNRC nach den Bedingungen erkundigen!

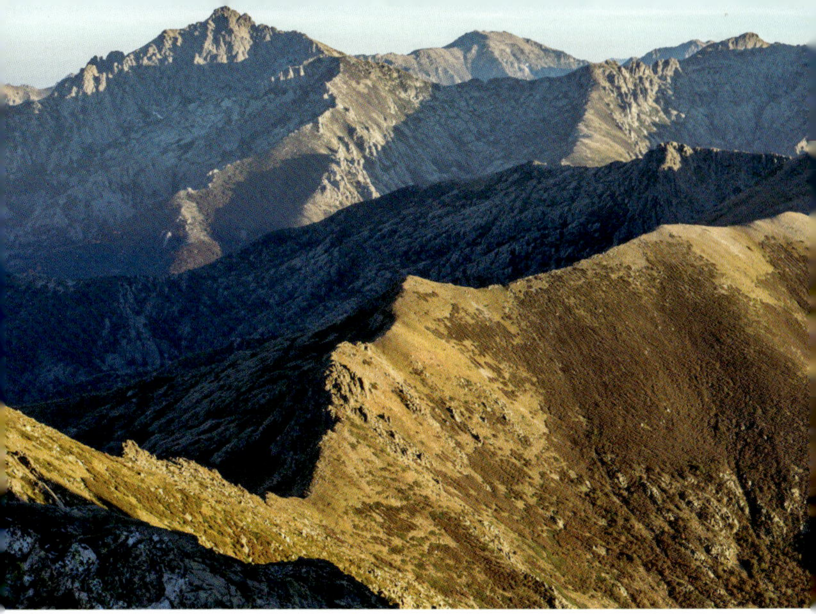

Hoch über Serra Bianca und Serra di Tenda thront der Monte d'Oro

Die „alpine“ Variante ist mit einem gelben Doppelbalken markiert. Unter der gelben Farbe sind ab und zu auch noch übermalte rot-weiße Zeichen zu sehen, die verraten, dass es sich hier um den ehemaligen Streckenverlauf des GR 20 handelt.

Von der Weggabelung schwenken die in kurzen Abständen angebrachten Markierungen schon bald nach Süden und leiten durch schroffes, felsiges Terrain zur **Bocca Manganello** ❶ (⇧ 1.790 m, km 0,8).

Von der Passhöhe gibt es eine ☞ **Abstiegsmöglichkeit nach Guagno**.

Abstieg nach Guagno (A8-2)

➲ 10,6 km, ⌛ Abstieg 3 Std. 30 Min., Aufstieg 5 Std., ↑ 105 m, ↓ 1.145 m, ⇧ 750-1.790 m

Die Abstiegsroute nach Guagno ist mit gelben Streifen gekennzeichnet, erfordert aber einen guten Orientierungssinn, da die Markierungen oft verblasst oder gar verschwunden sind.

Von der **Bocca Manganello** geht es zunächst in Serpentinen ins Caracutu-Tal hinunter. Gelbe Markierungen gibt es kaum, dafür Steinmännchen, die – mehr oder weniger erfolgreich – die Richtung angeben, kein übertriebener Luxus in Anbetracht der vielen kreuz und quer verlaufenden Viehpfade. In etwa 1.500 m Höhe ist die Baumgrenze erreicht. Sie bleiben auf der linken Talseite und erreichen 200 m tiefer die Ruinen der **Bergeries de Bassitone** (km 2,1). Ab hier wird der Weg besser und weniger steil.

Ein gut ausgebauter Saumpfad leitet auf den nächsten 4 km durch schattige Kiefernwälder am linken Ufer des **Fiume Grosso** hinunter. Der Weg passiert bei km 4,7 eine moosbewachsene Ruine, entfernt sich dann, nach einem weiteren Kilometer, leicht ansteigend vom Fluss und trifft bei den Ruinen von **Quercivoni** (⇧ 922 m, km 6,3) auf eine Piste.

Für den weiteren Weg gibt es zwei Möglichkeiten. ↳ Einfacher, aber 1,5 km länger, ist der Weg über die (scharf nach links hochführende) Piste. Diese mündet schließlich in die Straße D23, die Sie nach Guagno bringt.

Landschaftlich reizvoller ist der Weg durch die alten Kastanienhaine. Dieser führt von den Ruinen von Quercivoni (gelber Pfeil „Guagno" an der Mauer) nach rechts in den Wald hinunter. Hinter den letzten Ruinen schwenkt der Pfad nach links.

Die (z. T. weit auseinanderstehenden) gelben Markierungen zeigen dann den Weg zwischen den jahrhundertealten Kastanien. Der Pfad führt links an einem Schweinegehege vorbei und endet schließlich am Nordostrand von **Guagno**.

Guagno ⌂ ☕ ✆ ⇧ 750 m, ✉ 20160, 160 Ew.

⌂ **Gîte communal de Guagno**, Jean-Jacques Royneau, ☏ 04 95 28 33 71 (Gîte) und 04 95 28 31 24 (Gemeindehaus, nur Mi und Do), 📱 06 82 96 23 09, ✉ jja.royneau@gmail.com, 🚪 ganzjährig, 28 Schlafplätze, 🛏 🚿 ✕, Ü € 15. Für Frühstück/Abendessen kontaktieren Sie bitte Jean-Claude Léca, 📱 06 83 48 68 66, ✉ jeanclaude.leca59@gmail.com.

☕ **E Fiucculacce**, bei der Kirche, ☏ 04 95 77 00 53, 🚪 Mo-Sa 9:00-20:00, So 9:00-13:00

Von der Bocca Manganello wandern Sie auf dem Kamm nach Süden weiter. Der Gipfel der Pointe Murace (1.921 m) wird rechts umgangen.

Anschließend folgen Sie dem Verlauf der **Serra Bianca** weiter bis zu dem von einem großen Steinmann beherrschten Gipfel der **Pointe de Pinzi Corbini ❷** (⇧ 2.021 m, km 2,7).

An schönen Tagen bietet der Berg ein beeindruckendes Panorama. Im Norden thront der Monte Rotondo. Im Nordwesten entdeckt man zwischen den Zacken von Punta alle Porte und Lombarduccio das gestrige Nadelöhr der Bocca alle Porte.

In Gehrichtung lässt sich zwischen Monte d'Oro (im Südosten) und Pointe Migliarello (im Süden) der Verlauf der morgigen Route erahnen. Nach Westen schweift der Blick über die Dörfer des Fiume-Grosso-Tals bis aufs Meer hinaus.

Von der Pointe de Pinzi Corbini geht es (mit etwas Kletterei!) steil abwärts zur **Bocca a Meta** (⇧ 1.885 m). Der Weg schwenkt nun allmählich nach Südosten, führt dann steil (und mit der nötigen Kletterei!) hoch zu einem weiteren Kamm: **Serra di Tenda** (km 3,7). Danach geht es auf einem bequemen Bergpfad auf dem Kamm weiter, der nach Norden steil abbricht, während die freundlicheren Südhänge als Weideland genutzt werden.

Bei km 4,8 wenden sich die Markierungen abrupt nach rechts (Süden) und tauchen im Zickzack zur **Bocca d'Oreccia ❸** (⇧ 1.421 m, km 6,4) hinunter. Hier treffen Sie auf die **Variante des Mare a Mare Nord**, einen Fernwanderweg, der von Südosten hochkommt. Von der Bocca d'Oreccia gibt es normalerweise eine **Abstiegsmöglichkeit nach Pastricciola**.

Abstieg nach Pastricciola

10,4 km, Abstieg 3 Std. 30 Min., Aufstieg 4 Std. 30 Min.,
↑ 155 m, ↓ 1.020 m, ⇧ 495-1.421 m

Der Abschnitt der Variante des Mare a Mare Nord nach Pastricciola ist seit 2019 aufgrund eines schweren Erdrutsches, der Teile des Weges fortgerissen hat, gesperrt. Wann der Weg wieder begehbar sein wird, stand bei Drucklage (Stand Frühjahr 2022) noch nicht fest.

Jetzt trennt Sie nur noch ein kleiner, grasbewachsener Rücken vom nahen **Refuge de l'Onda** (⇧ 1.430 m).

Etappe 9: Refuge de l'Onda – Vizzavona

10,4 km, N→S 6 Std., S→N 7 Std., ↑ 680 m, ↓ 1.190 m, ⇧ 920-2.110 m

0,0 km	⇧ 1.430 m	Refuge de l'Onda
0,2 km	⇧ 1.460 m	Einmündung der alpinen Variante von Petra Piana
2,4 km	⇧ 2.110 m	Crête de Muratello
3,0 km	⇧ 2.010 m	Abzweigung der alpinen Variante via Monte d'Oro
4,5 km	⇧ 1.575 m	Agnone
5,5 km	⇧ 1.405 m	Passerelle de Tortetto
7,2 km	⇧ 1.150 m	Cascades des Anglais
7,5 km	⇧ 1.092 m	Passerelle de l'Agnone
10,4 km	⇧ 920 m	Vizzavona

Der Aufstieg vom Refuge de l'Onda zur Crête de Muratello wird mit einer beeindruckenden Weitsicht belohnt. Deutlich strapaziöser als der Aufstieg ist der lange Abstieg ins Agnone-Tal. Abkühlung bieten die Gumpen bei den Cascades des Anglais.

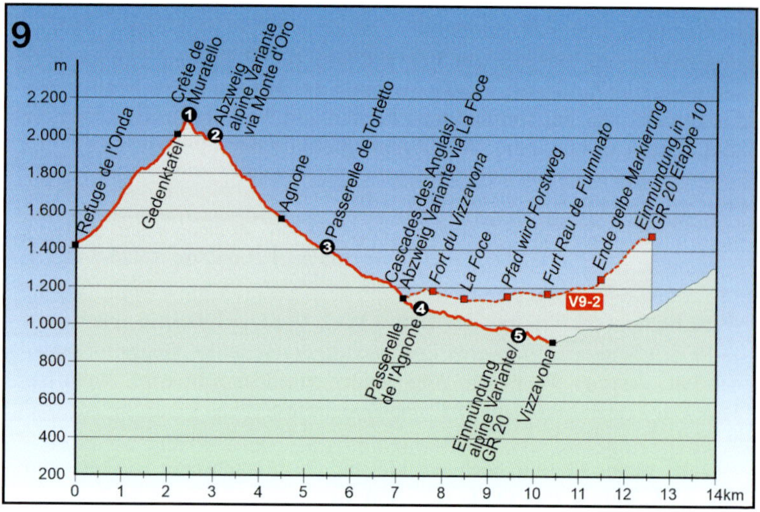

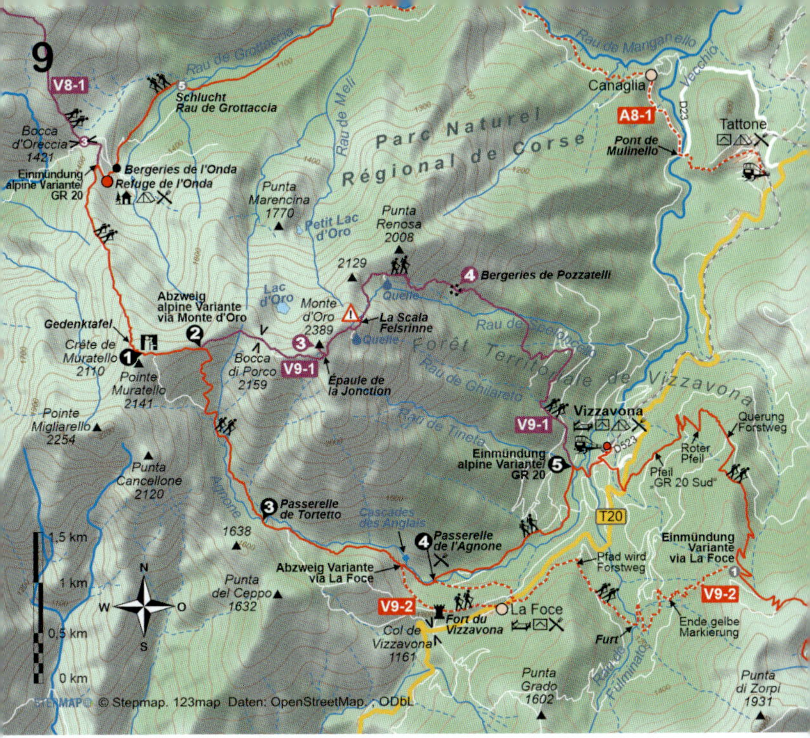

Nach einer entspannenden Strecke durch schattige Laub- und Mischwälder erreichen Sie schließlich den kleinen Verkehrsknotenpunkt Vizzavona. Hier gibt es mehrere Übernachtungsmöglichkeiten, Restaurants, Einkaufsmöglichkeiten und einen Bahnhof. Nehmen Sie genügend Wasser mit von der L'Onda-Hütte! Trinkwasser gibt es erst wieder beim Abstieg.

☺ Bei gutem Wetter bietet die ☞ **alpine Variante über den Monte d'Oro** eine reizvolle Alternative für kletterfreudige Wanderer.

Vom **Refuge de l'Onda** führt der GR 20 zunächst nach Nordwesten. Nach 200 m gabelt sich der Weg: Die gelb markierte „alpine“ Variante von Petra Piana (☞ Etappe 8, Alpine Variante vom Refuge de Petra Piana zum Refuge de l'Onda) kommt von rechts, der GR 20 schwenkt nach links und schraubt sich über einen lang gezogenen Rücken zur **Pointe Muratello**

(2.141 m) hoch. Oben schrumpft der Kamm zu einem felsigen Grat, der ein paar leichte Kletterstellen bereithält. Eine Gedenktafel erinnert an den französischen Bergsteiger Jean-Pierre Laudincourt, der dort im April 2003 bei einer Skitour auf dem GR 20 zusammen mit seinem Hund abstürzte. 100 m höher wird auf der **Crête de Muratello ❶** (⇧ 2.110 m, km 2,4) der höchste Punkt der Etappe erreicht.

Von der Passhöhe ergibt sich an schönen Tagen eine herrliche Weitsicht. Auch der Gipfel des Monte d'Oro (2.389 m) erscheint zum Greifen nahe.

Von der Crête de Muratello fällt der GR 20 über glatte Felsplatten etwa 70 m ab. Dieser Abstieg ist sehr steil, das Granitgestein jedoch recht griffig. Danach führen die GR-Markierungen in ca. 2.000 m Höhe, auf gleichem Niveau, direkt auf den Monte d'Oro zu. 600 m hinter der Crête zweigt die ☞ **alpine Variante über den Monte d'Oro ❷** nach links ab (siehe S. 154).

Traditionelle Käseherstellung in den Bergeries de l'Onda

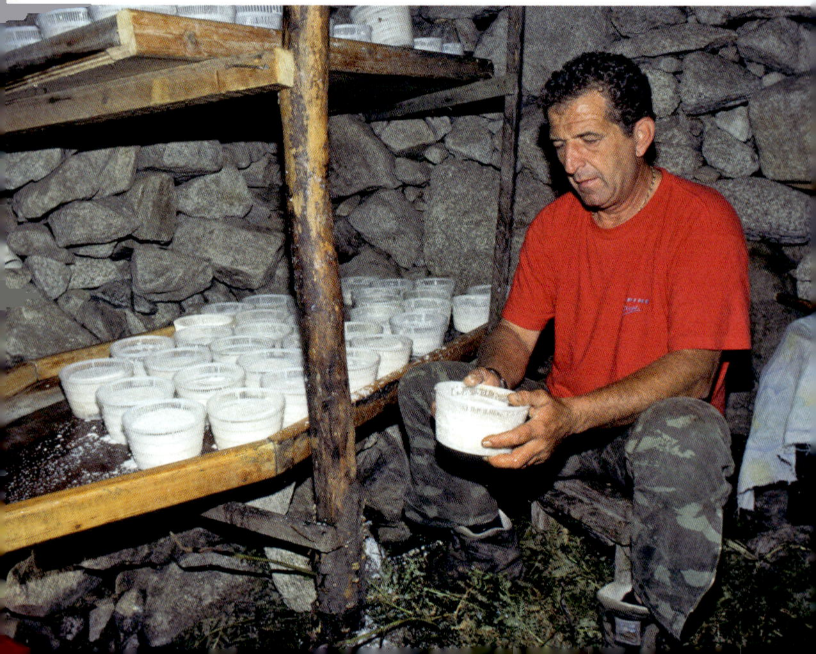

Der GR 20 führt nach rechts weiter. Vor Ihnen liegt nun ein langer, steiler Abstieg ins **Agnone-Tal**. Die Markierungen schlängeln sich mal über große Blöcke, mal über glatte Felsplatten (bei Nässe Rutschgefahr!) und führen in etwa 1.640 m Höhe erstmals auf den Agnone-Bach zu, der aus einer Schlucht austritt.

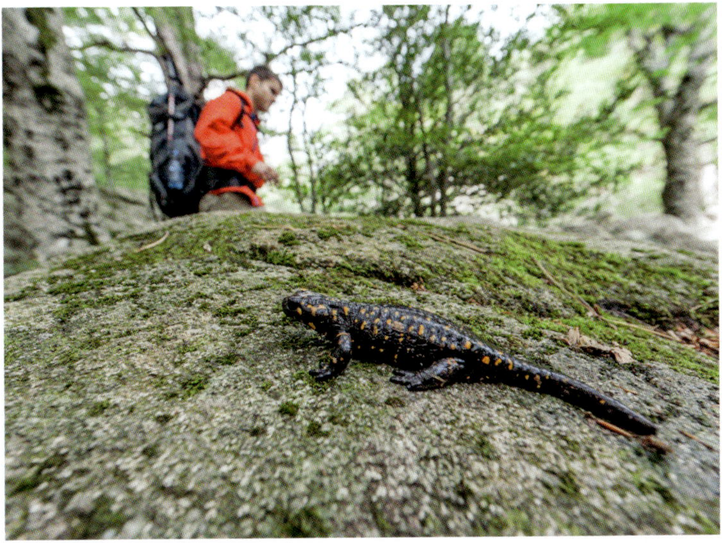

Begegnung mit einem Feuersalamander bei den Cascades des Anglais

Sie queren ihn aber nicht und steigen, zunächst durch Laubwald, später über Felsplatten, weiter ab.

Erst 70 m tiefer queren Sie die **Agnone** (⇧ 1.575 m, km 4,5), die sich immer tiefer einschneidet. Bei der)(**Passerelle de Tortetto ❸** (⇧ 1.405 m, km 5,5) wechseln Sie wieder auf das rechte Ufer des Baches, der gleich unterhalb der Brücke eine große, tiefe Gumpe bildet.

Weiter geht es nun, abwechselnd durch schattige Buchenwälder und über glatte Felsen, am rechten Ufer des Agnone-Baches entlang. Bei den berühmten **Cascades des Anglais** (km 7,2), wo der Agnone-Bach über eine Reihe kleiner Wasserfälle von Gumpe zu Gumpe springt, trifft einen die Zivilisation wie ein Hammerschlag!

Die Gumpen sind ein beliebtes Ausflugsziel vieler Tagesgäste, die mit der Bahn nach Vizzavona oder mit dem Auto zum nahen Col de Vizzavona anreisen.

Von den Cascades des Anglais zweigt rechts eine ☞ **Variante nach E Capannelle via La Foce** ab.

Variante nach E Capannelle via La Foce (V9-2)

2,8 km kürzer, 1 Std. weniger, ↑ 210 m weniger, ↓ 210 m weniger

Von der Gabelung (Schild „Variante Col de Vizzavona") folgen Sie dem Pfad, der im Bogen nach Südosten führt. Der leicht ansteigende Weg führt abwechselnd durch lichten Buchenwald und über Geröll und weist hier und da (z. T. stark verblasste) gelbe Markierungen auf.

Nach 600 m taucht auf einem bewaldeten Rücken rechts die Ruine des **Fort du Vizzavona** auf. Die Festung wurde 1769 im Auftrag des Grafen von Vaux erbaut, um die strategisch wichtige Passhöhe des Col de Vizzavona zu sichern. In den Ruinen des Bergfrieds sind noch Teile der alten Wendeltreppe erhalten geblieben.

Von der Burgruine wandern Sie in wenigen Minuten zum Weiler **La Foce** (km 1,2) an der Straße T20 hinunter.

La Foce

1.140 m, 20219 Vivario

Monte d'Oro, Col de Vizzavona (an der T20), ☏ 04 95 47 21 06, 06 14 36 36 07, monte.oro@vizzavona.fr, www.monte-oro.com, 18 Zi, Mai bis Mitte Okt, @ P, Kreditkartenzahlung möglich, EZ € 75-90, DZ € 85-100, F € 15, € 15. Hotel mit nostalgischem Flair, das an die Blütezeit von Vizzavona im späten 19. Jh. erinnert. Restaurant mit traditioneller Karte. Kostenloser Shuttle-Service (*navette*) für Hausgäste von/nach Vizzavona und zum GR 20

Gîte Monte d'Oro, beim Hotel ☞ Monte d'Oro, 10 Zi, EZ € 42, DZ € 56, HP EZ € 74, HP DZ € 120, F € 9, Bettwäsche € 7. Einfache Zimmer (DZ und 4-Bett-Zimmer) mit WC und

La Halte du Prince (Anmeldung ☞ A Muntagnera), www.lahalteduprince.com, April bis Okt, @ P, Kreditkartenzahlung möglich, Übernachtung wahlweise in 6-Bett-Chalets mit Privatbad, in schlichteren 4-Bett-Hütten mit geteiltem Bad oder in 2-Bett-Minihütten (*cahutes*). Preisbeispiele: Ü € 20/Pers., privates Chalet € 68-84; Ü € 15/Pers., private Hütte € 48-56; Ü *cahute* 2 Pers. € 28, € 7

☞ A Muntagnera, Ü € 8/Pers., Leihzelt € 12

✕ **A Muntagnera**, Col de Vizzavona (an der T20), ☏ 04 95 46 31 02, 06 09 95 63 06, lahalteduprince@gmail.com, www.lahalteduprince.com, April bis Okt, F € 8, Abendessen (Menü) € 23, € 12. Das kleine Restaurant in der ehemaligen Poststation von 1831 ist das älteste Korsikas, das noch in Betrieb ist. Prominentester Gast war Prinz Roland Bonaparte, der hier 1887 während seiner Korsika-Reise übernachtete, bevor er, in Begleitung von zwei Hirten, den Monte d'Oro bestieg. Karte mit korsischen Spezialitäten (Teichforellen, gegrilltes Fleisch, Ziegenkäse)

Im Eingangsbereich des Restaurants ☞A Muntagnera. Große Auswahl an Proviant, Obst, korsischen Spezialitäten, Arzneimitteln, Wanderkarten und Topoführern

Sie folgen der Straße nach links und passieren das Hotel Monte d'Oro sowie das Gebäude der Straßenmeisterei. Gleich hinter dem ✕ Restaurant A Muntagnera wählen Sie den kleinen Pfad (Schild „GR 20 Sud"), der rechts in den Wald eintaucht.

Gut 800 m weiter ignorieren Sie den Weg, der nach links zur T20 zurückführt. Der Pfad geht nun in einen Forstweg über, der durch Mischwald nach rechts weiterführt. Sie wandern unter der Hochspannungsleitung hindurch, lassen gleich danach einen Rechtsabzweig (Sentier de la Femme perdue) unbeachtet und kreuzen einen breiten, seichten Wasserlauf (km 3,2).

In der nächsten Spitzkehre (km 3,4) verlassen Sie den Forstweg und folgen dem steinigen Pfad, der nach rechts weitersteigt.

Sie ignorieren kurz nacheinander zwei Linksabzweige (km 4,1, Hinweisschilder und gelbe Punkte beachten). An der nächsten Weggabelung (km 4,3), in etwa 1.260 m Höhe, ist Ihre Aufmerksamkeit gefordert. Hier verabschieden Sie sich vom gelb markierten Weg, der geradeaus weiterführt, und folgen dem schmalen Pfad, der sich nach links (Holzschild „Bocca Palmente"/„GR 20 Sud") in Serpentinen zwischen den Buchen hochschwingt.

Wo der Hang allmählich flacher wird, vereint sich die Variante mit dem GR 20 (km 5,5), der nach rechts zur **Bocca Palmente** weitersteigt (☞ Etappe 10, Vizzavona – E Capannelle).

Wo sich viele Menschen tummeln, ist der nächste Imbissstand oft nicht weit weg … Und es gibt ihn tatsächlich, 400 m flussabwärts, an der)(**Passerelle de l'Agnone** ❹ (km 7,5).

Le Snack, Juni bis Sep tägl. 11:00 bis 18:00. Salate, Wurstplatten, Sandwiches

Vor dem Kiosk Le Snack gabelt sich der Weg.

Wer zum Weiler La Foce (Seite 150) möchte, hält sich rechts und folgt dem breiten Wanderweg, der, vorbei am Hochseilgarten, zur 900 m entfernten Straße T20 führt.

Der GR 20 führt links über die Brücke und leitet Sie dann auf einem bequemen Waldweg, zunächst durch Kiefern-, später durch Buchen- und Mischwald, links vom Agnone-Bach nach Nordosten weiter. Bei einem großen Steinmann im Wald (km 8,8) wählen Sie den breiteren rechten Weg. Wo dieser 250 m weiter in einen Forstweg mündet, halten Sie sich erneut rechts und folgen Letzterem nach Norden. Sie queren eine weitere Forststraße und treffen schließlich, kurz vor einer Steinbrücke ❺, auf die von links kommende alpine Variante über den Monte d'Oro (km 9,7). Hier gehen Sie rechts (Pfeil „Gare de Vizzavona“) weiter und erreichen bald die ersten Häuser von **Vizzavona** (⇧ 920 m). Links geht es in wenigen Minuten zum Bahnhof weiter.

Vizzavona

⇧ 920 m, 20219 Vivario, 10 Ew.

U Castellu, an der T20 (800 m vom Bahnhof), 04 95 30 53 00, contact@hotel-ucastellu.fr, hotel-ucastellu.fr, ganzjährig, 10 Zi, @, Kreditkartenzahlung möglich, DZ ab € 120, F € 17. Charmehotel mit geschmackvoll eingerichteten Zimmern, umgeben von Pinien- und Buchenwald

♦ **Le Vizzavona**, im Zentrum, 04 95 47 21 12, info@hotel-vizzavona.com, www.hotel-vizzavona.com, Mitte Mai bis Mitte Sep, 12 Zi, @, Kreditkartenzahlung möglich, DZ ab € 95, HP DZ ab € 165, F € 11, Abendessen € 24. Hotelrestaurant in einem Herrenhaus von 1901 inmitten eines Parks

♦ **Chambres d'hôtes Casa Alta**, an der T20 (600 m vom Bahnhof), 04 95 47 21 09, 06 72 28 31 46, info@casa-alta.fr, www.casa-alta.fr, ganzjährig, 5 Zi, Abendessen auf Bestellung, @, Kreditkartenzahlung möglich, ÜF DZ Juni-Sep € 133, April, Mai und Okt € 116, Abendessen € 27, € 12, € 10. Schmuckes B&B in einem authentischen Steinhaus im Wald von Vizzavona

Le Vizzavona, 10 Schlafplätze (2- und 3-Bett-Zimmer), WC/ auf dem Flur, DZ € 70, HP DZ € 140, F € 11, Abendessen € 24

Le Refuge du GR 20, im Zentrum, ☏ 04 95 47 22 20, 07 57 51 19 20, lerefugevizzavonagr20@hotmail.fr, Mai bis Okt, einfache Lager mit 4, 6 oder 15 Betten, @, Kreditkartenzahlung möglich. Ü € 22, F € 10, € 14. Restaurant mit schlichter Karte: Omelette, Pasta, belegte Brote usw. Hauptgericht € 11-24.

L'Alzarella, im Zentrum, ☏ 04 95 31 13 19, bivouac.alzarella@orange.fr, www.alzarella.com, Mitte Mai bis Mitte Sep, 16 Schlafplätze, 40 Stellplätze, WC @, Ü € 18/Pers. inkl. , Ü € 8/Pers. inkl. , Leihzelt € 10, Schlafmatte € 5

L'Altagna, am Bahnhof, ☏ 04 95 44 47 93, April bis Okt tägl. 10:00 bis 18:00. Omelette, Salate, Crêpes usw.

Épicerie Rosy, am Bahnhof, ☏ 04 95 47 24 41, April bis Okt. Der Krämerladen neben dem Bahnhof ist eine wahre Fundgrube für Wanderer. Es gibt fast nichts, was es hier nicht gibt: Grundnahrungsmittel, korsische Spezialitäten, Brot, Getränke, Gaskartuschen, Batterien, Blasenpflaster usw.

Mehrere Verbindungen tägl. nach Ajaccio, Bastia, Calvi und Corte. Preisbeispiele: Vizzavona – Bastia € 14,60, Vizzavona – Ajaccio € 7, Vizzavona – Corte € 4,50. **Chemins de Fer de la Corse (CFC)**, ☏ 04 95 32 80 57, contact@cf-corse.com, cf-corse.corsica

☺ von Vizzavona nachmittags mit dem Zug nach Corte fahren, dort übernachten, essen und einkaufen (Supermarkt Utile am Bahnhof Corte) und am nächsten Morgen mit dem ersten Zug nach Vizzavona zurückfahren

Vergangener Glanz

Im Anbetracht der vielen Tagesausflügler und johlenden Schulklassen, die heute an schönen Sommertagen über Vizzavona hereinbrechen, fragt man sich, wie es vor 100 Jahren ausgesehen haben mag, als sich die Schönen und Reichen hier ein Stelldichein gaben.

Der Aufschwung von Vizzavona begann mit der Fertigstellung des Eisenbahntunnels unter dem Col de Vizzavona. Bei der Eröffnung 1889 war er mit einer Länge von 3,9 km der längste Eisenbahntunnel Europas. Die Ankunft des ersten Zuges löste einen wahren Bauboom aus. Stattliche Hotels und Villen schossen wie Pilze aus dem Boden. Viele Gäste waren betuchte Bürger von Ajaccio, die sich hier in die Sommerfrische in den Bergen zurückzogen, um dem heißen Scirocco zu entkommen, der die Insel im Sommer in einen Backofen verwandelte.

Beliebt war Vizzavona auch bei den Engländern, die mit dem Zug anreisten, um sich bei Spaziergängen im Wald zu erholen. Ihre Anwesenheit lebt weiter in Namen wie die Cascades des Anglais – die „Wasserfälle der Engländer".

Nach dem Zweiten Weltkrieg geriet Vizzavona in Vergessenheit. Vom einstigen Luxus der Belle Époque zeugen jedoch noch einige schmucke Waldvillen und die kolossale Ruine des Grand Hôtel de la Forêt (1893), das frühere Wahrzeichen von Vizzavona.

Alpine Variante Etappe 9: Über den Monte d'Oro nach Vizzavona (V9-1)

11,4 km, N→S 7 Std., S→N 8 Std., ↑ 1.085 m, ↓ 1.595 m, ⇧ 920-2.389 m

0,0 km	⇧ 1.430 m	Refuge de L'Onda
2,4 km	⇧ 2.110 m	Crête de Muratello
3,0 km	⇧ 2.010 m	Abzweigung alpine Variante via Monte d'Oro
4,6 km	⇧ 2.389 m	Monte d'Oro
5,3 km	⇧ 2.190 m	Pratu Scampicciolu (100 m entfernt)
6,2 km	⇧ 1.890 m	Quelle (100 m entfernt)
7,3 km	⇧ 1.550 m	Bergeries de Pozzatelli
11,4 km	⇧ 920 m	Vizzavona

Diese „alpine" Variante führt über einen der schönsten Aussichtsgipfel der Insel. Sein heutiges Aussehen erhielt der Monte d'Oro in der letzten Eiszeit (Würm), als das Gebiet weitgehend vergletschert war. Daran erinnern auch Kare, Trogtäler und Gletscherseen wie der Lac d'Oro. Die Besteigung des Monte d'Oro erfordert Schwindelfreiheit, Trittsicherheit und Ausdauer. Die Route beinhaltet auch einige Kletterstellen. Der Abstieg nach Vizzavona ist sehr lang und führt über die Ruinen der Bergeries de Pozzatelli.

Die Variante ist gelb markiert, streckenweise gibt es auch Steinmännchen. Von der Weggabelung ❷ wandern Sie zunächst auf gleicher Höhe nach Nordosten weiter, steigen dann über Geröll hoch und erreichen bei der **Bocca di Porco** (⇧ 2.159 m) den Nordwestgrat des Monte d'Oro.

Dieser bietet nach Norden eine herrliche Aussicht auf den **Lac d'Oro**, einen grünlich schimmernden Bergsee glazialen Ursprungs.

Sie bleiben auf dem Grat und halten direkt auf den Gipfel des Monte d'Oro zu. Einige schroffe Felsen werden rechts umgangen, anschließend steigen Sie über einen Geröllhang zur vorgelagerten **Épaule de la Jonction** (dt. „Schulter der Vereinigung"), wo Sie auf die von Vizzavona heraufkommende Aufstiegsoute treffen, über die Sie nachher absteigen.

Von der Schulter geht es nun links, mit leichter Kletterei (**II**) durch einen kleinen Kamin, zum Gipfel weiter.

Durch seine zentrale Lage bietet der frei stehende **Monte d'Oro** ❸ (⇧ 2.389 m, km 4,6) eine einmalige Rundumsicht. An klaren Tagen schweift der Blick im Norden von Monte Cinto, Paglia Orba und Capu Tafunatu (im Nordwesten) über Monte Rotondo (im Norden) bis zum Monte San Petrone (im Nordosten). Im Süden wird die Szenerie vom Monte Renoso und Monte Incudine beherrscht, nach Südwesten schaut man auf das Häuserkonglomerat von Ajaccio und den Golf von Ajaccio.

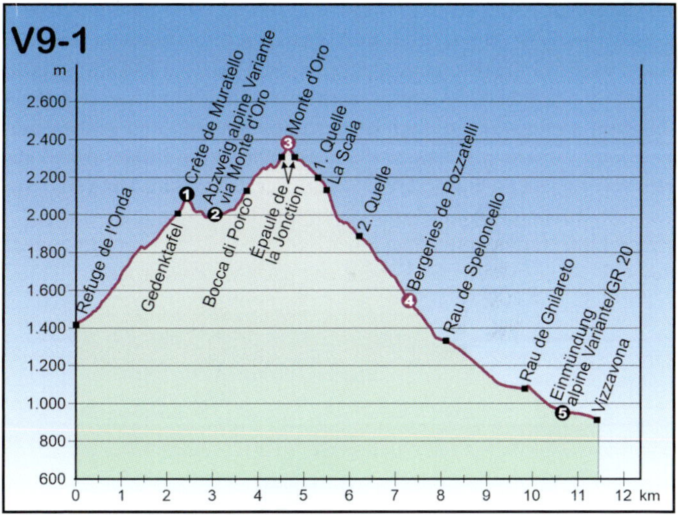

Vom Gipfel steigen Sie wieder zur Épaule de la Jonction ab. Von dort führen die gelben Markierungen im Bogen nach Nordosten. Über Geröll und Felsen (Kletterstelle **II**) leiten Steinmännchen zu einer grasbewachsenen Ebene (Pratu Scampicciolu) in 2.190 m Höhe hinunter. Hier gibt es eine 💧 **Quelle** (↪ rechts, in 100 m Entfernung).

Danach wartet die nächste Herausforderung: der Abstieg durch **La Scala** (⇧ 2.170 m), eine steile, mit Geröll und Schotter gefüllte Felsrinne. Freilich fehlen auch hier die obligatorischen Kletterstellen nicht.

✋ In der Rinne ist oft (manchmal bis in den Juli hinein) mit hartnäckigen Altschneefeldern zu rechnen!

200 m tiefer ist auch dieses Hindernis überwunden. Der Weg taucht nun in einen wilden, von hohen Felstürmen eingerahmten Talkessel ein. Sie gehen im Bogen nach Nordosten, passieren in etwa 1.900 m Höhe eine weitere 💧 **Quelle** (Hinweisschild, ↪ 100 m Entfernung) und steigen zwischen Erlen und Birken zu den **Bergeries de Pozzatelli** ❹ (⇧ 1.526 m, km 7,3) ab. Die Ruinen der Steinhütten liegen etwas abseits und sind leicht zu übersehen.

Anschließend windet sich der Weg in Kehren hinunter und quert in 1.350 m Höhe den Ruisseau de Speloncello (km 8,1). Noch tiefer treffen Sie auf einen Forstweg, dessen Serpentinen abgekürzt werden. Wenn Sie ihn zum vierten Mal treffen, biegen Sie rechts ab und steigen auf dem Forstweg weiter ab, verlassen ihn aber nach 500 m (in der ersten Haarnadelkurve) wieder und wählen den Pfad, der nach rechts abzweigt. Sie queren den **Ruisseau de Ghilareto** (km 9,8), kreuzen einen Forstweg (Wegweiser) und treffen kurz hinter einer)(Steinbrücke ❺ (km 10,6) wieder auf den GR 20, der von rechts kommt und nach Vizzavona führt.

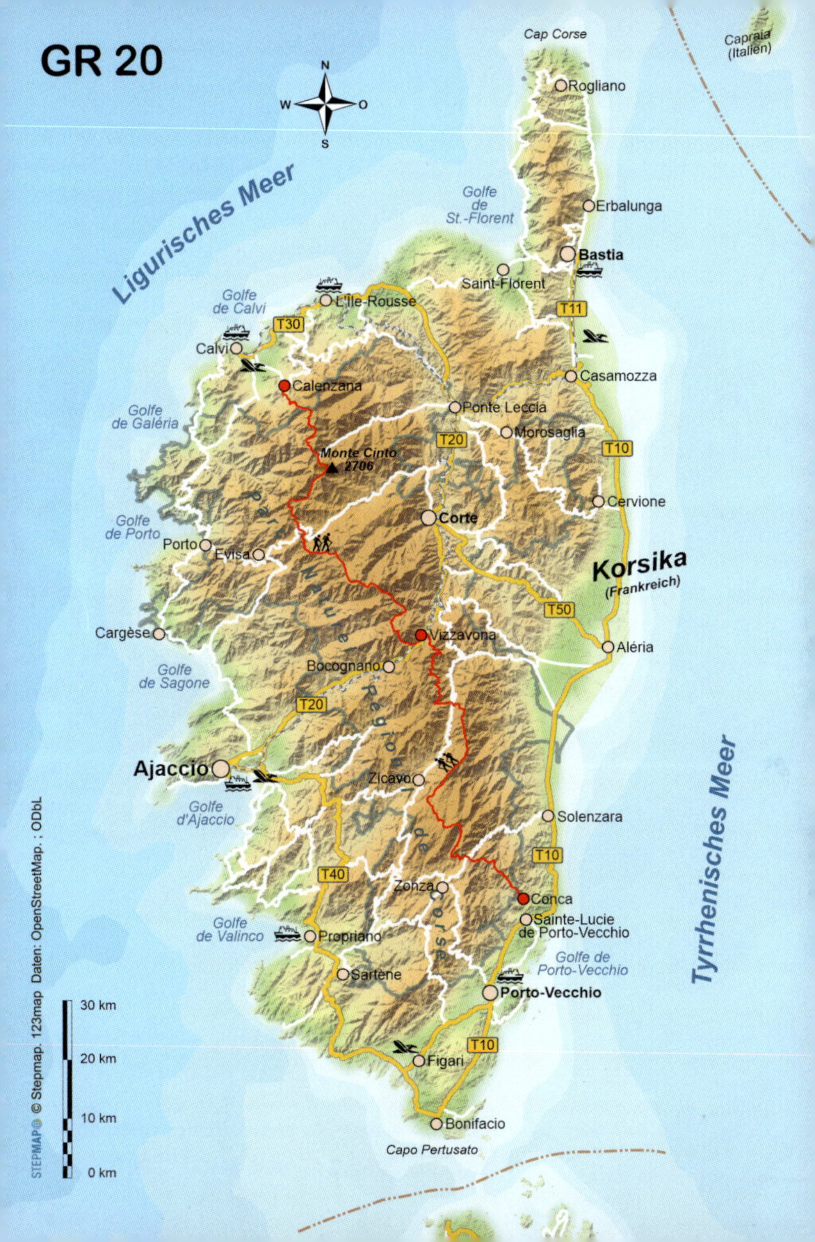
GR 20
N
W
O
S
Cap Corse
Capraia (Italien)
Rogliano
Erbalunga
Golfe de St.-Florent
Bastia
Saint-Florent
Ligurisches Meer
Golfe de Calvi
L'Île-Rousse
T30
T11
Calvi
Casamozza
Calenzana
Ponte Leccia
Golfe de Galéria
Morosaglia
T20
T10
Monte Cinto 2706
Cervione
Golfe de Porto
Corte
Porto
Evisa
Korsika (Frankreich)
Parc Naturel Régional de Corse
T50
Cargèse
Vizzavona
Aléria
Bocognano
Golfe de Sagone
T20
Ajaccio
Zicavo
Golfe d'Ajaccio
Solenzara
T10
Tyrrhenisches Meer
T40
Zonza
Conca
Sainte-Lucie de Porto-Vecchio
Golfe de Valinco
Propriano
Golfe de Porto-Vecchio
Sartène
Porto-Vecchio
T10
Figari
Bonifacio
Capo Pertusato
30 km
20 km
10 km
0 km
STEPMAP © Stepmap. 123map Daten: OpenStreetMap ; ODbL

GR 20 Süd

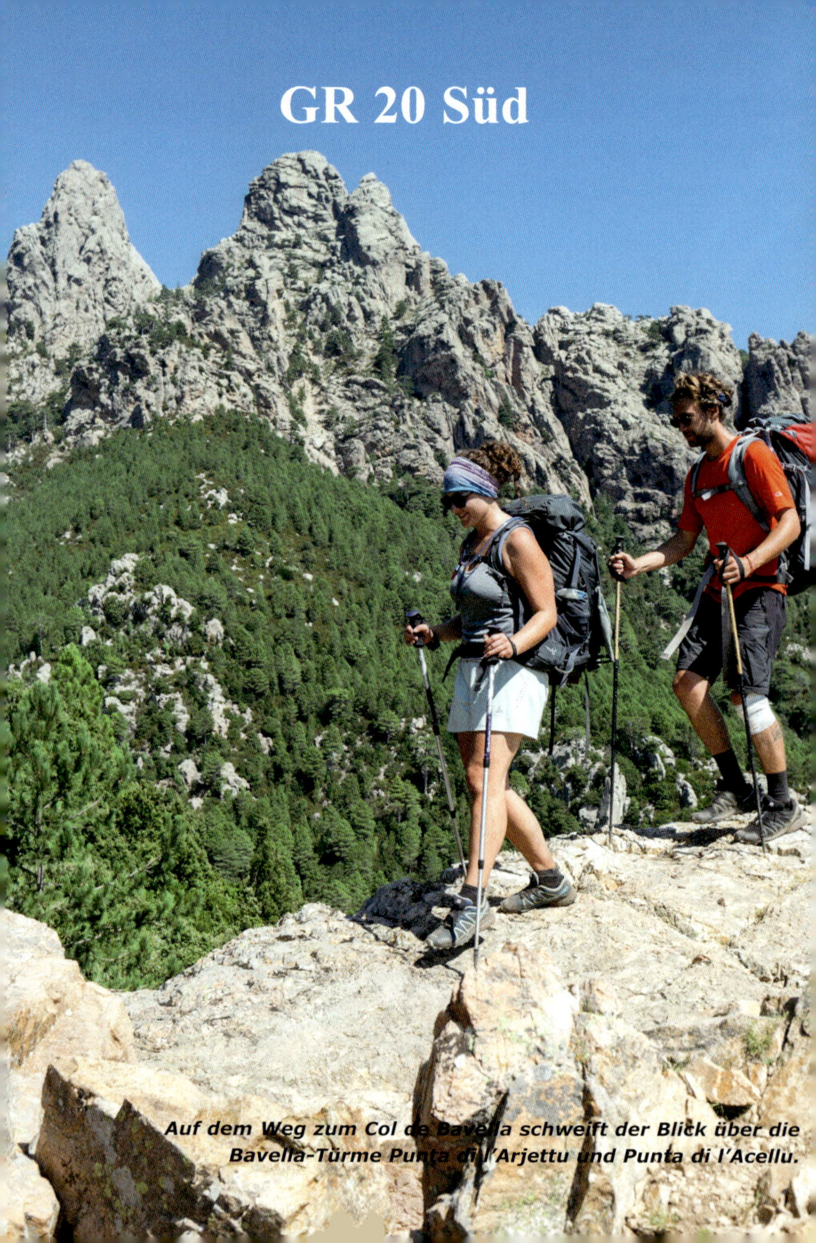

Auf dem Weg zum Col de Bavella schweift der Blick über die Bavella-Türme Punta di l’Arjettu und Punta di l’Acellu.

Länge: 90,5 km
Zeitbedarf: N→S 38 Std., S→N 40 Std.
Höhenunterschied: ↑ 4.690 m, ↓ 5.380 m
Tiefster Punkt: 230 m; höchster Punkt: 2.025 m

Die Etappen des GR 20 Süd sind insgesamt weniger alpin als die des GR 20 Nord. Wer bei Kondition oder Klettertauglichkeit Zweifel hegt, sollte die Wanderung lieber im Süden anfangen bzw. nur den GR 20 Süd laufen.

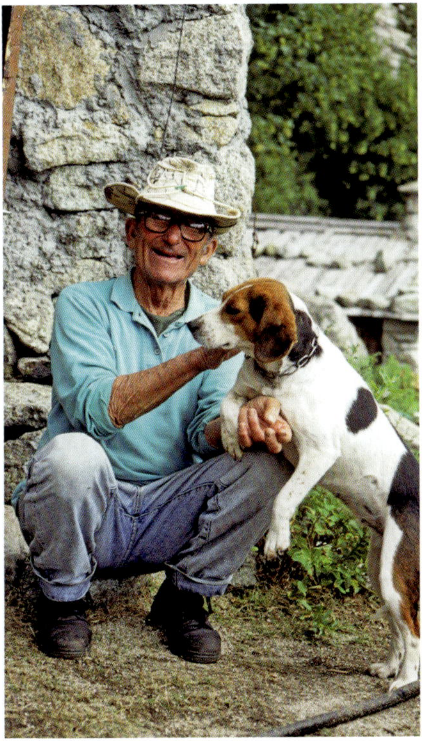

Hirte in den Bergeries de Traggette

Einige Abschnitte verlaufen weitgehend auf Wald- oder Höhenwegen oder über eine Hochebene. Trotzdem bietet auch der GR 20 Süd anspruchsvolle Etappen, die denen im Norden in nichts nachstehen. Atemberaubende Aussichten über Berge, Täler und Küsten lassen Wanderer immer wieder verweilen. Wer es „knackiger" mag, kann auch hier aus einigen alpinen Varianten wählen, z. B. über den Monte Renoso (☞ Etappe 11), den Monte Incudine (☞ Etappe 13) oder durch die Bavella-Türme (☞ Etappe 14).

Ein Vorteil der Südetappen ist auch, dass sie generell etwas wasserreicher sind. Nur auf wenigen Strecken ist Trinkwasser im Sommer Mangelware.

Der komplette GR 20 Süd (90,5 km) ist unter normalen Verhältnissen in 6 bis 7 Tagesetappen gut zu bewältigen.

Etappe 10: Vizzavona – E Capannelle

13,9 km, N→S 5 Std. 30 Min., S→N 4 Std. 30 Min.,
↑ 990 m, ↓ 310 m, ⇧ 920-1.642 m

0,0 km	⇧ 920 m	Vizzavona
5,0 km	⇧ 1.495 m	Abzweig Variante über La Foce
5,8 km	⇧ 1.595 m	Fontaine de Palmente
6,1 km	⇧ 1.644 m	Bocca Palmente
6,6 km	⇧ 1.560 m	Bergeries d'Alzeta
12,0 km	⇧ 1.440 m	Bergeries de Scarpaccedié
12,6 km	⇧ 1.460 m	Ruisseau de Giargalozeo
13,9 km	⇧ 1.600 m	E Capannelle

Von Vizzavona, dem tiefsten Punkt des GR 20 zwischen Calenzana und Conca, erreichen Sie nach einem langen Anstieg durch schattige Laub- und Mischwälder die Passhöhe der Bocca Palmente. Von dort geht es in leichtem Auf und Ab über einen Höhenweg, vorbei an mehreren Bergeries, nach Süden weiter. Nach einem steilen Schlussanstieg erreichen Sie das Etappenziel E Capannelle.

Vom Bahnhof in Vizzavona führt eine kleine Straße nach rechts bergauf. Sie passieren eine Kapelle und wählen gleich nach der Brücke den Pfad (Pfeil „Refuge de Capannelle"), der rechts in den Wald hochführt und beim Forsthaus von Vizzavona die Straße T20 (km 0,7) erreicht. Auf der anderen Seite der viel befahrenen Straße wenden Sie sich nach links und folgen auf den nächsten 1,2 km einem gleichmäßig hochführenden Forstweg. GR-Markierungen gibt es in diesem Bereich nur wenige, an allen Abzweigen stehen jedoch Schilder.

Auf etwa 1.060 m Höhe (km 1,9) verlassen Sie den Forstweg und wählen den schmalen Pfad, der nach links (Pfeil „GR 20 Sud" und Markierungen am Felsen beachten) deutlich steiler weiter bergan führt. Aufpassen heißt es erneut 60 m höher (km 2,2), wo der GR 20 unvermittelt nach links knickt. Ein am Baum aufgemalter roter Pfeil deutet hier auf den Abzweig hin. Nachdem Sie unter der Hochspannungsleitung hindurchgelaufen sind, kreuzen Sie einen letzten Forstweg.

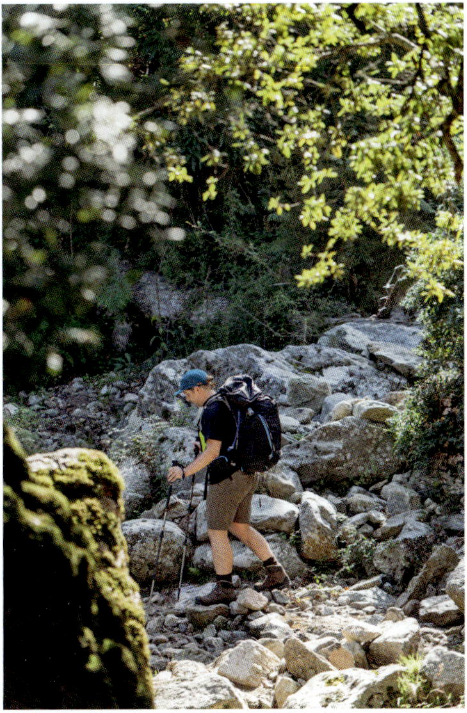
Zwischen Vizzavona und E Capannelle

Der GR 20 windet sich weiter durch den Wald hoch und vereint sich in etwa 1.500 m Höhe ❶ mit einem gelb markierten Weg, der von La Foce kommt (☞ Etappe 9, Variante nach E Capannelle über La Foce). In der letzten Kehre vor der Bocca Palmente taucht zwischen den Erlen links vom Weg eine eingefasste Quelle auf: Die **Fontaine de Palmente** (⇧ 1.595 m, km 5,8) spendet auch im Hochsommer kühles Trinkwasser.

Der Wald lichtet sich nun rasch. Über eine Hochweide ist wenig später die Passhöhe der **Bocca Palmente** ❷ (⇧ 1.644 m, km 6,1) erreicht. Zurückblickend ergibt sich eine imposante Aussicht auf den Monte d'Oro (2.389 m), der sich majestätisch über das Vecchio-Tal erhebt. In Gehrichtung schweift der Blick bis zur 30 km entfernten Ostküste.

Vorsicht bei starkem Wind! Auf der Passhöhe gibt es kaum Windschutz! Wenn der Mistral über die Bocca Palmente hinwegfegt, kann die Standfestigkeit eines Wanderers auf eine harte Probe gestellt werden. Der Autor hat selbst beobachtet, wie gestandene Männer von den Windböen „gepackt" und wie Pappkameraden in die Erlen geschleudert wurden. Nicht gut!

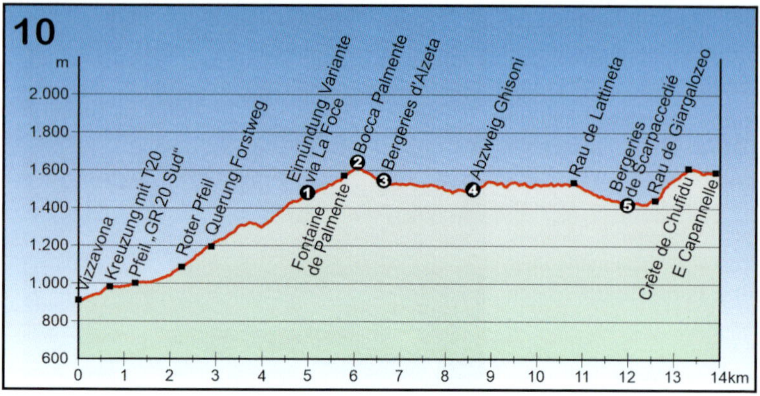

Nur wenige Minuten später tauchen in einem bewaldeten Taleinschnitt östlich des Passes die Steinhütten der **Bergeries d'Alzeta** ❸ (⇧ 1.560 m, km 6,6) auf. Im Sommer wird dort Käse verkauft.

Der GR 20 wird nun zu einem Höhenweg, auf dem es im leichten Auf und Ab, den Taleinschnitten folgend, zunächst nach Südosten weitergeht. Zeit zum Erholen und Genießen! Wer jedoch abbrechen möchte, findet bei der **Crête de Cardo** ❹ (km 8,6) eine **Abstiegsmöglichkeit nach Ghisoni**.

Abstieg nach Ghisoni (A10-1)

➲ 3,8 km, ⧗ Abstieg 1 Std. 45 Min., Aufstieg 3 Std., ↓ 830 m, ⇧ 680-1.510 m

Die Abstiegsroute nach Ghisoni ist mit roten Punkten markiert, die Markierungen sind aber oft verblasst oder verschwunden. Streckenweise gibt es auch Steinmännchen. Letztere zeigen den Weg von der **Crête de Cardo** zu den nahen **Bergeries de Cardo** (km 0,4). Von dort steigen Sie weiter ab zum Sattel der Bocca de Cardo (⇧ 1.408 m), wo ein Linksabzweig (zur Pont de Canali) ignoriert wird. Sie ziehen rechts am Monte Calvi (1.458 m) vorbei und steigen nach Südosten weiter ab. Etwas steilere Abschnitte wechseln mit kleinen Plateaus. Nach dem letzten Plateau, in etwa 900 m Höhe, schwenken die Markierungen nach Nordosten. Sie durchqueren einen jungen Kiefernwald und erreichen schließlich die Straße D69 am Westrand von **Ghisoni**.

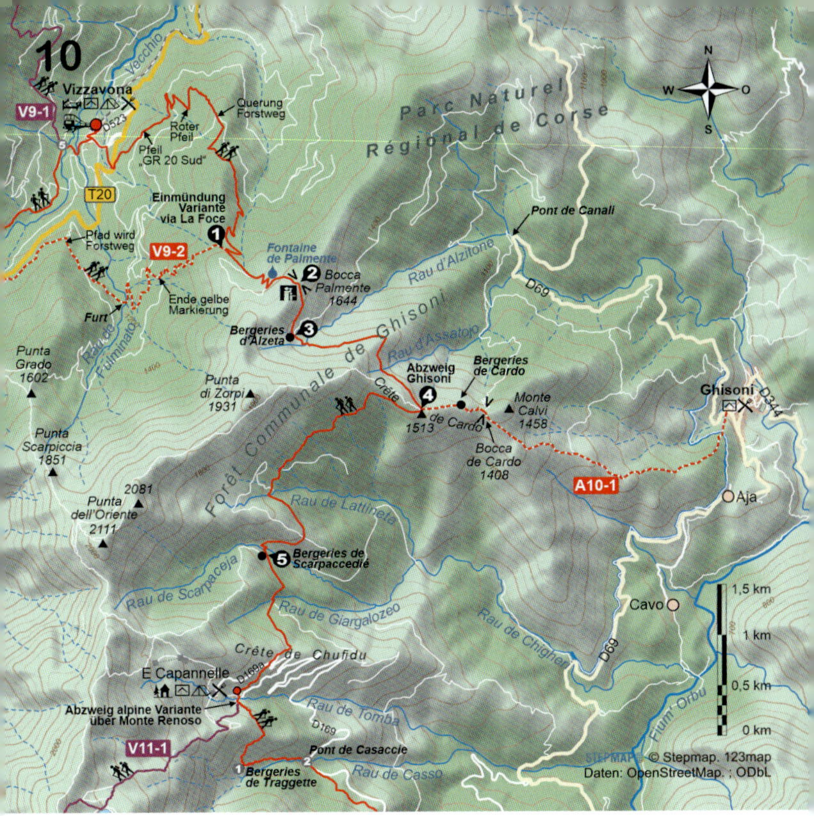

Ghisoni

680 m, 20227, 210 Ew.

Gîte d'étape U Pianu di l'Amicizia, place de l'Église, ☏ 04 95 61 87 67, 06 18 75 91 81, sas-pieman@orange.fr, upianudilamicizia.business.site, ganzjährig, 39 Schlafplätze (DZ, 4- und 5-Bett-Zimmer, Lager), **P**. Ü im Lager € 15/Pers. (€ 18 mit Bettwäsche), Ü im 4-5-Bett-Zimmer € 20/Pers., DZ € 50, F € 6, € 12, Menü € 20-25. ☺ Im Juli und Aug Fleisch und Pizza aus dem Holzofen

Taxi Vezzani (Vezzani, 8,5 km), 06 20 57 07 69

Der Höhenweg schwenkt nun nach Westen, dann nach Südwesten, wo zwischen dem Laub die Umrisse der **Bergeries de Scarpaccedié** ❺ (km 12) auftauchen. 500 m weiter ist Schluss mit der „Bummelei“.

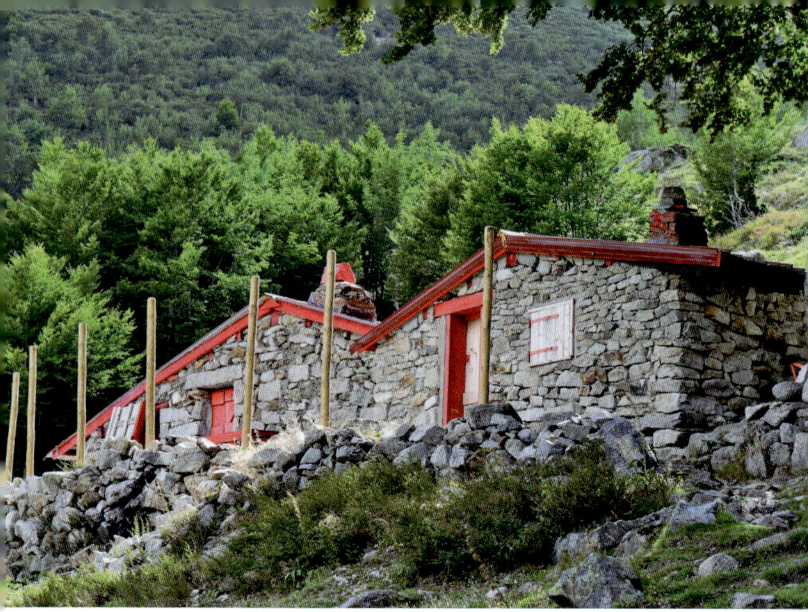

Die Steinhütten der Bergeries d'Alzeta

Hinter dem Bacheinschnitt des **Ruisseau de Giargalozeo** schießen die GR-Markierungen durch den Wald zur 170 m höheren Crête de Chufidu (km 13,3) hoch.

Der Weg mündet schließlich in eine Kehre der Straße D169a (eine Abzweigung der D169 zu der oberen der beiden Skistationen von Ghisoni). Sie folgen der Straße nach rechts und biegen nach 100 m in den links abzweigenden Weg ab, der durch die Felsen (rutschig bei Nässe!) zu den nahen **Bergeries de Capannelle** hinunterführt.

Die PNRC-Hütte liegt oberhalb der Bergeries und hat 16 Schlafplätze. Ganzjährig, nicht bewirtschaftet. Wasser und Gas in der Hütte, in U Fugone

U Fugone, 04 95 57 01 81, 06 22 19 87 31 und 06 19 03 41 57, roger.maurizi@wanadoo.fr, gite-u-fugone.com, ca. 10. Mai. bis 25. Sep, 65 Schlafplätze (4- bis 6-Bett-Zimmer), @, Ü HP € 41, Abendessen € 13-19, mittags kleine Karte

U Fugone, , Ü € 8/Pers., Ü im Leihzelt € 12/Pers.

Etappe 11: E Capannelle – Refuge de Prati

17,3 km, N→S 6 Std. 30 Min., S→N 6 Std., ↑ 945 m, ↓ 725 m, ⇧ 1.268-1.861 m

0,0 km	⇧ 1.600 m	E Capannelle
0,9 km	⇧ 1.520 m	Bergeries de Traggette
1,7 km	⇧ 1.345 m	Pont de Casaccie/D169
4,2 km	⇧ 1.455 m	Ruisseau de Cannareccia
8,0 km	⇧ 1.570 m	Abzweig zur Bergerie de Gialgone
9,6 km	⇧ 1.422 m	Ruisseau de Marmano
10,6 km	⇧ 1.430 m	Col de la Flasca
12,7 km	⇧ 1.289 m	Col de Verde
16,2 km	⇧ 1.846 m	Bocca d'Oru
17,3 km	⇧ 1.820 m	Refuge de Prati

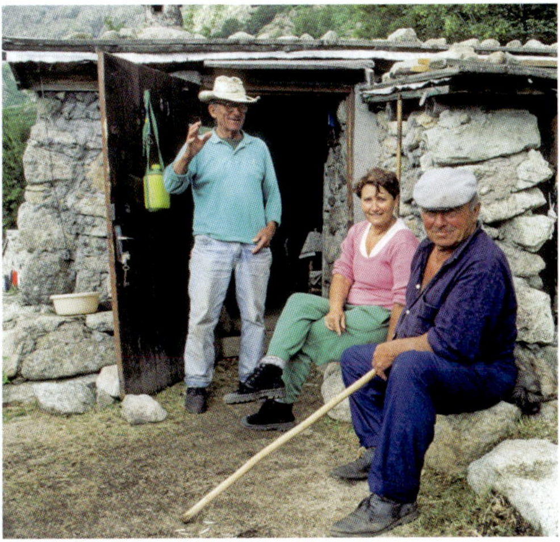

Bergeries de Traggette

Für den weiteren Weg von E Capannelle bis zum Col de Verde bieten sich zwei Möglichkeiten an. Der GR 20 führt mit geringen Höhenunterschieden auf schattigen Höhenwegen über das Plateau de Gialgone. Die wenig frequentierte „alpine" Variante über Monte Renoso empfiehlt sich nur bei gutem Wetter. Vom Col de Verde steigen Sie, zunächst durch den Wald, später durch offenes, mehr felsiges Gelände, zur Bocca d'Oru hoch. Bis Prati ist es dann nur noch ein Katzensprung.

Von der Gîte U Fugone folgen Sie zunächst der Skilifttrasse bis zum zweiten Mast, wo Sie links abbiegen. Bei einer kleinen Steinhütte gabelt sich der Weg.

Die ☞ alpine Variante über Monte Renoso führt hier rechts weiter (siehe S. 172).

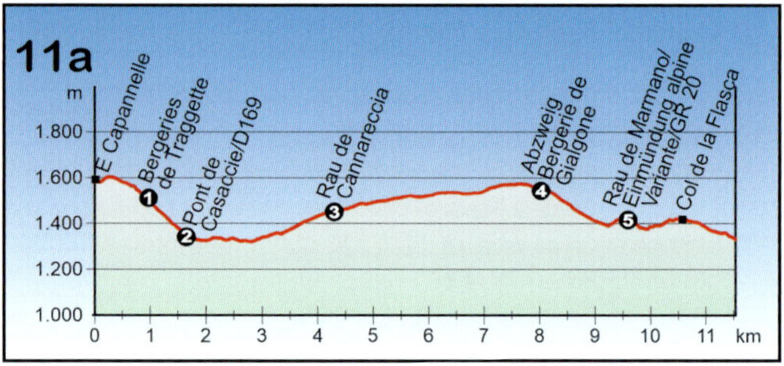

Der GR 20 führt links durch den Wald zu den **Bergeries de Traggette** ❶ (⇧ 1.520 m, km 0,9). Von den Steinhütten, die sich wie ein malerisches kleines Bergdorf an den Hang schmiegen, schlängelt sich ein Saumpfad am linken Ufer des **Ruisseau de Casso** durch den Wald hinunter zur)(**Pont de Casaccie** ❷ (⇧ 1.345 m) und der Straße D169. Auf der Straße geht es kurz nach rechts weiter, bis der GR 20 nach 100 m rechts in den Kiefernwald eintaucht und als Hangweg hoch über der Straße schließlich nach Süden weiterführt.

Wo die Straße später nach Osten wegdreht, schwenkt der GR 20 nach Südwesten und steigt auf etwa 1.450 m an, um den Taleinschnitt des **Ruisseau de Cannareccia** ❸ (km 4,2) zu überwinden. Im Frühsommer kann der Bach manchmal noch reichlich Wasser führen, eine Querung (glitschige Felsen!) sollte dann mit der nötigen Vorsicht erfolgen. Den weiteren Bacheinschnitten folgend geht es im leichten Auf und Ab nach Süden weiter zum **Plateau de Gialgone**. Hier wird ein Rechtsabzweig ❹ zur nahen **Bergerie de Gialgone** (Käseverkauf) und den Bergeries des Pozzi ignoriert, bevor der GR 20 in vier großen Kehren durch den Wald steil zum)(**Ruisseau de Marmano** (⇧ 1.422 m, km 9,6) abfällt, der auf einer massiven Brücke überquert wird.

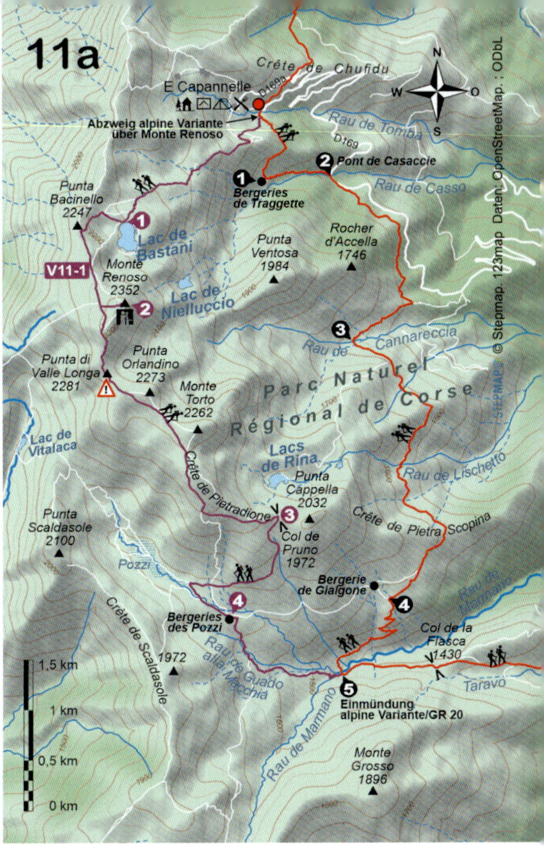

Gleich nach der Brücke vereint sich der GR 20 mit der von rechts kommenden ☞ **alpinen Variante über Monte Renoso ❺** und führt nun am rechten Ufer des Marmano-Baches durch einen sehr feuchten Buchen-Weißtannen-Mischwald, der Urwald-Atmosphäre verbreitet. In diesem Bereich wachsen die höchsten ✿ Weißtannen der Insel, einige erreichen Höhen von über 50 m. Im Laufe der Jahrhunderte wurden viele dieser hochgewachsenen Bäume geschlagen, denn diese waren als Schiffsmast einst sehr begehrt.

Fast unbemerkt steigt der GR 20 durch einen Buchenwald zum **Col de la Flasca** (⇧ 1.430 m, km 10,6). Die Passhöhe liegt auf einem Kamm, der zur Wasserscheide zwischen Ost- und Westkorsika gehört. Das Gebiet südlich davon wird über den Taravo-Fluss nach Westen ins Mittelmeer entwässert, das Gebiet nördlich davon gehört zum Einzugsbereich des Fium'Orbu, der im Osten ins Tyrrhenische Meer mündet.

Der GR 20 steigt in der Südflanke des Kammes ab und mündet schließlich in einen Forstweg, der links (Schild „Bocca di Verdi") zum **Col de Verde ❻** (korsisch: *Bocca di Verdi*, ⇧ 1.289 m, km 12,7), weiterleitet.

Col de Verde 1.289 m, 20134 Palneca

Relais San Petru di Verde, Jean-Marc Lubrano, 04 95 24 46 82, 06 74 90 68 62, contact@boccadiverdi.com, www.boccadiverdi.com, Mai bis Anfang Okt, 60 Schlafplätze, Ü € 17, HP € 42, F € 5,50, € 8, € 2, einfache (heiß, kein Licht). Das Restaurant bietet abends ein 4-Gänge-Menü und eine Menükarte mit Gegrilltem vom Holzofen, Fleischplatten und Salaten.

bei der , Ü € 9/Pers., Ü + Leihzelt € 13/Pers., HP € 34/Pers., HP + Leihzelt € 38/Pers., Brunnen (50 m entfernt)

Taxi Daniel, 06 41 24 15 00, auch nach E Capannelle und zur Bergerie de Basseta

Im Spätsommer ist damit zu rechnen, dass viele Bäche und Quellen auf dem Weg zur Prati-Hütte versiegt sind. Nehmen Sie deshalb genügend Trinkwasser vom Col de Verde mit.

Von der Bocca d'Oru schaut man über weite Teile der Ostküste

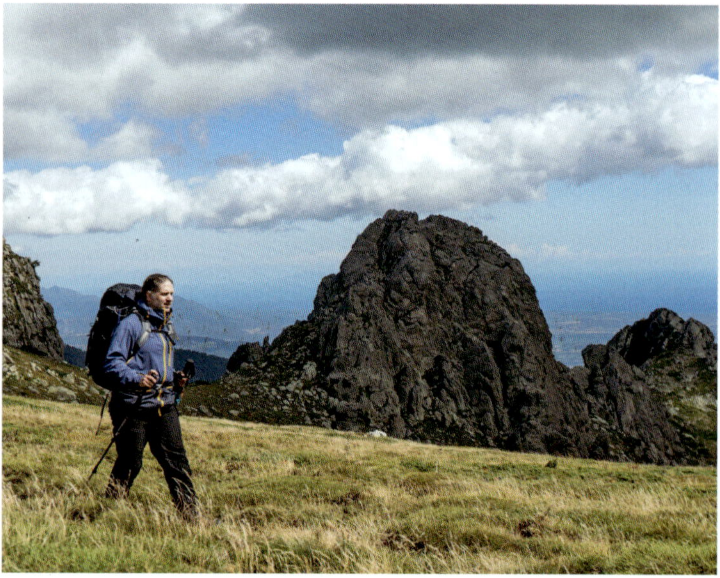

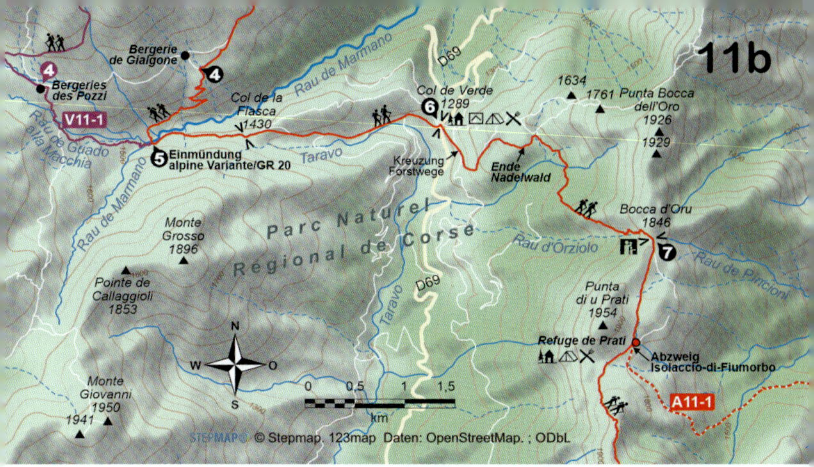

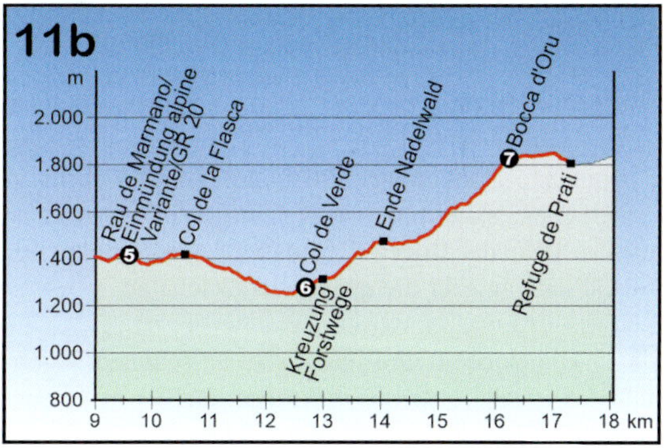

Auf der Passhöhe queren Sie die Straße D69 und folgen dem Forstweg (Pfeil „Prati"), der nach rechts allmählich in den Kiefernwald hochführt. Nach der Kreuzung eines weiteren Forstweges (nach 300 m) wird der Weg steiler. An der nächsten Gabelung wählen Sie die steinige rechte Piste, nach weiteren 150 m den schräg links von der Piste abzweigenden Weg. Sie queren erneut den Forstweg und erreichen in 1.500 m (km 14) den Waldrand, wo in Gehrichtung erstmals ein Blick auf die Felszacken der 1.926 m hohen Punta Bocca dell'Oro erhascht werden kann. Der GR 20 büßt nun ein paar Höhenmeter ein, quert einige (im Sommer meist ausgetrocknete) Bäche und schwenkt allmählich wieder nach Osten.

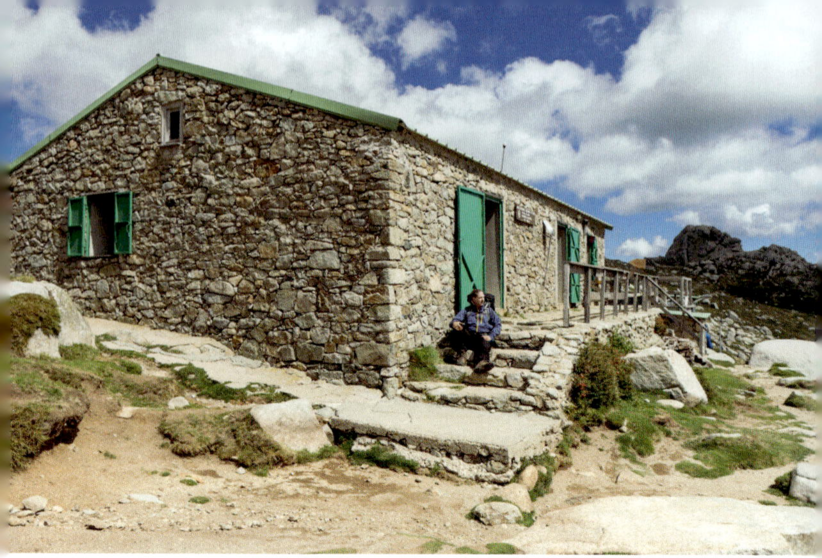

Das Refuge de Prati gehört zu den höchstgelegenen Hütten am GR 20

Nun erfolgt ein steiler Aufstieg in engen Kehren, zunächst im Schatten von Buchen, später über einen steinigen Pfad zwischen Wacholderbüschen, zur Passhöhe der **Bocca d'Oru** ❼ (⇧ 1.846 m, km 16,2). Hier erreicht der GR 20 auch wieder die große Wasserscheide.

Die Bocca d'Oru überrascht an schönen Tagen mit einer phänomenalen Aussicht über die Ostküste mit ihren Lagunen, die hier *étangs* genannt werden (Étang de Diane, Étang d'Urbino und Étang de Palo). Am Horizont sind sogar die toskanischen Inseln zu sehen.

Vom Pass wandern Sie auf gleicher Höhe bleibend nach Süden weiter zum nahen **Refuge de Prati**.

Die 1999 errichtete PNRC-Hütte verfügt über 32 Schlafplätze. Ganzjährig, Hüttenwirt: ca. 1.6. bis 1.10. Primitive Hocktoilette (Trockentoiletten im Bau) und , , kein Handyempfang. Kleines Lebensmittelangebot für Wanderer: u. a. Brot, Käse, Schokolade, Konserven, Bier und Wein

Rasenfläche mit wenig Windschutz bei der Hütte,

Von der Hütte eröffnet sich eine herrliche Aussicht auf die Küstenebene des Fium'Orbu. Noch beeindruckender wirkt die Szenerie nachts, wenn in der Tiefe die Lichter der Bergdörfer Isolaccio-di-Fiumorbo und Prunelli-di-Fiumorbo und des Küstenortes Ghisonaccia glitzern.

Bei der Hütte erinnert eine ⌘ Gedenktafel an den korsischen Widerstandskampf im Zweiten Weltkrieg. Im August 1943 wurden auf der grasigen Hochebene bei Prati Waffen abgeworfen, mit denen die Insel später von den nationalsozialistischen Besatzern befreit wurde.

Es gibt auch eine **Abstiegsmöglichkeit nach Isolaccio-di-Fiumorbo**.

Abstieg nach Isolaccio-di-Fiumorbo (A11-1)

8,5 km, Abstieg 2 Std. 45 Min., Aufstieg 4 Std., ↑ 30 m, ↓ 1.160 m, ⇧ 690-1.820 m

Die gelb markierte Abstiegsroute führt von der Hütte zunächst nach Süden. Am ersten Bacheinschnitt (nach 250 m) schwenkt der Weg nach Südosten, nach einem weiteren Kilometer nach Nordosten und leitet zu einem Plateau in etwa 1.480 m Höhe, wo der (im Sommer oft ausgetrocknete) Nursoli-Bach (km 1,9) gequert wird.

Durch lichte Buchenwäldchen führen die Markierungen weiter hinunter und erreichen in etwa 1.350 m Höhe einen kleinen Pass. Hier wechseln Sie in die Ostflanke der **Crête d'Affacatoja**, eines lang gezogenen, kahlen Rückens, auf dem es nun weiter hinuntergeht.

Der Pfad mündet schließlich in einen Forstweg (⇧ 1.110 m, km 4,1), dem Sie nach rechts (Richtung Süden) folgen. Nach 800 m verlassen Sie ihn aber wieder und wählen den nach links abzweigenden Pfad, der zunächst den Antenna-Bach quert und kurz danach links an den Ruinen der **Bergeries de Pruno** (km 5,8) vorbeizieht.

Der gelb markierte Pfad steigt nach Osten durch ausgedehnte Eichenwälder und Kastanienhaine weiter ab und endet in eine Straße (km 7,5), auf der es nach rechts weitergeht. Diese mündet schließlich am Nordrand von **Isolaccio-di-Fiumorbo** (gegenüber vom Friedhof) in die Straße D245.

Isolaccio-di-Fiumorbo ⇧ 700 m, 20243, 307 Ew.

Ferdinand Muracciole (San-Gavino-di-Fiumorbo, 5 km), ☏ 04 95 56 72 31

Alpine Variante Etappe 11: Über den Monte Renoso zum Refuge de Prati (V11-1)

19,0 km, N→S 9 Std., S→N 8 Std. 30 Min., ↑ 1.420 m, ↓ 1.200 m, ⇧ 1.268-2.352 m

0,0 km	⇧ 1.600 m	E Capannelle
2,4 km	⇧ 2.092 m	Lac de Bastani
3,0 km	⇧ 2.232 m	Punta Bacinello
4,1 km	⇧ 2.352 m	Monte Renoso
7,7 km	⇧ 1.972 m	Col de Pruno
9,7 km	⇧ 1.735 m	Bergeries des Pozzi
11,3 km	⇧ 1.422 m	Ruisseau de Marmano
14,4 km	⇧ 1.289 m	Col de Verde
17,9 km	⇧ 1.846 m	Bocca d'Oru
19,0 km	⇧ 1.820 m	Refuge de Prati

Diese „alpine“ Variante setzt Trittsicherheit, Schwindelfreiheit und Ausdauer voraus. Bei Gewittergefahr ist von einer Begehung aufgrund der langen Grate abzusehen. Der 2.352 m hohe Monte Renoso ist von den großen Zweitausendern Korsikas am leichtesten zu bezwingen. Während der Eiszeit war das Massiv stark vergletschert. Davon zeugen auch die Moränen und der Bastani-Gletschersee, denen man beim Aufstieg von E Capannelle begegnet. Vom Monte Renoso zieht sich ein lang gezogener Grat zum Col de Pruno. Von dort steigt man zunächst über Bergwiesen zu den Bergeries des Pozzi, dann durch den Wald ins Marmano-Tal ab, wo man wieder auf den GR 20 trifft. In höheren Lagen ist der Weg nicht immer ausgeprägt, Steinmännchen erleichtern dort die Orientierung. Altschneefelder können im Frühsommer zusätzliche Ausrüstung erfordern (ggf. vorab beim PNRC erkundigen, ob die Route begehbar ist).

Von der Steinhütte (Pfeil „Lac de Bastani“) schraubt sich der Weg links vom Schlepplift zwischen Erlen empor. Am Ende des Skiliftes biegen Sie links ab und erreichen bald einen lang gezogen, mit Erlen und Zwergwacholdern bewucherten Rücken. Auf dem Rücken gehen Sie links an einem isolierten steilen Felsen vorbei und gewinnen rasch an Höhe. Schräg links erhebt sich geradezu majestätisch der wuchtige Gipfelaufbau des Monte Renoso.

In 1.880 m Höhe queren Sie eine weite, mit *pozzine* (☞ Land und Leute, Flora) bewachsene Mulde (km 1,3), deren flacher Boden auf einen verschwundenen See hinweist. Der Rand der Mulde ist die Endmoräne eines Gletschers, der vor 15.000 Jahren (Älteste Dryaszeit) noch die Mulde auffüllte. Drehen Sie sich ruhig auch einmal um, denn die Aussicht nach Osten ist gigantisch: Bei klarer Sicht zeichnen sich sogar die Inseln des Toskanischen Archipels ab.

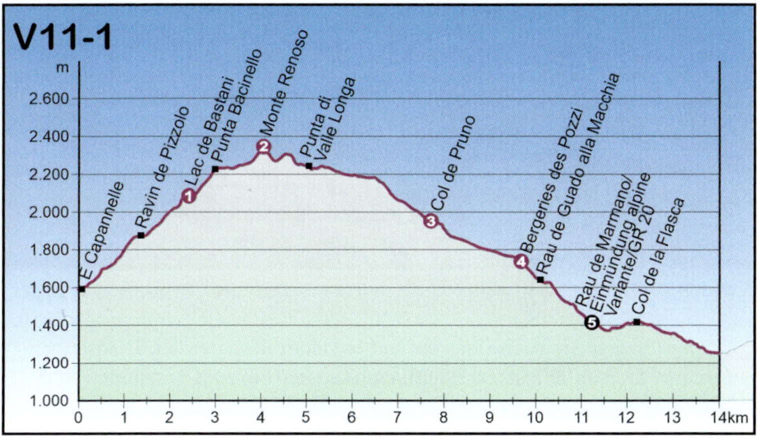

Anschließend führen die Steinmännchen nach Südwesten einen weiteren Rücken hinauf, schwenken dann nach Süden und überwinden eine zweite Endmoräne. Von dieser Moräne (Jüngere Dryaszeit) schweift der Blick über den malerischen **Lac de Bastani** ❶ (⇧ 2.092 m, km 2,4). Der 24 m tiefe Karsee, noch ein Relikt der letzten Eiszeit, ist bis zu 7 Monate im Jahr zugefroren. Im Kar am Fuß des Monte Renoso (Nordhang) überdauern oft Schneefelder bis spät in den Sommer hinein. Vom Seeufer ist auch schon das Gipfelkreuz zu sehen.

Pfadspuren führen nach Nordwesten vom See weg und streifen bald eine kleine Mulde mit ausgetrocknetem See. Oberhalb davon folgen Sie den Steinmännchen, die nach Südwesten, zum Schluss steil und über Geröll, zur **Punta Bacinello** (⇧ 2.247 m, km 3) hochführen, wo der Gipfelgrat des Renoso-Massivs erreicht wird.

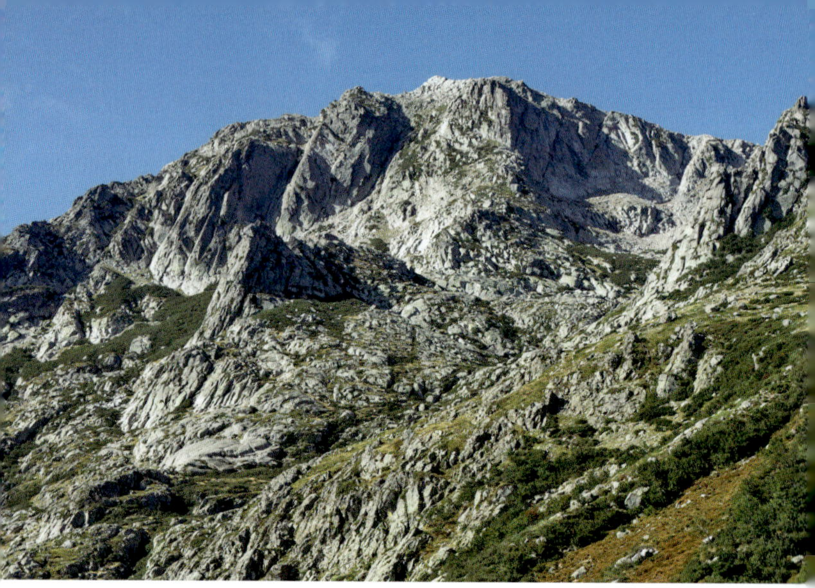

Der Monte Renoso war während der letzten Eiszeit stark vergletschert

Hier biegen Sie nach links ab und wandern über den leicht ansteigenden, mit Steinen übersäten Hauptkamm weiter bis zum verzinkten Stahlkreuz auf dem Gipfel des **Monte Renoso ❷** (⇧ 2.352 m, km 4,1).

Vom Gipfel ergibt sich eine herrliche Aussicht über weite Teile der Insel. Nach Westen schweift der Blick bis zum Golf von Ajaccio, nach Osten bis zur Ostküste. Im Norden reihen sich die großen Berge der Insel – von Monte Cinto über Monte Rotondo bis Monte d'Oro – wie Perlen an einer Kette. Im Süden thront der imposante Gipfel des Monte Incudine.

Vom Monte Renoso gehen Sie zurück nach Westen, dann leiten Steinmännchen über den Kamm nach Süden weiter zur **Punta di Valle Longa** (⇧ 2.281 m). Hier verengt sich der Kamm streckenweise zu einem schmalen Grat, der einige kurze Kletterstellen (**I**) bereithält. Später wendet sich der Grat, mit Blick auf zwei Bergseen (Lac de Vitalacca und Lac de Bracca) rechts in der Tiefe, nach Südosten und weitet sich zu einem breiten Kamm.

Sie lassen die Gipfel von **Punta Orlandino** (2.273 m) und **Monte Torto** (2.262 m) links liegen und steigen über die Crête de Pietradione zum **Col de Pruno** ❸ (⇧ 1.972 m, km 7,7) ab, von wo Sie in einer Mulde, nördlich vom Pass, einen weiteren Karsee (Lac de Rina Soprano) erblicken.

Vom Pass steigen Sie nun nach rechts (Süden) über die Wiesen zu den Bergeries des Pozzi ab.

✋ Die Abstiegsroute ist sehr dürftig markiert und führt über einen Hang mit vielen kreuz und quer verlaufenden Viehwegen. Sie schwingt zunächst, mit Blick auf die Bergerie (Steinmauern und grünes Dach) in der Tiefe, im weiten Bogen nach Westen Richtung Talgrund. Dort überqueren Sie den Bach und wandern dann am orografisch rechten Ufer weiter zur Bergerie.

In den **Bergeries des Pozzi** ❹ (⇧ 1.735 m, km 9,7) wird im Sommer Käse verkauft. Der Name der Bergeries entstammt der Niedermoorlandschaft mit charakteristischer *pozzine* (☞ Land und Leute, Flora), die die beiden unteren Stufen einer nahen Kartreppe (oberhalb der Bergeries) bedeckt.

Das Niedermoor hat sich nach dem Ende der letzten Eiszeit gebildet. Nach dem Rückzug der Gletscher blieb zunächst ein flacher See zurück, der nach und nach verlandete.

Bei den Bergeries biegen Sie rechts ab (Wegweiser „Ese“). Ein steiler, gelb markierter Weg führt durch den Wald ins Tal des Ruisseau de Guado alla Macchia, der in etwa 1.650 m Höhe gequert wird. Etwa 100 m nach dem Bach verlassen Sie den gelb markierten Weg (der nach Ese weiterführt), halten sich links und steigen links (Pfeil „Verde“) auf einem schmalen, mit Steinmännchen markierten Pfad durch einen schattigen Buchen-Weißtannen-Mischwald weiter ab.

Unten queren Sie einen größeren Bach, den **Ruisseau de Marmano**. Gleich danach treffen Sie bei einer Brücke über den gleichen Wasserlauf (⇧ 1.422 m, km 11,3) wieder auf den GR 20 ❺, der von Norden kommt (☞ Etappe 11).

Etappe 12: Refuge de Prati – Refuge d'Usciolu

10,6 km, N→S 6 Std., S→N 6 Std. 30 Min., ↑ 755 m, ↓ 830 m, ⇧ 1.510-1.995 m

0,0 km	⇧ 1.820 m	Refuge de Prati
1,7 km	⇧ 1.995 m	Punta della Cappella
4,3 km	⇧ 1.614 m	Bocca di Rapari
5,7 km	⇧ 1.521 m	Col de Laparo
7,7 km	⇧ 1.807 m	Bocca di Punta Mozza
8,2 km	⇧ 1.930 m	Punta Bianca
8,9 km	⇧ 1.981 m	Monte Furmicula
9,7 km	⇧ 1.930 m	Crête d'Acqua d'Acelli
10,6 km	⇧ 1.745 m	Refuge d'Usciolu

Eine tolle Gratwanderung, weitgehend schattenlos, dafür aber mit großartigen Aussichten: Nach Westen schaut man auf das obere Taravo-Tal mit den Dörfern Palneca, Ciamannacce und Cozzano, nach Osten bis zur Küstenebene des Fium'Orbu. Nehmen Sie genug Trinkwasser für die ganze Etappe mit! Unterwegs gibt es keine verlässlichen Quellen!

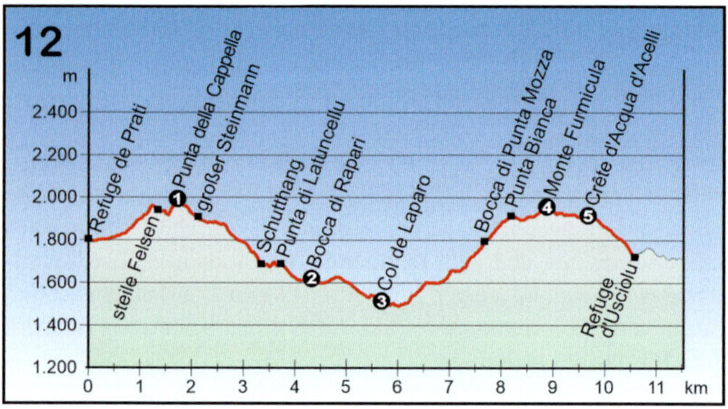

Vom **Refuge de Prati** geht es zum Auftakt auf dem breiten, grasbewachsenen Kamm mit weidenden Schafen nach Südwesten weiter. Anschließend wendet sich der GR 20 allmählich nach Süden und zeigt

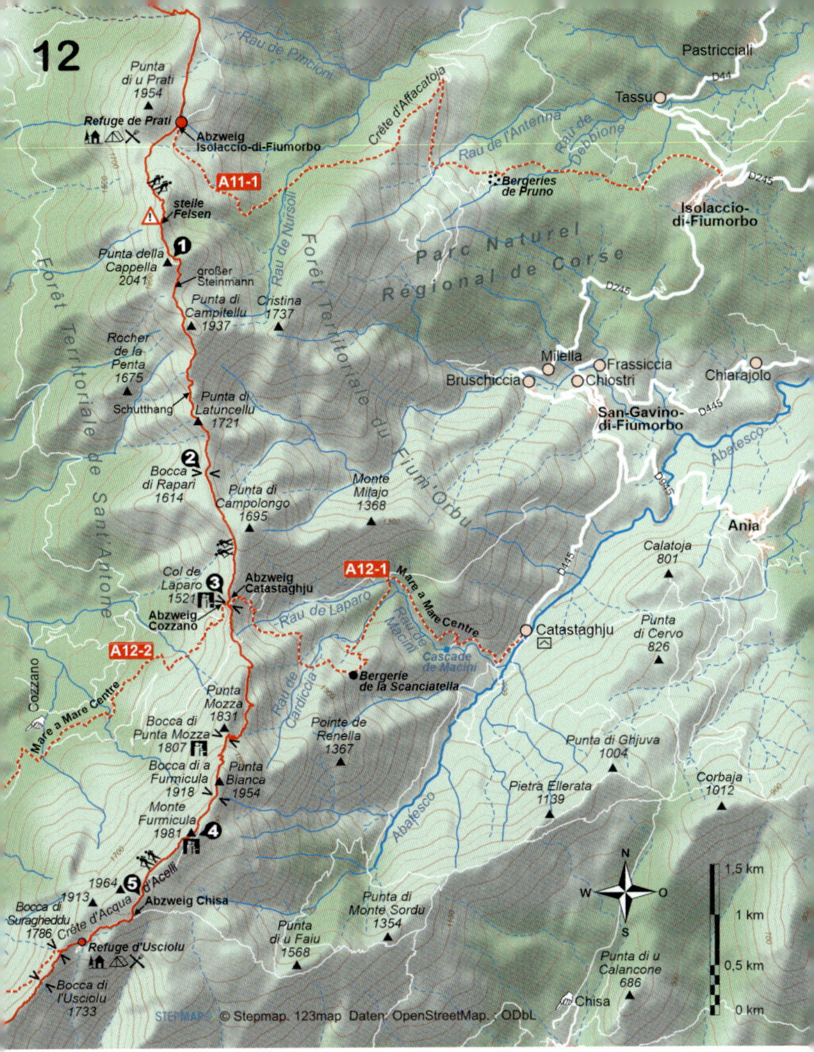

schon nach 800 m wieder sein wahres Gesicht. Der sanft gewölbte Kamm schrumpft zu einem schroffen Felsgrat, der Wiesenpfad weicht einem schmalen Steig, der kräftig ansteigt.

Nach 1 km verschwindet die Prati-Hütte aus dem Blickfeld. Rückblickend ergibt sich dafür eine spektakuläre Aussicht auf den Monte Renoso.

Der GR 20 verläuft nun direkt auf dem felsigen Grat, der vor allem nach Osten hin steil abbricht, muss aber kurz in diese steile Ostflanke ausweichen, um einige besonders schroffe Felsen zu umgehen (km 1,4).

Auf dieser etwas ausgesetzten Passage sind ein paar stark geneigte Felsplatten und grobe Felsstufen zu bewältigen!

Bei der **Punta della Cappella** ❶ (⇧ 2.041 m) erreicht die Etappe ihren höchsten Punkt. Der Gipfel wird in etwa 2.000 m Höhe links umgangen (km 1,7). Anschließend taucht der GR 20 einen mit Felsblöcken übersäten Hang hinunter und wechselt 100 m tiefer (km 2,6) in die Westflanke des Grates, um auch der **Punta di Campitellu** (1.937 m) zu entgehen.

Rocher de la Penta und das Bergdorf Palneca

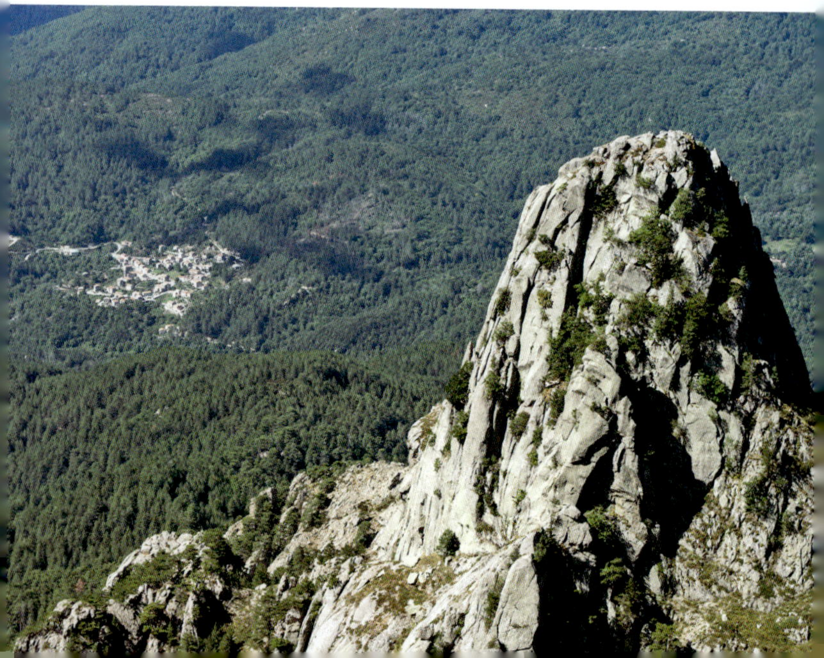

Der Weg überwindet eine weitere Steilstufe, schlängelt sich über Felsen und Geröll und überrascht mit herrlichen Ausblicken auf den **Rocher de la Penta**, einen wuchtigen Felsklotz, der einem Vulkankegel nicht unähnlich sieht. Dahinter taucht in der Tiefe das Bergdorf Palneca auf.

Der Grat weitet sich dann zu einem sanft geneigten Kamm, auf dem es gemächlich zur **Bocca di Rapari** ❷ (⇧ 1.614 m, km 4,3) hinuntergeht. Sie gehen rechts am Gipfel der **Punta di Campolongo** vorbei und steigen schließlich zwischen windschiefen Buchen zum **Col de Laparo** ❸ (⇧ 1.521 m, km 5,7) ab. Von der Passhöhe ergibt sich ein großartiger Rundblick. Eine Panoramatafel erleichtert die Orientierung.

Auf dem Col de Laparo kreuzt der GR 20 den Fernwanderweg **Mare a Mare Centre**. Dieser bietet nach links eine **Abstiegsmöglichkeit nach Catastaghju**.

Abstieg nach Catastaghju (A12-1)

5,8 km, Abstieg 2 Std. 30 Min., Aufstieg 3 Std. 30 Min., ↓ 1.010 m, ⇧ 520-1.525 m

Die Abstiegsroute nach Catastaghju ist mit den orangefarbenen Streifen des Mare a Mare Centre markiert. Sie fällt zunächst im Schatten von Buchen steil nach Südosten ab, quert ein erstes Mal den Laparo-Bach (km 0,7) und fällt, nun weniger steil, weiter ab zur **Bergerie de la Scanciatella** (⇧ 1.185 m, km 2,1). Anschließend steigen Sie am Ufer des Cardiccia-Baches entlang nach Nordosten weiter ab. Nach der erneuten Querung des Laparo-Baches (km 3,5) schwenkt der Weg nach Südosten und führt nun am linken Bachufer des Macini-Baches weiter, der bei km 4,8 einen sehenswerten Wasserfall bildet. Der Weg endet schließlich in einer Straße, auf der es nach links, vorbei am Schießstand, zur nahen Gîte d'étape **Catastaghju** weitergeht.

Catastaghju

⇧ 520 m, 20243 San-Gavino-di-Fiumorbo

Gîte de Catastaghju, ☏ 04 95 56 70 53 (mairie San-Gavino-di-Fiumorbo), mairie.sangavinodifiumo@wanadoo.fr, April bis Okt, 24 Schlafplätze. Bei Drucklage (Mai 2022) war nicht sicher, ob die Gîte im Sommer 2022 geöffnet sein wird. Erkundigen Sie sich bitte vorab im Rathaus (*mairie*) von San-Gavino-di-Fiumorbo.

Ferdinand Muracciole (San-Gavino-di-Fiumorbo), ☏ 04 95 56 72 31

Nach rechts gibt es eine **Abstiegsmöglichkeit nach Cozzano.**

↳ Abstieg nach Cozzano (A12-2)

8,1 km, Abstieg 2 Std. 30 Min., Aufstieg 3 Std. 30 Min, ↑ 55 m, ↓ 840 m, ⇧ 740-1.525 m

Auch die Abstiegsroute nach Cozzano ist mit den orangefarbenen Markierungen des Mare a Mare Centre versehen. Vom Col de Laparo schlängelt sich zunächst ein steiler Trampelpfad durch Buchen- und Kiefernwald hinunter. Dieser mündet in 1.200 m Höhe in einen Forstweg, auf dem es nach links weitergeht. Dabei gewinnen Sie sogar wieder etwas an Höhe.

Nach 1,5 km verlassen Sie den Forstweg (km 3,5) und wählen den Pfad, der Sie nach rechts durch einen Wald mit schönen korsischen Schwarzkiefern hinunterleitet. Der Pfad streift eine Kehre des Forstweges (km 4), quert den Benedetta-Bach (km 4,4) und den Biancone-Bach (km 5,3) und trifft schließlich auf einen weiteren Forstweg, dem Sie nun weitgehend folgen, wobei der Mare a Mare Centre die eine oder andere Kurve schneidet. Kurz vor Cozzano ignorieren Sie den gelb markierten Abzweig zur Usciolu-Hütte (☞ Etappe 13, Abstiegsmöglichkeit nach Cozzano) und gelangen in wenigen Minuten zum Bergdorf **Cozzano**, das für seine Fleischproduktion bekannt ist.

Cozzano

⇧ 740 m, 20148, 275 Ew.

Gîte d'étape Bella Vista, quartier Concata, ☏ 04 95 24 41 59, 06 26 79 92 57, gitepantalacci@aol.com, www.gitecozzanohebergementcorse.com, April bis Sep, 36 Schlafplätze (3 DZ und 5 6-Bett-Zimmer). Ü im 6-Bett-Zimmer € 22, EZ/DZ € 50, F € 6

☞ Gîte d'étape Bella Vista, Ü € 15/Pers.

Ajaccio – Cozzano – Palneca: ganzjährig, 1x tägl; im Juli und Aug tägl. ab Cozzano um 7:15, ab Ajaccio (Gare routière) um 16:00; von Sep bis Juni ab Cozzano Mo-Sa um 7:15, ab Ajaccio Mo-Sa um 16:00 (Fr 17:30 während der Schulzeit). Fahrpreis Cozzano – Ajaccio: € 9,60. **Autocars Santoni**, ☏ 04 95 22 64 44, Fahrpläne unter www.corsicabus.org

♦ Verbindung mit Porto-Vecchio an der Ostküste: mit Santoni (☞ oben) von Cozzano nach Cauro, von dort (ca. 45 Min. Wartezeit) weiter mit Corsica Europa Travel (ab Cauro Juli und Aug tägl. 9:00, Sep bis Juni Mo-Sa 8:55) nach Porto-Vecchio. **Corsica Europa Travel**, ☏ 04 95 71 24 64, Fahrpläne unter www.corsicabus.org

Der GR 20 verläuft zunächst auf dem bewaldeten Kamm weiter nach Süden. Doch schon bald wird die Umgebung wieder schroffer und felsiger. Wenn links eine Baracke auftaucht (km 6,2), wechselt der Weg in die Ostflanke des Grates. Am frühen Nachmittag ist es hier sogar im Hochsommer oft neblig. Grund dafür sind Dunstwolken, die vom *Mezzogiorno*, dem Mittagswind, gegen die Berge getrieben werden. Zwischen dem Laub erhascht man ab und zu einen Blick auf die Ostküste und auf das Bergdorf Serra-di-Fiumorbo, das wie ein Adlerhorst am Ende eines lang gezogenen Bergrückens thront.

Der GR 20 windet sich nun im Schatten eines Buchenwaldes östlich um den steilen Gipfelaufbau der 1.831 m hohen **Punta Mozza**, schießt dann vom Waldrand in Serpentinen hoch zur **Bocca di Punta Mozza** (⇧ 1.807 m, km 7,7), wo Sie wieder den Grat erreichen. Zeit zum Verschnaufen und Genießen: Die Aussicht auf die Ostküste mit den drei großen Lagunen (Étang de Diane, Étang d'Urbino und Étang de Palo) ist phänomenal!

Anschließend schraubt sich der Weg weiter zum Gipfel der **Punta Bianca** (⇧ 1.954 m, km 8,2), fällt dann aber leicht ab zur nahen **Bocca di a Furmicula** (⇧ 1.918 m).

Leihzelte beim Refuge d'Usciolu

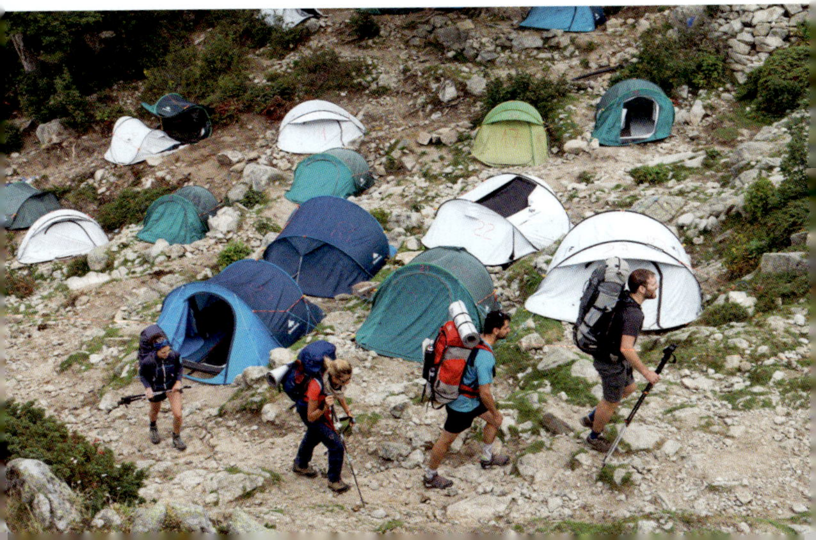

Nach einem Wechsel in die Westflanke des Grates schwingt der GR 20 sich schließlich über schroffe Felsplatten hoch zum felsigen, von Dohlen umkreisten Gipfelhöcker des **Monte Furmicula** ❹ (⇧ 1.981 m, km 8,9).

Die Aussicht vom Monte Furmicula ist gigantisch. Nach Norden schweift der Blick bis zum Monte Renoso und Monte d'Oro. In Gehrichtung erhebt sich majestätisch die Silhouette des **Monte Incudine**, der weite Teile Südkorsikas beherrscht.

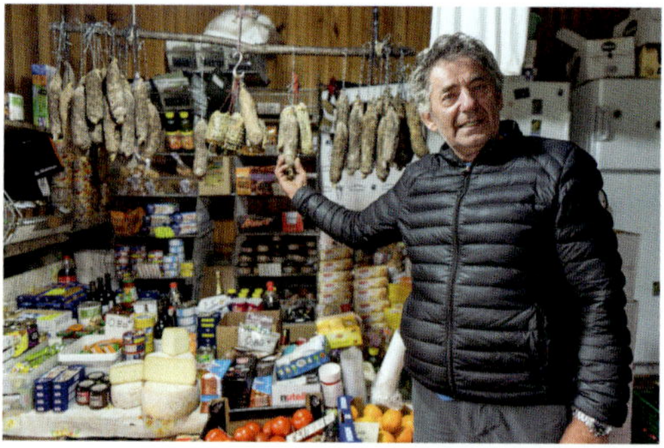

Der „Tante-Emma-Laden in den Bergen" besticht mit einem üppigen Angebot

Vom Gipfel wandern Sie, zunächst ohne nennenswerten Höhenverlust, weiter Richtung **Crête d'Acqua d'Acelli** ❺ (km 9,7), wo wieder in die Ostflanke des Grates gewechselt wird, bevor Sie im Zickzack zum nahen **Refuge d'Usciolu** absteigen.

Die PNRC-Hütte von Usciolu zählt 31 Schlafplätze. Die von Francis Pantalacci, einem der dienstältesten Hüttenwirte des GR 20, geleitete Hütte gilt für viele als die am besten bewirtschaftete am Weg. Ganzjährig, Hüttenwirt: ca. 1.6. bis 1.10. Geschirr, . Frühstück ab 6:00, Abendessen 18:15. Das Frühstück stellt man selbst zusammen mit Zutaten, die man frühmorgens im Laden erwirbt. Der „Tante-Emma-Laden in den Bergen" bietet ein erstaunlich großes Sortiment zu fairen Preisen. Das Angebot reicht von frischem Brot (u. a. Baguettes und Vollkornbrot), Käse und Wurst (*coppa, lonza* usw.), Rotwein und Bier, Frischobst und Tomaten bis zu Postkarten mit Briefmarke (der Wirt trägt die Post täglich ins Dorf), tägl. bis 20:00.

windgeschützte Plätze zwischen Erlen

☺ Frühaufstehern bietet der nahe Grat (20 Min. entfernt) einen Wahnsinnssonnenaufgang!

Etappe 13: Refuge d'Usciolu – A Matalza

➲ 10,6 km, ⌛ N→S 4 Std. 30 Min., S→N 5 Std. 30 Min., ↑ 350 m, ↓ 685 m, ⇧ 1.297-1.825 m

0,0 km	⇧ 1.745 m	Refuge d'Usciolu
0,2 km	⇧ 1.786 m	Bocca di Suragheddu
0,6 km	⇧ 1.733 m	Bocca di l'Usciolu
2,7 km	⇧ 1.815 m	Punta Scaddatta
4,2 km	⇧ 1.648 m	Quelle ● (40 m entfernt)
4,7 km	⇧ 1.570 m	Bocca di l'Agnone
7,2 km	⇧ 1.297 m	Ruisseau de Partuso
8,9 km	⇧ 1.310 m	Bergerie de Basseta
9,9 km	⇧ 1.345 m	Quelle ●
10,0 km	⇧ 1.352 m	Chapelle San Petru ✝
10,6 km	⇧ 1.410 m	A Matalza

Wegweiser nach A Matalza

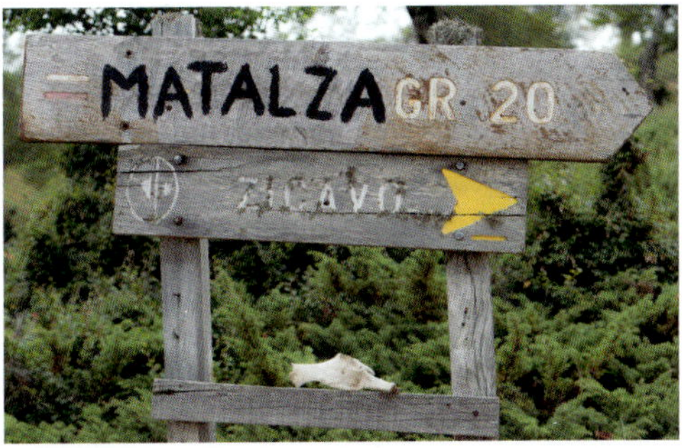

*Die Überschreitung des „Denkmalsgrates" gehört zu den spektakulärsten Abschnitten des GR 20. Vom lang gezogenen, mit bizarren Felsgebilden geschmückten Felsgrat ist zeitweise das Meer auf beiden Seiten gleichzeitig zu sehen. Nach dem Abstieg zur Bocca di l'Agnone geht es in leichtem Auf und Ab weiter über das weitläufige **Plateau du Coscione**, wo es mehrere Übernachtungsmöglichkeiten gibt. Eine „alpine" Variante, identisch mit dem früheren Verlauf des GR 20, führt über den Monte Incudine auf direktem Wege nach Asinao. Schatten ist unterwegs, abgesehen von verstreuten Buchenwäldchen auf dem Plateau du Coscione, eher rar. Dafür bietet diese Etappe einige verlässliche Trinkwasserquellen.*

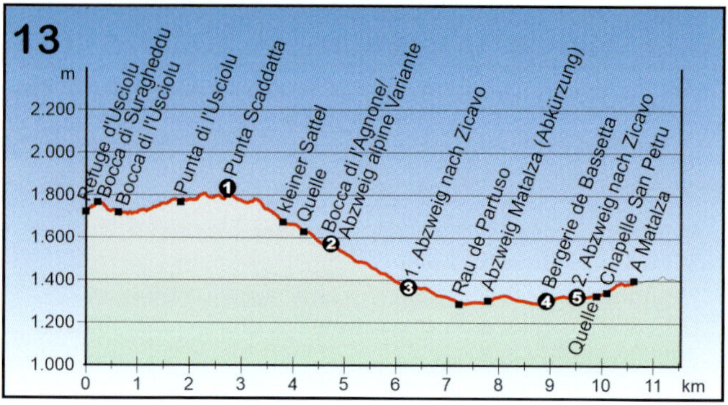

Vom **Refuge d'Usciolu** steigen Sie zum Auftakt nach Westen hoch zur nahen **Bocca di Suragheddu** (⇧ 1.786 m, km 0,2), wo sich eine **Abstiegsmöglichkeit** nach Cozzano anbietet.

Abstieg nach Cozzano (A13-1)

➲ 4,7 km, ⌛ Abstieg 2 Std., Aufstieg 3 Std., ↓ 1.055 m, ⇧ 735-1.786 m

Die gelb markierte Abstiegsroute führt von der Bocca di Suragheddu zunächst nach Südwesten durch Buchenwald zur Crête du Miratoju hinunter. Am unteren Ende dieses lang gezogenen Rückens durchquert der Pfad eine große Lichtung und mündet dann in einen Forstweg (⇧ 1.210 m, km 2,2). Sie folgen diesem nach links und biegen nach 150 m in den rechts abzweigenden Pfad ein. Dieser quert den Carpa-Bach und führt dann weiter hinunter, bis man auf die orangefarbenen Markierungen des Fernwanderweges Mare a Mare Centre trifft. Dieser leitet nach links weiter zur Ponte di Mezzanu (Brücke) an der Straße D69. Links führt diese in den Ort **Cozzano**, rechts zur nahen ⌂ Gîte d'étape Bella Vista (☞ Etappe 12, Cozzano).

Der GR 20 schlängelt sich nun, oberhalb der Baumgrenze, nach Südwesten über einen messerscharfen Grat, der das Taravo-Tal von der östlichen Küstenebene trennt. Der Grat wird oft als **Arête des Statues** bezeichnet, auf Deutsch „**Denkmalsgrat**".

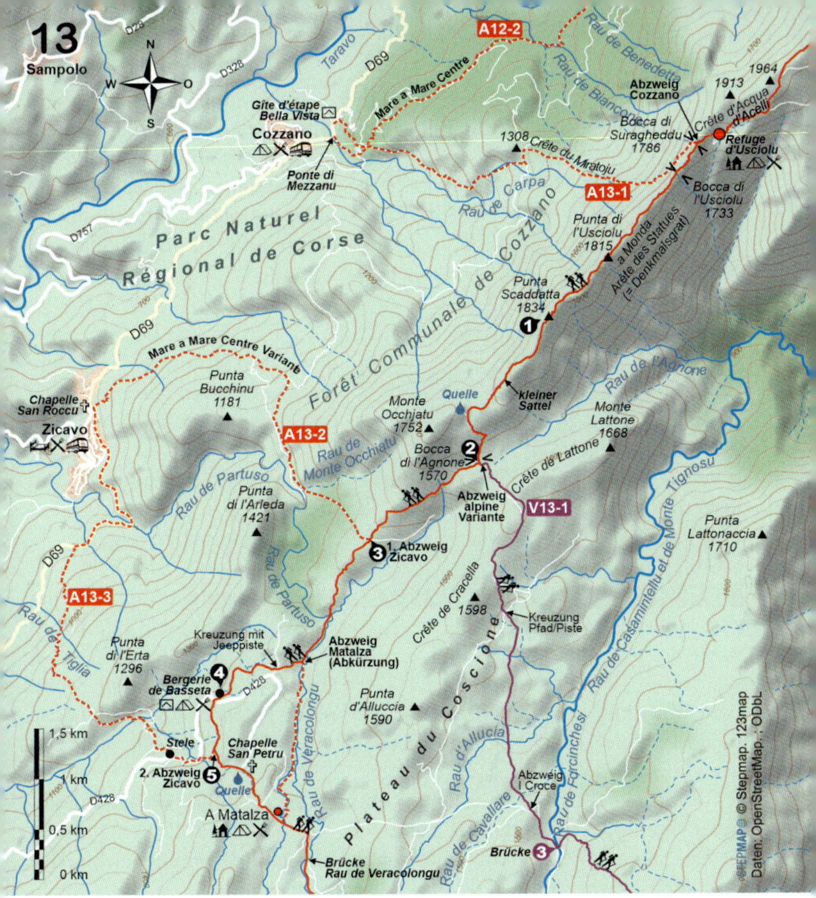

Grund sind die vielen bizarren, an Riesenstatuen erinnernden Felsformationen am Weg, der bei klarer Sicht traumhafte Ausblicke über das südkorsische Bergland gewährt. Der offizielle Gratname, **a Monda**, verweist dagegen recht unprosaisch auf die karge, vegetationsarme Umgebung des Grates.

Der Weg verläuft oft direkt auf dem Grat, weicht aber hin und wieder in die Ost- oder Westflanke aus und beinhaltet so manche (kurze) Kletterei. Nach einem abrupten Richtungswechsel inklusive Kletterei geht es bei km 2,7 ❶ links an der **Punta Scaddatta** (⇧ 1.834 m) vorbei, dem höchsten Punkt des Grates.

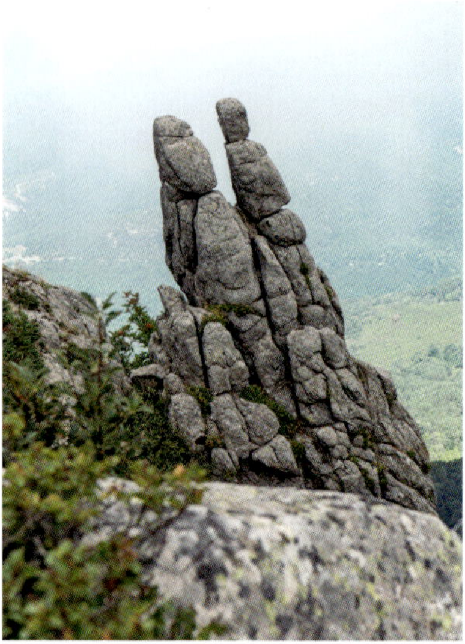

Bizarre Felstürme der Arête des Statues

Nach der Umgehung eines letzten Felsbuckels (km 3,3) taucht der Weg zwischen Erlen steil hinunter zu einem 100 m tiefer gelegenen Sattel (km 3,8), eingerahmt von lichten Buchenwäldchen.

In diesem Bereich sollte den Markierungen besondere Aufmerksamkeit geschenkt werden. Diese stehen nämlich oft weit auseinander und die Versuchung ist groß, einem der vielen kreuzenden Waldwirtschafts- oder Viehwegen zu folgen.

Ein verwitterter Pfeil mit der Aufschrift „Source" (km 4,2) weist auf eine eingefasste **Quelle** (40 m entfernt, rechts vom Weg) hin. Bald darauf erreicht der GR 20 einen zweiten, bedeutend größeren Sattel: die **Bocca di l'Agnone** ❷ (1.570 m, km 4,8). Ab hier ist der Verlauf des GR 20 seit dem Sommer 2011 geändert.

Der „alte" GR 20 ist aber als ☞ **alpine Variante über Monte Incudine** erhalten geblieben (siehe S. 190).

Der „neue" GR 20 führt heute von der **Bocca di l'Agnone** nach rechts über die Bergerie de Basseta, A Matalza und die Bergerie de Croci weiter zum Refuge d'Asinao. Die alpine Szenerie tritt nun allmählich in den Hintergrund, vor einem breitet sich das **Plateau du Coscione** aus, eine weitläufige, sanft gewellte Hochebene, bedeckt mit verstreuten Buchenwäldchen und vereinzelten vom Blitzschlag verkohlten Bäumen. Auf dem kargen Grasland weiden Kühe mit imposanten Hörnern, zwischen den Buchen tummeln sich Hausschweine, die nach Essbarem schnüffeln oder sich vergnügt grunzend in einem Schlammloch suhlen. Auch Wildschweine sind hier regelmäßig unterwegs, wie massive Wühlspuren vielerorts verraten.

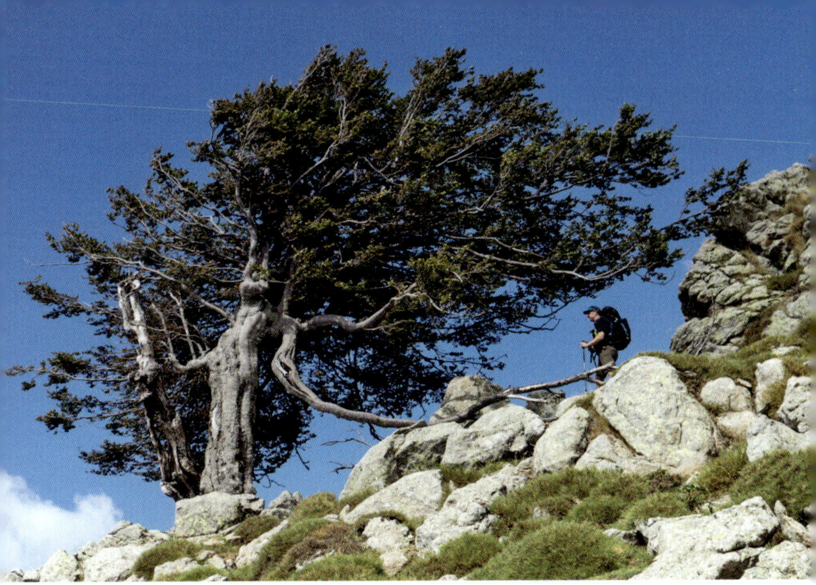

Windschiefe Buche auf der Arête des Statues

Plateau du Coscione

Das Plateau (auf korsisch *Pianu di u Cuscionu*), das sich nördlich vom Monte Incudine erstreckt, ist mit einer Fläche von 3.840 ha das größte der Insel. Am Ende der letzten Eiszeit war die Plateaulandschaft von U Cuscionu noch von einem Gletscherrandsee bedeckt, der nach und nach mit Torf verfüllt wurde. Jahrhundertelang war die 1.300 bis 1.700 m hohe Hochebene ein Zentrum korsischer Hirtenkultur. Weidendes Vieh (vor allem Schweine) gibt es noch immer, doch die meisten Bergeries (Schäfereien) sind seit Jahrzehnten verfallen, viele alte Wege von der Macchia überwuchert. Heute ist das Plateau du Coscione zusammen mit dem nahen Massiv des Monte Incudine als Natura-2000-Gebiet ausgewiesen. Auf dem Plateau sind seltene Tiere wie der (wieder angesiedelte) korsische Hirsch und Pflanzen wie der Zwerg-Augentrost und der Einfache Rautenfarn zu Hause. Vielerorts trifft man auch die charakteristische *pozzine* ☞ Land und Leute, Flora).

Bei einem kleinen Wäldchen passieren Sie einen Rechtsabzweig ❸ mit einer ersten **Abstiegsmöglichkeit nach Zicavo**.

Abstieg nach Zicavo (A13-2)

4,5 km, Abstieg 1 Std. 30 Min., Aufstieg 2 Std., ↑ 20 m, ↓ 665 m, ⇧ 730-1.375 m

Die Abstiegsroute nach Zicavo ist zunächst gelb markiert. Von der Weggabelung steigen Sie nach Nordwesten ins Tal des Ruisseau de Partuso ab. Dort queren Sie den Ruisseau de Monte Occhiatu, einen Nebenbach des Partuso-Baches. Anschließend führt der Weg an einer langen moosbewachsenen Steinmauer entlang, verliert im Schatten von knorrigen Eichen und jahrhundertealten Kastanienbäumen weiter an Höhe und trifft bei Manoga (Flurname) auf eine orange markierte Variante des Fernwanderweges Mare a Mare Centre. Sie folgen den orangefarbenen Markierungen nach links (rechts geht es nach Cozzano), steigen durch alte Kastanienhaine weiter ab und erreichen schließlich, gleich unterhalb der Chapelle San Roccu, die Straße D69 am Nordrand von **Zicavo**.

Zicavo

⇧ 720 m, 20132, 225 Ew.

Le Florida, Foce, ☎ 04 95 24 43 11, hotel.leflorida@orange.fr, www.hotelleflorida-corse.com, ganzjährig, 5 Zi, @ P, Kreditkartenzahlung möglich, DZ € 65-70, HP DZ € 120, F € 7, € 8, Restaurant mit traditioneller Karte, lauschige Terrasse

Jean-Charles Castellani, avenue Antoine Piazza, ☎ 04 95 24 40 08

Ajaccio – Cozzano – Palneca: ganzjährig, 1x tägl.; im Juli und Aug tägl. ab Zicavo um 7:20, ab Ajaccio (Gare routière) um 16:00; von Sep bis Juni ab Zicavo Mo-Sa um 7:20, ab Ajaccio Mo-Sa um 16:00 (Fr 17:30 während der Schulzeit). Fahrpreis Zicavo – Ajaccio: € 9,60. **Autocars Santoni**, ☎ 04 95 22 64 44, Fahrpläne unter www.corsicabus.org

Die rot-weißen GR-Markierungen führen nach Südwesten weiter. Das Bachbett des **Ruisseau de Partuso** wird auf Trittsteinen überwunden. Bei Hochwasser kann es jedoch notwendig sein, den Bach barfuß zu durchwaten.

Anschließend wandern Sie talaufwärts weiter durch einen märchenhaften Wald mit knorrigen Buchen und großen moosbewachsenen Felsen, in den Ohren das Plätschern des nahen Baches, der mit manch schöner Badestelle überrascht.

Bei einer Weggabelung (km 7,8) müssen Sie sich entscheiden: Der linke Weg (Schild „Matalza“) führt auf direktem Wege zum 2 km entfernten Refuge de Matalza weiter (1 km kürzer), der rechte, der GR 20 (Schild „Bergerie de Basseta“), kreuzt eine Jeeppiste und schlängelt sich dann durch offenes Terrain mit Farnbewuchs zunächst zur nahen **Bergerie de Basseta ❹** (km 8,9) weiter.

Bergerie de Basseta, 09 71 72 56 95 und 06 76 78 40 48, bassetagr20@gmail.com, www.bergerie-de-basseta.fr, Mai bis Okt, 2 Lager (14 bzw. 9 Pers.) und 5 Chalets (4-6 Pers., Privatbad), @, Lager: Ü € 11-15, HP € 40,50-43,50; Chalet: HP € 55 (min. 2 Pers.), F € 5, € 14. Verkauf von korsischen Spezialitäten (Wurst, Käse usw.) von lokalen Erzeugern, Proviant und Ausrüstung für Wanderer (Stirnlampen, Trinkflaschen, Sonnencreme usw.)

bei der Bergerie de Basseta, Ü € 9/Pers., Leihzelt € 10, HP € 38,50/Pers.

Der GR 20 quert die Straße **D428**, zieht sich westlich um eine grasbewachsene Hügelkuppe und stößt (in etwa 1.350 m Höhe) auf eine zweite **Abstiegsmöglichkeit nach Zicavo ❺**.

Abstieg nach Zicavo (A13-3)

6,1 km, Abstieg 1 Std. 30 Min., Aufstieg 2 Std. 15 Min,
↑ 40 m, ↓ 655 m, ⇧ 730-1.340 m

Von der Weggabelung führen gelbe Markierungen nach Westen durch den Wald hinunter zur Straße **D428**, der Sie nach links folgen. Bei einer Stele (350 m weiter) verlassen Sie die Straße und folgen dem rechts abzweigenden Pfad, der nach Nordwesten in den Buchenwald hinunterführt. Der Weg quert einige Male eine Piste und quert in etwa 1.185 m Höhe den Tinturaio-Bach (km 1,2).

Anschließend kreuzt er ein weiteres Mal die Piste, zieht sich dann über das Plateau de Bustelica westlich um die Punta di l'Erta und fällt schließlich durch mehrere Vegetationsstufen, zum Teil recht steil, zur Straße D69 ab.

Auf der Straße geht es nach rechts in den 2 km entfernten Ort **Zicavo** weiter.

400 m weiter befindet sich rechts vom Weg eine eingefasste **Quelle** (Schild „Source"). Anschließend queren Sie das Ende der Straße D428, ziehen rechts an der **Chapelle San Petru** (1.365 m, km 10) vorbei und überwinden eine kleine, mit Buchen bestandene Anhöhe, wo der GR 20 in einen geschotterten Fahrweg mündet, auf dem Sie nach rechts zum nahen **Refuge de Matalza** gelangen.

Refuge de Matalza, 09 88 77 47 97, matalza@orange.fr, www.refugedematalza.com, Juni bis Sep, privat geführte Hütte mit 12 Schlafplätzen, Kreditkartenzahlung möglich, Ü € 17, HP € 45, F € 6, € 12. Reservierung per E-Mail erforderlich

Schöne, eingezäunte Rasenfläche beim Refuge de Matalza, WC, Ü € 7/Pers., Leihzelt € 11, HP € 35, HP + Leihzelt: € 46 für 1 Pers., € 81 für 2 Pers.

Alpine Variante Etappe 13: Über den Monte Incudine zum Refuge d'Asinao (V13-1)

15,8 km, N→S 8 Std., S→N 9 Std., 975 m, 1.1.85 m, 1.422-2.134 m

0,0 km	1.745 m	Refuge d'Usciolu
0,2 km	1.786 m	Bocca di Suragheddu
2,7 km	1.815 m	Punta Scaddatta
4,2 km	1.648 m	Quelle (40 m entfernt)
4,7 km	1.570 m	Bocca di l'Agnone
8,8 km	1.468 m	Abzweig nach I Croce
9,4 km	1.430 m	Ruisseau de Forcinchesi
10,5 km	1.615 m	Refuge de Pedinielli (Ruinen)
10,8 km	1.671 m	Quelle
11,7 km	1.808 m	Col de Luana
13,8 km	2.134 m	Monte Incudine
14,3 km	2.025 m	Bocca Stazzunara
15,8 km	1.535 m	Refuge d'Asinao ()

Diese „alpine" Variante ist wie alle offiziellen GR-20-Varianten mit gelben Doppelbalken markiert. Sie führt zu Beginn über das leicht wellige Plateau du Coscione weiter. Danach folgt ein langer, gleichmäßiger Anstieg, zunächst im Schatten von Buchen bis zur Col de Luana, dann ohne Schat-

ten über einen langen Grat zum Gipfel des Monte Incudine. Von dort steigen Sie in wenigen Minuten zur Bocca Stazzunara ab, wo Sie wieder auf den GR 20 treffen. Unterwegs gibt es eine ausgewiesene Quelle.

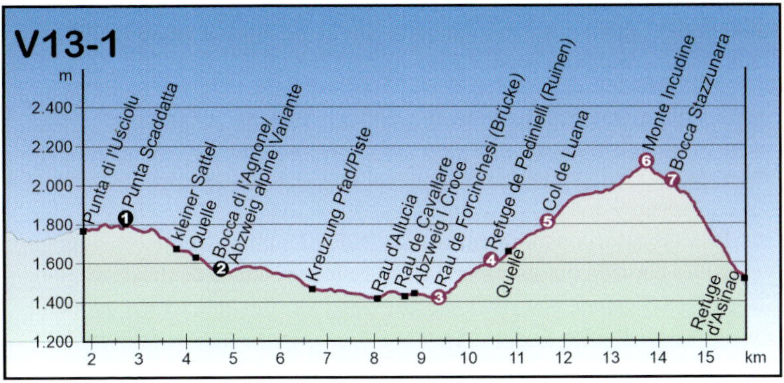

Sie wandern zunächst von der **Bocca di l'Agnone ❷** (km 4,7) nach Südosten und queren, im Schatten lichter Buchenwäldchen, den sanft gewölbten Rücken der **Crête de Lattone**. Die Variante kreuzt eine Piste (km 6,7) und zwei Bäche, den Allucia-Bach (km 8,1) und den Cavallare-Bach (km 8,6). 200 m nach Letzterem lassen Sie die rechts abzweigende Piste zu der (3 km entfernten) ☞ ⌂ Bergerie de Croci unbeachtet.

Eine Hängebrücke führt über den)(**Ruisseau de Forcinchesi ❸** (km 9,4), der bei Hochwasser recht bedrohliche Ausmaße annehmen kann. Die jetzige Brücke wurde im Sommer 1998 errichtet, nachdem ihre Vorgängerin während der Schneeschmelze von den reißenden Fluten zerstört worden war.

Der Weg schlängelt sich nun in Serpentinen nach Südosten durch lichte Buchenwäldchen hinauf. Auf einer großen Waldlichtung tauchen rechts die Ruinen des **Refuge de Pedinielli ❹** (⇧ 1.615 m, km 10,5) auf, das bereits vor Jahrzehnten bis auf die Grundmauern niedergebrannt ist. Wenig später treffen Sie auf eine eingefasste 💧 **Quelle** (km 10,8). Diese liegt in etwa 1.675 m Höhe links vom Weg.

☝ Hier empfiehlt es sich, noch einmal die Trinkflaschen aufzufüllen, denn bis zum Refuge d'Asinao gibt es keinen Tropfen mehr!

Oberhalb der Quelle klettert der Weg über die Baumgrenze hinaus und führt nach Südosten weiter zum **Col de Luana** ❺ (⇧ 1.808 m, km 11,7), wo Sie unvermittelt in die steil abfallende Ostflanke der **Crête de la Foce Aperta** blicken. Die gelben Markierungen knicken nun abrupt nach Süden und führen direkt auf dem Grat zum Gipfel des **Monte Incudine** ❻ (auf Korsisch *L'Alcudina*) hoch.

Die Aufstiegsroute ist recht leicht und beeindruckt mit einer großartigen Aussicht, bietet aber kaum Windschutz, insbesondere wenn der unberechenbare Mistral von Nordwesten her über den Kamm fegt.

Den Gipfel des **Monte Incudine** (⇧ 2.134 m, km 13,7) schmückt ein massives Gipfelkreuz aus Holz. Seinen Namen verdankt der höchste Gipfel Südkorsikas einem ambossähnlichen Felsen, ca. 200 m tiefer auf dem Südwestgrat des Berges.

Der Gipfel bietet eine phänomenale Rundumsicht! Bei guten Sichtverhältnissen überschaut man vom Monte Incudine einen Großteil der korsischen Bergwelt. Im Süden erheben sich die zackigen Bavella-Türme, die „Dolomiten Korsikas", dahinter zeichnen sich bei klarer Sicht die Umrisse der sardischen Küste ab. Im Norden thronen die markanten Gipfel von Paglia Orba, Monte Rotondo und Monte Cinto. Im Osten sind manchmal sogar die Insel Elba und das italienische Festland zu sehen.

Ein vertrautes Bild auf dem Plateau du Coscione: weidende Schweine

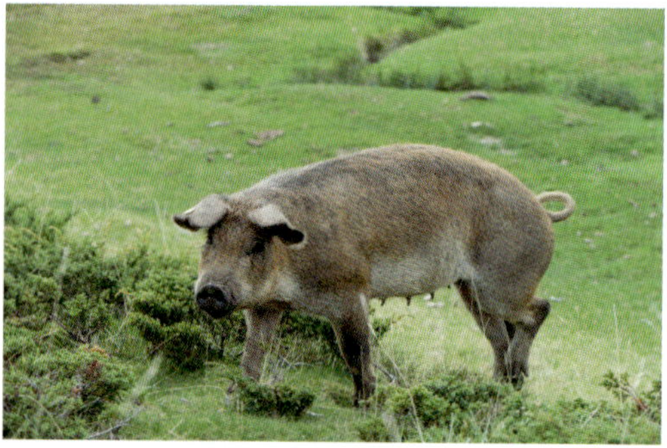

Vom Gipfel des Monte Incudine steigen Sie über den Südwestgrat ab zur nahen **Bocca Stazzunara** ❼ (⇧ 2.025 m, km 14,3). Auf dem Pass treffen Sie wieder auf die rot-weißen GR-Markierungen (bei km 8,2 der ☞ Etappe 14).

Etappe 14: A Matalza – Refuge d'Asinao

9,8 km, N→S 4 Std. 30 Min., S→N 4 Std., ↑ 635 m, ↓ 510 m, ⇧ 1.407-2.025 m

0,0 km	⇧ 1.410 m	A Matalza
0,6 km	⇧ 1.425 m	Ruisseau de Veracolongu
0,8 km	⇧ 1.422 m	Rechtsabzweig von Schotterpiste
2,3 km	⇧ 1.470 m	Funtana di Vallecionca
3,0 km	⇧ 1.543 m	Bergerie de Croci
3,9 km	⇧ 1.622 m	Linksabzweig in scharfer Rechtskurve der Schotterpiste
6,2 km	⇧ 1.743 m	Bocca di Chiralba
8,2 km	⇧ 2.025 m	Bocca Stazzunara
9,8 km	⇧ 1.535 m	Refuge d'Asinao

Im Mittelpunkt dieser Etappe steht der Monte Incudine, der markanteste Gipfel Südkorsikas. Zum Auftakt steigen Sie über das Plateau du Coscione zur Bocca di Chiralba hoch. Unterwegs bietet die Bergerie de Croci eine weitere Übernachtungs- und Einkehrmöglichkeit. Vorbei an der Bocca di Chiralba weicht das Plateau einer schroffen Felslandschaft, in der es, nun wesentlich steiler, zur Bocca Stazzunara weiter hochgeht. Vom Pass lohnt sich ein Abstecher zum nahen Gipfel des Monte Incudine. Größte Herausforderung des Tages ist der sehr steile Abstieg über stark geneigte Felsplatten und Geröll zum Refuge d'Asinao.

Der erste Abschnitt dieser Etappe führt weiter über die ausgedehnten Weidegebiete des Plateau du Coscione. Von A Matalza wandern Sie zunächst auf dem geschotterten Fahrweg weiter. Sie überqueren die Brücke über den **Ruisseau de Veracolongu.** 150 m hinter der Brücke verlassen Sie ihn und folgen dem rechts abzweigenden Pfad, der am Bachufer nach Süden weiterführt. Achtung: Der Abzweig ist recht dürftig ausgeschildert!

An der Bachgabelung weitet sich der Weg zu einem Feldweg (ab km 1,6), der zunächst am Ufer des Croce-Baches nach Osten führt. Wo der Feldweg 150 m weiter nach links (Richtung Norden) vom Wasser wegführt, wählen Sie den rechts abzweigenden Trampelpfad, der leicht ansteigend zunächst nach Nordosten führt. Sie passieren eine **Quelle**, die **Funtana di Vallecionca** (km 2,3), und erreichen bald die **Bergerie de Croci ❶** (km 3).

Bergerie de Croci, Jean-Louis & Louis Leandri, 09 82 12 33 10, 06 75 49 60 59 und 06 89 56 26 52, Reservierung min. 3 Tage im Voraus per SMS, da es vor Ort keinen Handyempfang gibt (soll erst ab 2023 kommen), leandri.louis@gmail.com, www.gr20-croci.com, Mai bis Mitte Okt, privat geführte Gîte mit 34 Betten (3 Lager). (kalt), Ü € 12, HP € 40, F ab € 8, € 10. Jean-Louis Leandri, ein Schweinezüchter aus Zicavo, und sein Sohn Louis verwandelten die verfallene Bergerie in eine Gîte mit vorzüglicher Küche. ☺ Köstlich: das üppige Lunchpaket mit Salat, hausgemachter Wurst, Käse, Brot und Obst. Der Umwelt zuliebe empfiehlt sich die Mitnahme einer kleinen, wiederverwendbaren Plastikbox für den Salat. Abendessen (3-Gänge-Menü) € 25, Tageskarte mit Gerichten zubereitet mit hausgemachten Produkten: Wurst- und Käseplatten, Omelette, belegte Brote, Salate; manchmal bereichern Langusten aus Porticcio die Karte. ☺ Die Omelette sind der Hammer: Die „kleinen" sind groß, die „großen" (10 Eier!) riesig … Von der Terrasse genießt man die Aussicht auf das Plateau du Coscione und die fernen Gipfel von Paglia Orba und Capu Tafunatu. Verkauf von Proviant (Brot, Obst, Tomaten, Getränken usw.) und hausgemachten Produkten: Fleischwaren (*coppa, figatelli* usw.), Käse, Clementinenmarmelade … In der Saison kann vor Ort ein Physiotherapeut und Podologe konsultiert werden.

Großer, terrassenförmig angelegter Zeltplatz gegenüber der ☞ Bergerie de Croci, Ü € 8/Pers., Leihzelt + Schlafmatte € 12, HP € 36/Pers.

Jean-Louis Leandri setzt ganz auf Produkte aus eigener Herstellung

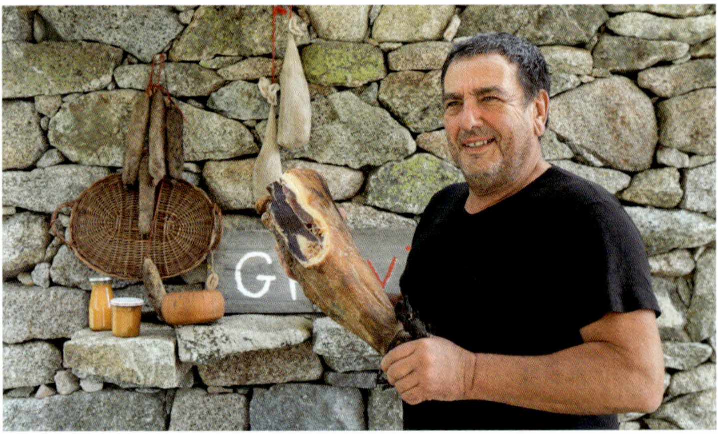

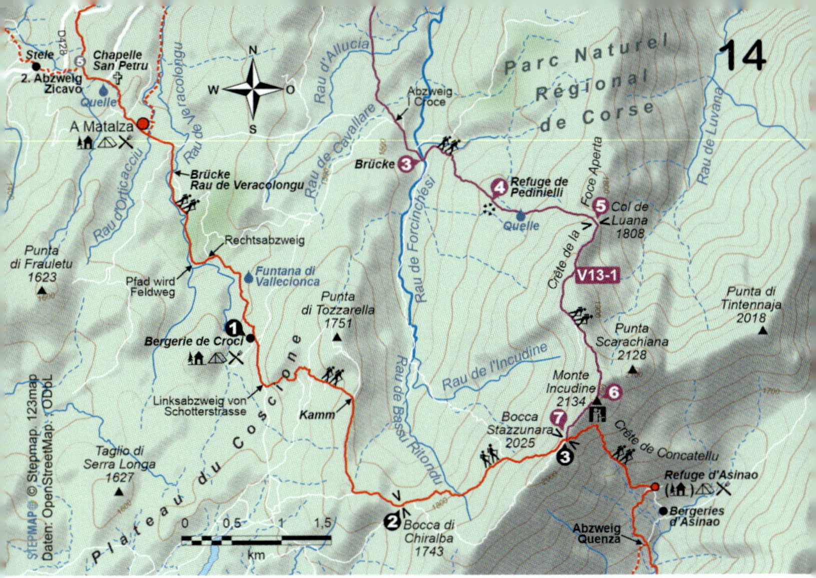

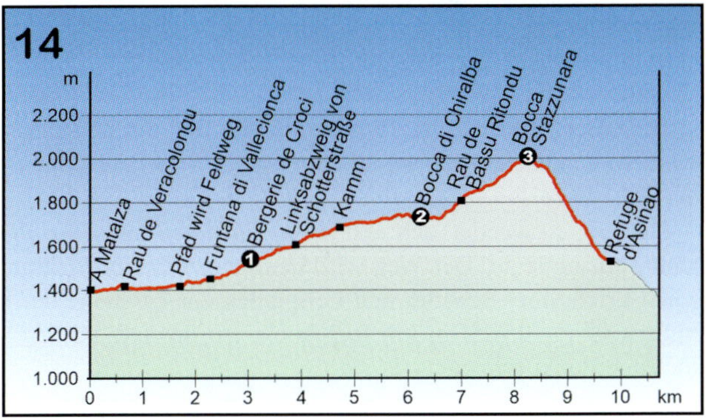

Von der Bergerie wandern Sie auf dem Schotterweg nach Süden weiter und gewinnen dabei etwas an Höhe. In einer Rechtskurve (km 3,9) wählen Sie den links abzweigenden Trampelpfad (Pfeil „Bocca Stazzunara/Asinao“) und steigen durch eine offene Weidelandschaft allmählich weiter zu einem breiten Bergrücken auf, auf dem es nun zunächst nach Süden weitergeht.

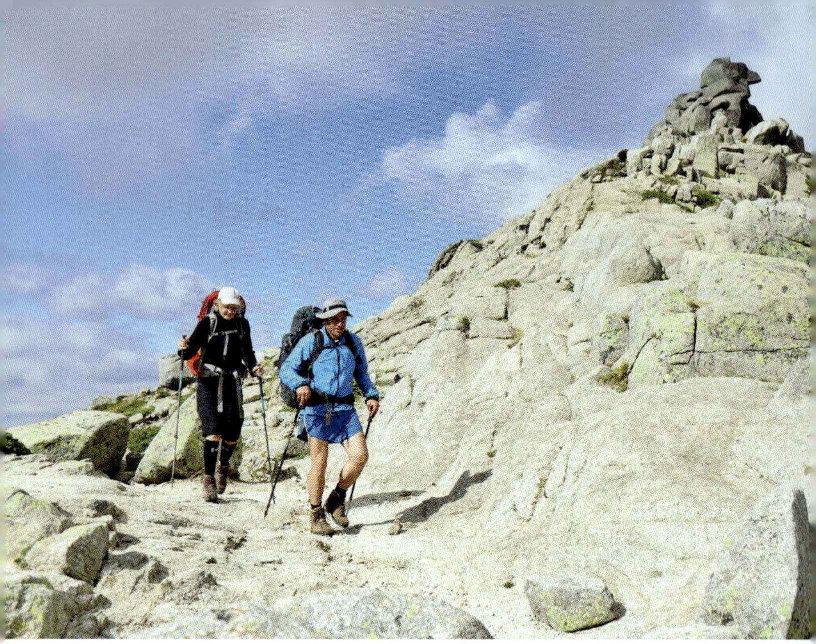

Abstieg von Monte Incudine zur Bocca Stazzunara

Bei einem Pfosten ohne Pfeil ignorieren Sie einen Rechtsabzweig und wandern nun nach Osten weiter zum breiten Sattel der **Bocca di Chiralba** ❷ (⇧ 1.743 m, km 6,2).

Der GR 20 wendet sich nun nach Nordosten und führt direkt auf den Monte Incudine zu. Der Weg wird deutlich steiler und schraubt sich zwischen Erlen, über Schotter und Felsplatten zur Passhöhe der **Bocca Stazzunara** ❸ (⇧ 2.025 m, km 8,2) hoch, wo der GR 20 Süd auch seinen höchsten Punkt erreicht.

↳ Bei guter Sicht lohnt sich ein Abstecher (⧗ ca. 30 Min. hin und zurück) von der Passhöhe zum nahen Gipfel des Monte Incudine (⇧ 2.134 m). Der Gipfelausblick ist grandios (☞ Alpine Variante über Monte Incudine). Ist Gewitter im Anmarsch, sollte auf den „Gipfelsturm" verzichtet und unverzüglich nach Asinao abgestiegen werden. Der Gipfelgrat bietet keinen Schutz!

Im Vergleich zum Aufstieg zur Bocca Stazzunara ist der Abstieg nach Asinao ungleich schwerer. Er ist extrem steil und belastet die Kniegelenke sehr. Beim Abstieg empfiehlt sich der Einsatz von Wanderstöcken, die die Gelenke entlasten. Vor allem in den oberen zwei Dritteln sind etliche stark geneigte Granitplatten zu bewältigen (Rutschgefahr bei Nässe!). Bis in den Juni hinein können Altschneefelder den Abstieg zusätzlich erschweren!

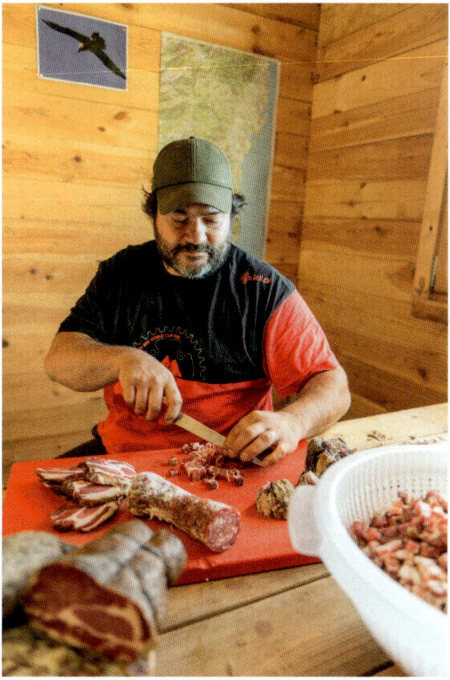

Der Hüttenwirt von Asinao, Aimé Dami

Die Markierungen führen zunächst nach Nordosten, bis man sich genau unter dem Hauptgipfel des Monte Incudine befindet, und führen dann mehr oder weniger direkt auf das bereits von Weitem sichtbare (⛺) **Refuge d'Asinao** (⇧ 1.536 m, km 9,8) zu.

(⛺) Die PNRC-Hütte ist im Winter 2016 einem Brand zum Opfer gefallen. Der für 2020 geplante Neuaufbau wurde aufgrund der Covid-19-Pandemie auf unbestimmte Zeit verschoben. Die Sanitäranlagen wurden nicht zerstört und stehen nach wie vor zur Verfügung. Für die Übernachtung werden Leihzelte und Schlafmatten zu den üblichen Konditionen zur Verfügung gestellt. 🚪 Ganzjährig, Hüttenwirt: 1.6. bis 1.10. 🚿 ✕ . Frühstück und Abendessen werden in einer kleinen, eigens dafür errichteten Holzhütte serviert.

⛺ viele gute Zeltmöglichkeiten bei der ⛺

Etappe 15: Refuge d'Asinao – Refuge de Paliri

15 km, N→S 6 Std., S→N 7 Std., ↑ 610 m, ↓ 1.090 m, ⇧ 1.022-1.546 m

0,0 km	⇧ 1.536 m	Refuge d'Asinao (...)
1,1 km	⇧ 1.334 m	Ruisseau d'Asinao
3,3 km	⇧ 1.315 m	Abzweig „alpine" Variante Bavella
7,9 km	⇧ 1.050 m	Ruisseau de Caracutu
10,2 km	⇧ 1.200 m	Abzweig „alpine" Variante Bavella
10,5 km	⇧ 1.218 m	Col de Bavella
10,9 km	⇧ 1.200 m	Village de Bavella
12,4 km	⇧ 1.025 m	Ruisseau de San Petru
13,4 km	⇧ 1.206 m	Foce Finosa
15,0 km	⇧ 1.055 m	Refuge de Paliri

Die Bavella-Türme Punta di l'Arjettu und Punta di l'Acellu

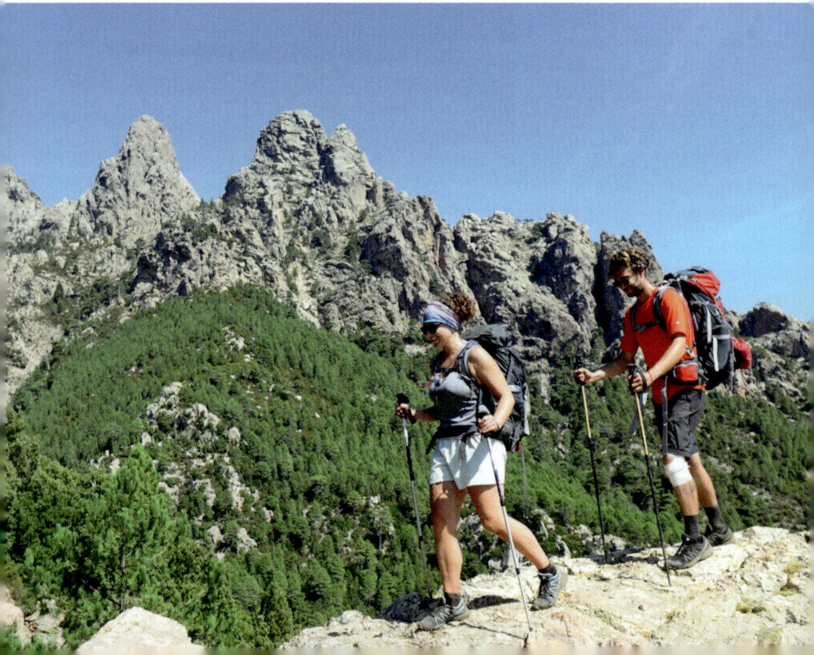

Die vorletzte Etappe wartet mit einem besonderen landschaftlichen Highlight auf: Die wilden Granittürme der ***Aiguilles de Bavella*** *gehören zu den spektakulärsten Massiven Korsikas. Zwei Wege führen von Asinao zum Col de Bavella: Der GR 20 führt über weite Strecken durch Nadelgehölz westlich um die Bavella-Türme herum, die „alpine" Variante quer über das Massiv. Vom Col de Bavella leitet der GR 20 über die Bocca Finosa, einen weiteren Pass, zum malerisch gelegenen Refuge de Paliri.*

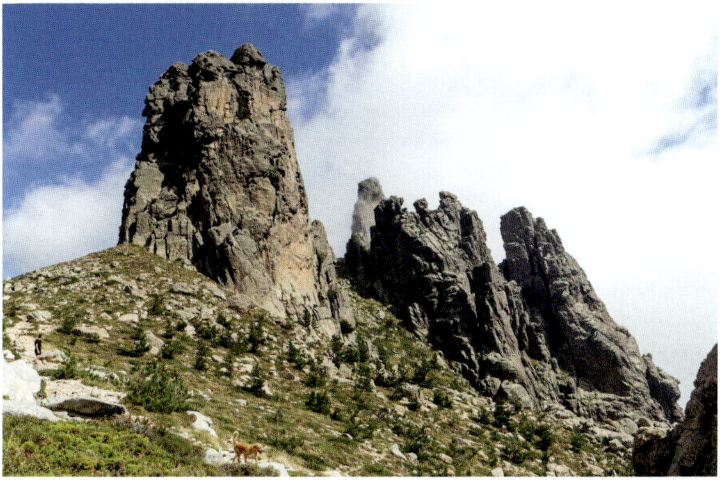

Die Bavella-Türme Punta di u Pargulu und Puntali di Pampalonu

Der GR 20 führt vom **Refuge d'Asinao** in weitem Bogen westlich um die **Bergeries d'Asinao** hinunter. In 1.400 m Höhe passieren Sie einen Rechtsabzweig, der eine **Abstiegsmöglichkeit nach Quenza** bietet.

↳ Abstieg nach Quenza (A15-1)

11,9 km, Abstieg 3 Std., Aufstieg 4 Std., ↑ 95 m, ↓ 675 m, ⇧ 815-1.400 m

Die gelb markierte Route verläuft zunächst am rechten Ufer des **Ruisseau d'Asinao** entlang, der bei einer Staumauer (in etwa 1.080 m Höhe) ein erstes Mal gequert wird.

Der Weg mündet hier in einen Schotterweg (km 2,3), auf dem Sie weiter absteigen. Nach 200 m wird der Asinao-Bach erneut gequert. Bei einer Gabelung zweier Forstwege (km 3,3) wählen Sie den rechten Weg, der durch einen Eichenwald zum Weiler **Prugna** (km 7,3) leitet. Wo er an der Straße D520 endet, folgen Sie dieser nach rechts, halten sich aber nach 50 m links und folgen nun dem Fahrweg nach Cantoli. Nach weiteren 600 m wählen Sie den nach links abzweigenden Pfad, der im leichten Auf und Ab nach Südwesten weiterleitet. Dieser mündet schließlich in die Straße D520 (km 11,1), auf der es links nach **Quenza** weitergeht.

Quenza

815 m, 20122, 200 Ew.

Sole e Monti, Castagna d'Antone (an der D420), 04 95 78 62 53, info@solemonti.com, www.solemonti.com, Anfang Mai bis Sep, 20 Zi, @, Kreditkartenzahlung möglich, EZ/DZ ab € 94, HP EZ ab € 144, HP DZ ab € 194, F € 10, € 10

♦ **Corse Odyssée, quartier Pentaniella**, 06 86 89 22 03, gite@gite-corse-odyssee.com, www.gite-corse-odyssee.com, ganzjährig (Okt bis April auf Anfrage), 5 Zi, @, Kreditkartenzahlung möglich, ÜF DZ € 95, HP DZ € 145

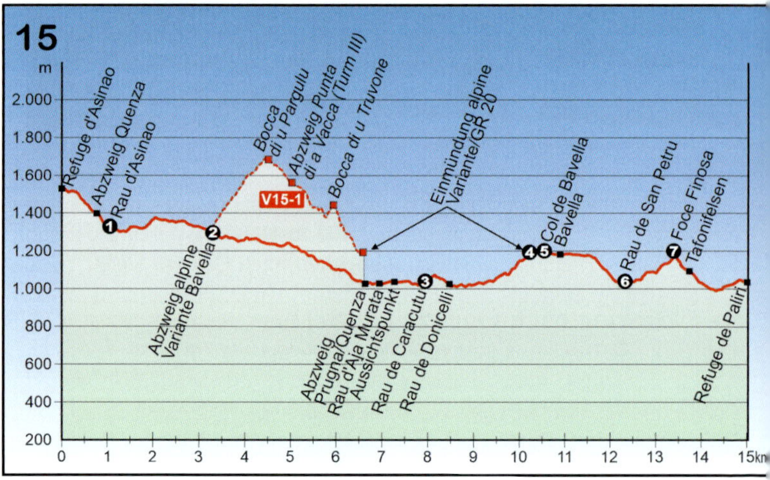

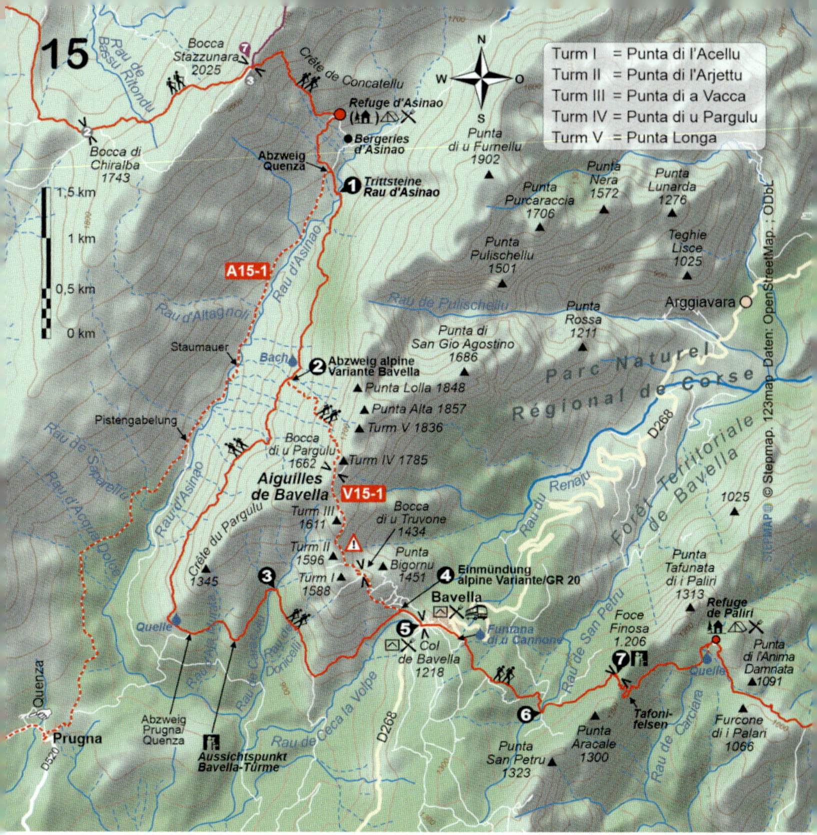

mehrere Restaurants im Zentrum

Ajaccio – Quenza – Porto-Vecchio: ganzjährig, im Juli und Aug 1x tägl. ab Quenza nach Ajaccio um 8:35 bzw. nach Porto-Vecchio um 17:30, ab Porto-Vecchio um 7:00, ab Ajaccio um 15:30; von Sep bis Juni fährt der Bus nur Mo und Fr (gleiche Uhrzeiten). Abfahrt in Quenza von der place de l'Église, in Ajaccio vom Gare routière, in Porto-Vecchio vom Gare routière (am Hafen). Fahrpreis Quenza – Ajaccio: € 14,60, Quenza – Porto-Vecchio: € 2,40. **Balesi Evasion**, ☏ 04 95 70 02 50, balesi.parc@balesi-auto.com, www.corsicabus.org

Taxi Panzani, ☏ 04 95 78 66 53, 06 14 69 84 66

70 m tiefer wird der **Ruisseau d'Asinao ❶** (km 1,1) auf Trittsteinen überquert.

Vorsicht bei Hochwasser, vor allem im Frühsommer (Schneeschmelze)!

Der GR 20 steigt nun rasch hoch über den Asinao-Bach hinauf und schlängelt sich dann ohne größere Höhenunterschiede nach Süden weiter. Schroffe, felsige Passagen wechseln mit bequemen Waldwegen im Schatten von Kiefern und Birken. Auch fürs Auge gibt es einiges: Zwischen dem Laub erhascht man ab und zu schon einen Blick auf die Bavella-Türme. Mehrere Bäche liefern Trinkwasser.

Aiguilles de Bavella

Mit Höhen von bis zu 1.855 m gehört das Bavella-Massiv zwar nicht zu den höchsten, aber durchaus zu den spektakulärsten Gebirgsgruppen Korsikas. Die Insulaner bezeichnen die spitzen Türme, die einst nüchtern als Turm I bis VII beschrieben wurden, liebevoll als *Cornes d'Asinao*, also „Eselsohren", unter Kletterern ist oft von den „Dolomiten Korsikas" die Rede. Da hört der Vergleich aber auch auf, denn im Gegensatz zu ihren italienischen „Vettern" bestehen die Bavella-Türme nicht aus Dolomit, sondern aus Granit und Porphyr. Erhalten geblieben sind die schroffen Türme, weil sie nicht, wie viele andere korsische Gipfel, von Eiszeitgletschern bearbeitet wurden. Die geschlossene Vergletscherung reichte nur bis zum Massiv des Monte Incudine, nördlich der Bavella-Gruppe.

Auf viele Korsika-Besucher übt das Bavella-Gebiet mit seinen windzerzausten, bis zu 500 Jahre alten Laricio-Kiefern und spektakulären Türmen eine magische Anziehungskraft aus. Mit etwas Glück lassen sich dort Mufflons beobachten, außerdem Bartgeier und Steinadler (☞ Land und Leute, Fauna).

☺ Besonders spektakulär ist die Szenerie, wenn das Licht der auf- oder untergehenden Sonne die Granitburgen flammend rot aufleuchten lässt.

Mitten im Wald zweigt die ☞ **alpine Variante zum Col de Bavella ❷** (Schild „Variante alpine", km 3,3) nach links ab.

↳ Alpine Variante zum Col de Bavella (V15-1)

➲ 3,3 km, ⌛ N→S 3 Std., S→N 3 Std. 15 Min., ↑ 435 m, ↓ 540 m, ⇧ 1.200-1.677 m

*Von der „alpinen“ Variante lassen sich die wilden Granittürme der **Aiguilles de Bavella** besonders gut aus nächster Nähe betrachten. Die Strecke ist 3,6 km kürzer, aber anspruchsvoller als der GR 20. Trittsicherheit, Schwindelfreiheit und Ausdauer sind Voraussetzung. Auch einige kurze, meist mit Ketten gesicherte Kletterpassagen sind zu bewältigen. Der Weg ist mit gelben Doppelbalken markiert, streckenweise gibt es auch Steinmännchen.*

Im Zweifelsfall sind die gelben Markierungen ausschlaggebend, da die Steinmännchen z. T. auch Zugangsrouten zu einzelnen Klettergipfeln angeben.

Der Aufstieg verläuft weitgehend im Waldschatten, zwischen den Granittürmen gibt es kaum Schatten. Nehmen Sie ausreichend Trinkwasser mit, unterwegs gibt es keine Quellen!

Vom Schild „Variante alpine“ windet sich ein steiler Pfad in engen Kehren durch den Wald nach Südosten empor. In 1.600 m Höhe ist die Baumgrenze erreicht und es eröffnet sich eine erste spektakuläre Aussicht auf die Felstürme der **Punta Longa** (Turm V, 1.836 m) und der **Punta di u Pargulu** (Turm IV, 1.785 m). Der Weg schwenkt nach Süden, führt rechts am Turm IV vorbei und fällt etwas ab zur **Bocca di u Pargulu** (⇧ 1.662 m, km 1,3), wo die Wasserscheide erreicht wird. Von diesem Pass geht es nach Süden weiter bergab. Dabei gehen Sie zunächst direkt auf die Punta di a Vacca (Turm III, 1.611 m) zu, einen der wenigen Gipfel im Bavella-Massiv, die sich ohne Kletterausrüstung erobern lassen.

↳ Gipfelstürmer achten in etwa 1.550 m Höhe (km 1,8) auf den Rechtsabzweig. Die Aufstiegsroute zur Punta di a Vacca ist mit Steinmännchen markiert und erfordert etwas leichte Kletterei (**I+**). Der Abstecher lohnt sich wegen des fabelhaften Rundumblicks auf die gesamte Bavella-Gruppe. Nach Westen schaut man sogar bis zum Golf von Valinco. ⇔ ⌛ 30 Min.

Die gelben Markierungen führen links an der Punta di a Vacca vorbei und leiten zum Sattel zwischen Punta di a Vacca und **Punta di l'Arjettu** (Turm II, 1.596 m) hinunter. Nach Osten schweift der Blick jetzt bis zur Küstenregion bei Solenzara, in Gehrichtung ist schon das „Nadelöhr" der Variante zu sehen: Eine abschüssige Granitplatte muss mithilfe einer langen Kette (km 2,3) hochgeklettert werden.

Auf diesem Abschnitt kommt es nicht selten zu Staus, nicht zuletzt wegen der überhöhten Felsstufe (Kletterei **II**), die den Einstieg markiert.

Die Markierungen ziehen am Fuß der Punta di l'Arjettu vorbei, wenden sich dann nach Südosten und schlängeln sich über weitere Granitplatten (rutschig bei Nässe!) nordöstlich an der **Punta di l'Acellu** (Turm I, 1.588 m) vorbei. Anschließend steigen Sie durch Kiefernwald zu der **Bocca di u Truvone** (⇧ 1.434 m, km 2,7) hoch.

Von dieser Scharte führen die gelben Streifen durch eine spektakuläre Umgebung mit bizarren Tafonifelsen, schroffen Geröllfeldern und windzerzausten Kiefern steil hinunter, bis Sie kurz vor dem Col de Bavella wieder auf den GR 20 stoßen (km 3,3).

Der GR 20 schlängelt sich gemütlich weiter, verliert allmählich an Höhe und gewährt immer wieder Ausblicke in das Asinao-Tal. Während sich der Weg um die **Crête du Pargulu** windet, springt die Änderung der Vegetation ins Auge. An die Stelle von Kiefer und Birke treten Zistrose, Erdbeerbaum, Ginster und Wacholder: Schattiger Wald weicht dem undurchdringlichen Gestrüpp der hohen Macchia. Kurz nach einem Schwenk nach Osten taucht am Wegesrand eine **Quelle** (km 6,4) auf. 200 m weiter lässt man den Rechtsabzweig nach Prugna und Quenza (km 6,6) unbeachtet.

In Vogelfluglinie ist der Col de Bavella zum Greifen nahe, doch der Weg zieht sich hin. Schuld sind die vielen tief eingeschnittenen Bachtäler. Nachdem Sie den Ruisseau d'Aja Murata gequert haben, eröffnet sich eine spektakuläre Aussicht auf die Punta di l'Arjettu und Punta di l'Acellu. Der Weg wendet sich nun nach Nordosten und windet sich um das tief eingeschnittene Tal des **Ruisseau de Caracutu** ❸ (km 7,9), schwenkt nach Südosten und quert auch den Einschnitt des **Ruisseau de Donicelli** (km 8,5). Danach steigen Sie über karge Felsen nach Nordosten hoch und erreichen schließlich den Waldrand (km 10,1).

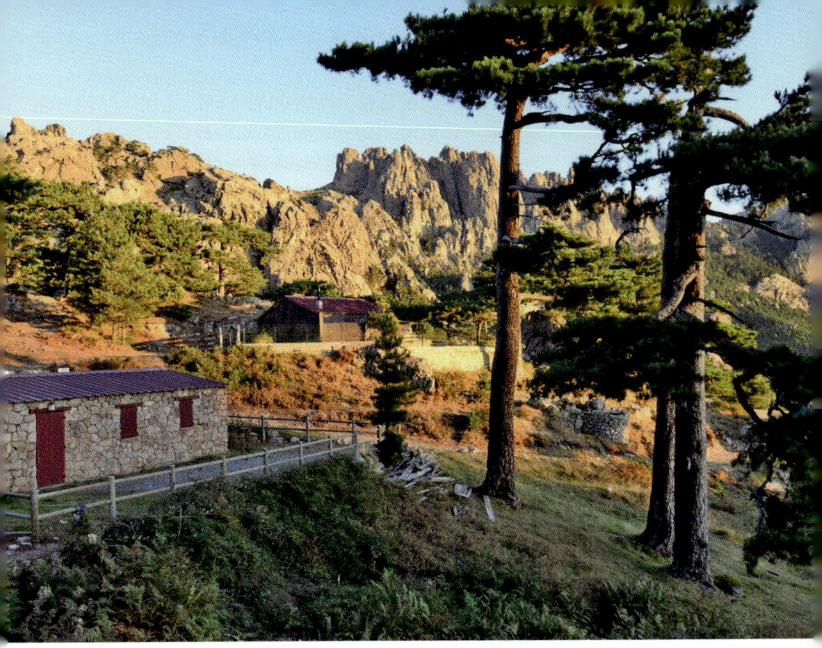

Laricio-Kiefer im Village de Bavella

Mitten in einem Wald mit stattlichen Laricio-Kiefern vereint sich der GR 20 wieder mit der ☞ **alpinen Variante zum Col de Bavella ❹** (km 10,2), die von links herabkommt, und führt dann rechts weiter zum **Col de Bavella ❺** (⇧ 1.218 m, km 10,5) an der Straße D268. Die Passhöhe schmückt eine überlebensgroße ⌘ Statue der Notre-Dame des Neiges (dt. „Unsere Liebe Frau vom Schnee"), der Schutzheiligen von Bavella.

Von dort geht es links auf der Straße weiter zum **Village de Bavella**. Die kleine Siedlung, die hinter der Passhöhe am Waldrand liegt, wurde im 19. Jh. von Hirten aus Conca gegründet, die im Sommer ihre Herden auf dem Plateau de Bavella weiden ließen.

Village de Bavella ⇧ 1.200 m, 20122 Quenza

Office Municipal de Tourisme de Zonza – Sainte-Lucie de Porto-Vecchio, Mairie annexe, F-20144 Sainte-Lucie de Porto-Vecchio, ☏ 04 95 71 48 99, info@zonza-saintelucie.com, zonza-saintelucie.com

Auberge du Col de Bavella, an der D268, 04 95 72 09 87, 06 13 14 17 33, auberge.bavella@gmail.com, www.auberge-bavella.com, Ostern bis Allerheiligen. Frisch renovierte Gîte mit 47 Schlafplätzen (4- bis 8-Bett-Zimmer mit WC und), , Kreditkartenzahlung möglich (keine MaestroCard). Ü € 22, HP € 50, VP € 57, F € 7, € 9. Ausgezeichnete Küche, verwendet werden lokale Zutaten wie hausgemachter Rohschinken, Wildschwein, Zicklein, Kastaniengebäck usw. Kein Mobilnetz (nur Satellitentelefon).

♦ **Les Aiguilles de Bavella**, an der D268, 09 88 11 35 23 und 06 24 33 30 30, contact@les-aiguilles-de-bavella.fr, www.les-aiguilles-de-bavella.fr, 40 Schlafplätze in Mehrbettzimmern, HP € 42/Pers., , ganzjährig

Zelten ist strikt verboten! Bavella ist Landschaftsschutzgebiet.

Le Refuge, an der D268, 09 88 66 34 01, restaurantpizzeria.lerefuge@gmail.com, tägl. 9:00-23:00. Pasta und Pizza.

Alimentation du Col de Bavella (gegenüber der Auberge du Col de Bavella, selbe Eigentümer), Mitte Mai bis 10. Okt tägl. 7:30-19:00. Zum Sortiment des Tante-Emma-Ladens gehören u. a. Camping-Gaskartuschen, Sonnenbrillen und -crème, Blasenpflaster, Schlafmatten, usw.

Ajaccio – Bavella – Porto-Vecchio: Der Bus fährt nur im Juli und Aug 1x tägl. Abfahrt von Bavella (Auberge du Col de Bavella) nach Ajaccio um 8:10 bzw. nach Porto-Vecchio um 17:45; Abfahrt Porto-Vecchio (Gare routière, am Hafen) um 7:00, Abfahrt Ajaccio (Gare routière) um 15:30. Fahrpreis Bavella – Ajaccio: € 14,40, Bavella – Porto-Vecchio: € 2,40. **Balesi Evasion**, 04 95 70 02 50, balesi.parc@balesi-auto.com, www.corsicabus.org

♦ **Ajaccio – Bavella**: Juli und Aug 2-3x tägl. Abfahrt Bavella um 8:30 (Linie M7) und 9:30 (Linie M4), Abfahrt Ajaccio (Gare Routière) um 12:00 und 14:30 (Linie M4) sowie um 16:00 (Linie M7). Fahrpreis Bavella – Ajaccio: € 19,20. **Autocars Ricci**, 04 95 77 77 77, www.transports-voyageurs-ajaccio.fr und corsicabus.org

Der GR 20 ist im weiteren Verlauf identisch mit dem ehemaligen Hirtenpfad nach Conca. Nutzen Sie aber die Möglichkeit, bei der **Funtana di u Cannone** (km 10,9), dem Brunnen gegenüber der Auberge du Col de Bavella, die Trinkwasservorräte zu ergänzen – bis kurz vor dem Refuge de Paliri ist oft kein Wasser mehr erhältlich!

Vom Brunnen führt eine Forststraße nach Südosten in den **Forêt de Bavella**. Gleich nach einer Brücke (km 11,5) verlassen Sie den Forstweg und steigen auf den links abzweigenden Trampelpfad durch einen reizvollen Nadelwald weiter ab.

Die schönen, geraden Stämme des durchwanderten Hochwaldes erinnern unwillkürlich an den Schwarzwald. Der Weg verliert etwa 150 Höhenmeter und mündet unten in einen weiteren Forstweg (km 12,2), dem Sie nach rechts folgen.

Nach der Querung des **Ruisseau de San Petru** ❻ (⇧ 1.025 m, km 12,4) bleiben Sie zunächst auf dem wieder ansteigenden Forstweg. Nach 150 m markiert ein großer Steinmann den Abzweig eines Trampelpfades, der nach rechts in den Wald führt und sich in Serpentinen zur **Foce Finosa** ❼ (⇧ 1.206 m, km 13,4) hochschraubt.

Von der Passhöhe ergibt sich eine großartige Aussicht: Rückblickend schauen Sie auf die Bavella-Nadeln, in Gehrichtung bis zum Golf von Porto-Vecchio und der Nachbarinsel Sardinien, im Norden zeichnet sich der Gipfel des Monte San Petrone (Castagniccia) ab.

Von diesem Schlupfloch in der Kette der südlichen Bavella-Türme windet sich der GR 20 zunächst in Kehren hinunter und führt dann südlich an der Punta Tafunata di i Paliri (1.313 m) vorbei. Eine reizvolle Strecke, gewürzt mit schönen Ausblicken auf die Bergwelt und spektakulären Tafonifelsen am Wegesrand (z. B. km 13,7).

Kurz vor dem Etappenziel weist ein grüner Pfeil (km 15) an einem Baum auf eine nahe **Quelle** (rechts vom Weg, 100 m entfernt) hin. Von dort sehen Sie auch bereits das **Refuge de Paliri**, das gleich oberhalb vom Weg liegt.

Die von Jean-Baptiste geführte PNRC-Hütte hat 22 Schlafplätze und liegt in einer traumhaften Umgebung. Ganzjährig, Hüttenwirt: 1.6. bis 1.10. 150 m südwestlich, am GR 20, . Abendessen (Drei-Gänge-Menü) € 19, F € 6. Lebensmittelverkauf im üblichen Umfang: Brot, Schinken, Käse, Bier, Wein, Kekse, Dosen ...

Sehr schöne Zeltplätze bei der Hütte

Von einem nahen Aussichtspunkt nördlich der Hütte ergibt sich ein herrliches Panorama auf das Massiv des **Monte Bracciutu** und die Ostküste, den formschönen Granitkegel der **Punta di i Paliri** (im Südosten) und die **Punta Tafunata di i Paliri** (im Westen, erkennbar am Loch im Gipfel). An besonders klaren (kalten) Tagen reicht die Sicht bis zu den italienischen Inseln Sardinien, Elba und Montecristo.

Etappe 16: Refuge de Paliri – Conca

13,3 km, N→S 5 Std., S→N 6 Std. 30 Min., ↑ 405 m, ↓ 1.230 m, ⇧ 230-1.055 m

0,0 km	⇧ 1.055 m	Refuge de Paliri
1,5 km	⇧ 970 m	Bocca di Monte Bracciutu
3,8 km	⇧ 1.035 m	Bocca di u Sordu
5,7 km	⇧ 850 m	Cabanes de Capellu (350 m entfernt)
7,2 km	⇧ 618 m	Ruisseau de Punta Pinzuta
8,0 km	⇧ 555 m	Ruisseau de Punta Pinzuta
10,9 km	⇧ 587 m	Bocca d'Usciolu
11,8 km	⇧ 380 m	Source de Radicale
13,3 km	⇧ 230 m	Conca

Auf der letzten Etappe sind die Berge zwar niedriger, aber keineswegs weniger spektakulär. Im ersten Drittel kratzt der GR 20 noch an die Tausendmetergrenze und hat mit dem schweißtreibenden Aufstieg zur Bocca di

Im Refuge de Paliri schwingt Jean-Baptiste Siciliano das Zepter

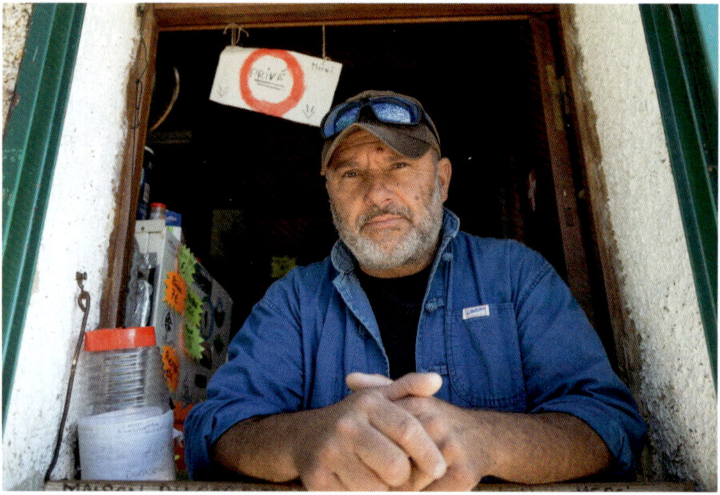

u Sordu noch eine echte Herausforderung in petto. Danach geht es fast nur noch abwärts, Richtung Conca. Ein Highlight ist der Höhenweg zur Bocca Usciolu, mit Blick auf die Ostküste. Je weiter man durch die Macchia absteigt, desto mehr macht sich auch die Hitze bemerkbar. Eine Quelle gibt es auf halber Strecke, unweit der Cabanes de Capellu, sonst ist es mit Trinkwasser meist nicht zum Besten bestellt.

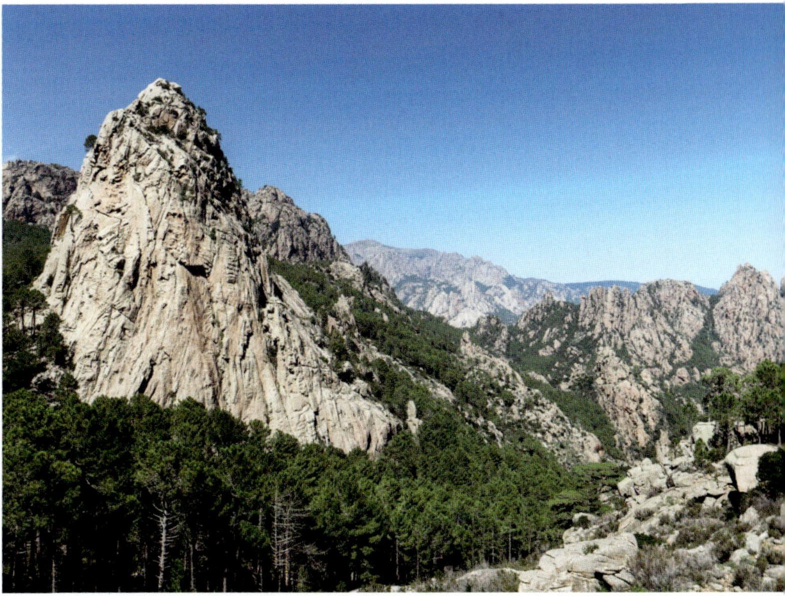

Der Granitmonolith der Punta di l'Anima Damnata

Vom **Refuge de Paliri** geht es zunächst durch Kiefernwald leicht bergab nach Südosten. Nach 1 km lichtet sich der Wald und es eröffnet sich eine grandiose Aussicht auf den rosafarbenen Granitturm der **Punta di l'Anima Damnata** (1.091 m), der im Nordwesten wie ein riesiger Monolith aus dem Wald zu wachsen scheint. Ein kurzer Anstieg zur **Bocca di Monte Bracciutu** (⇧ 970 m, km 1,5) wird mit einem weiteren Bilderbuchpanorama belohnt: Jetzt sind es die filigranen Zinnen des **Monte Bracciutu** (974 m) im Norden, die die Blicke auf sich ziehen.

Der GR 20 verliert etwas an Höhe und führt im Bogen nördlich um die **Punta di Monte Sordu** (1.117 m) herum. Der Weg verläuft zunächst durch schattiges Nadelgehölz, kurz bevor er beim kleinen Plateau der **Foce di u Bracciu** (⇧ 903 m, km 2,5) nach Süden schwenkt, weicht der Wald aber abrupt der hohen Macchia. Grund für den abrupten Vegetationswechsel ist ein verheerender Waldbrand, der sich hier vor Jahren ereignet hat. Der Weg leitet nun in der Ostflanke der Punta di Monte Sordu nach Süden weiter, schraubt sich dann in kurzen Kehren, später über blanke Felsplatten, zur **Bocca di u Sordu** ❶ (⇧ 1.035 m, km 3,8) hoch.

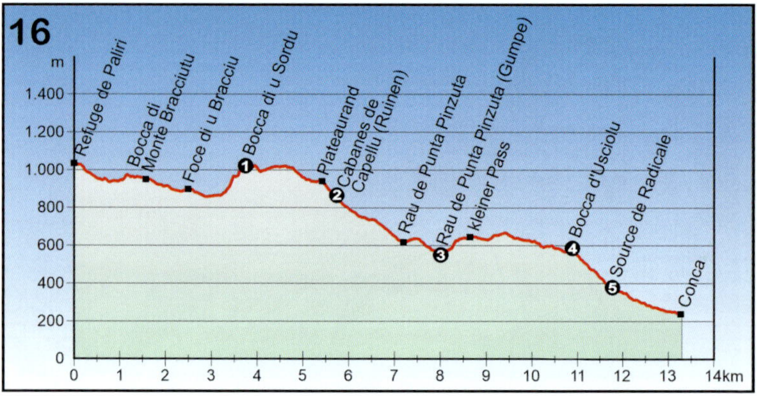

Links vom Pass springen die formschönen Tafonifelsen ins Auge. Anschließend führen die GR-Markierungen zunächst nach Südosten, später nach Osten, über ein karges Plateau mit blank geschliffenen Felsplatten. Vom Plateaurand (km 5,4) ergibt sich eine beeindruckende Aussicht auf die Ostküste.

Ein steiler Abstieg durch Nadelwäldchen bringt Sie zu den verfallenen Steinhütten der **Cabanes de Capellu** ❷ (⇧ 850 m, km 5,7). Bei den Ruinen weist ein Pfeil (Aufschrift „Source") auf eine nahe 💧 **Quelle** hin. Die Quelle (gelbes Rohr) liegt 350 m nördlich der Ruinen am Weg nach Sari-Solenzara. Ob sie im Spätsommer immer noch Wasser führt, lässt sich nicht mit Sicherheit sagen.

Der GR 20 führt nach Süden weiter, zunächst durch Nadelgehölz, später durch die Macchia, und überrascht bei km 6,2 mit einer weiteren schönen

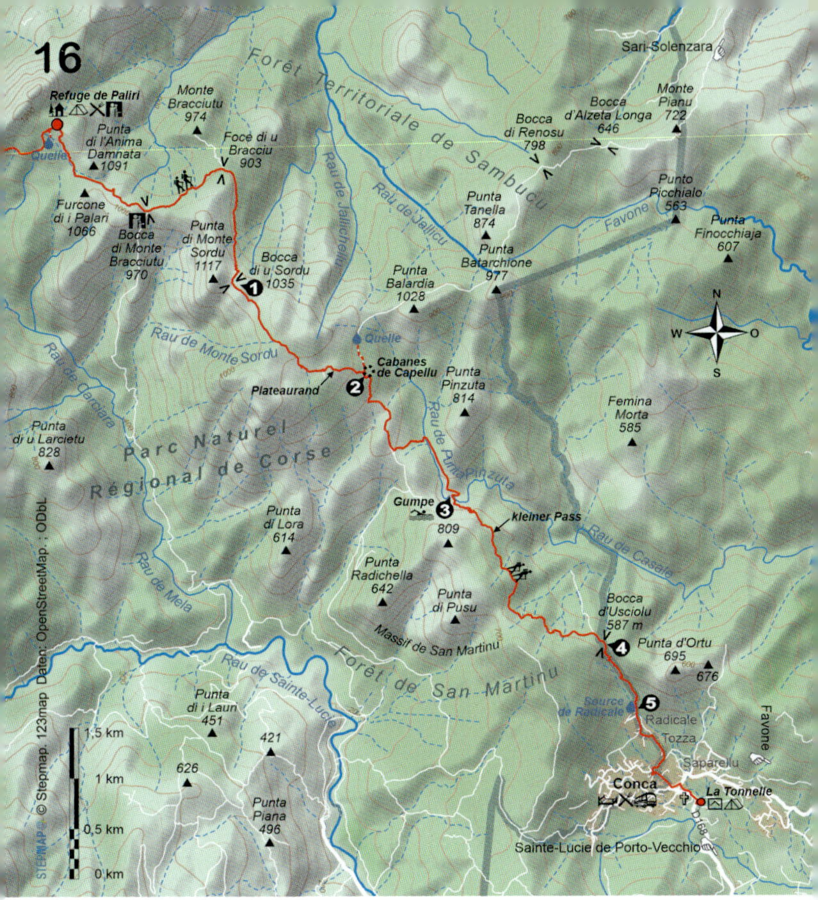

Aussicht. Diesmal sind es die zackigen Granittürme der **Punta Balardia** (1.028 m) und **Punta Batarchione** (977 m), die imponieren. Begleitet vom Zistrosenduft geht es durch dichtes Gestrüpp hinunter ins Tal des **Ruisseau de Punta Pinzuta** (km 7,2), der in 620 m Höhe ein erstes Mal gequert wird.

Am linken Ufer wandern Sie auf einem alten Hirtenpfad weiter nach Süden, wo der **Ruisseau de Punta Pinzuta** ❸ (km 8) in etwa 555 m Höhe ein zweites Mal gequert wird.

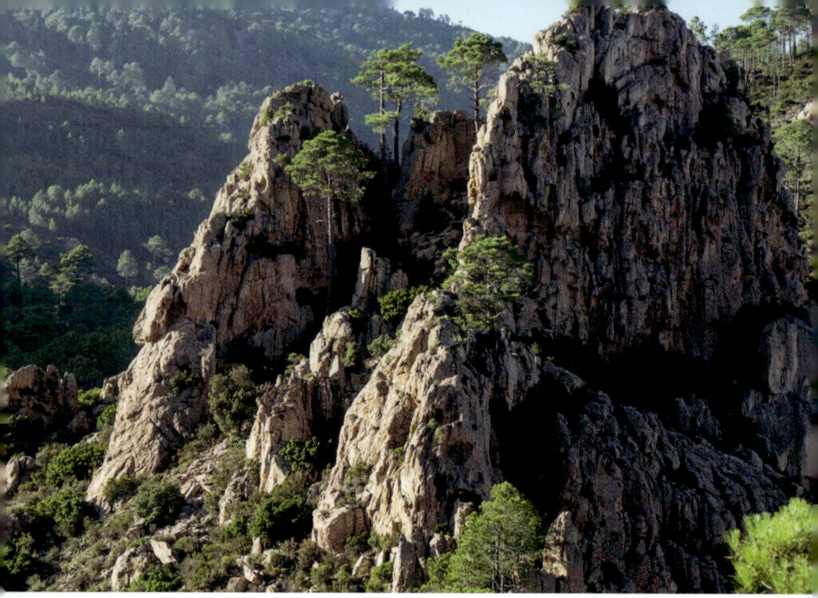

Spektakuläre Granittürme prägen den Weg bis Conca

20 m flussaufwärts von der zweiten Furt gibt es zwei schöne Gumpen, die im Sommer zu einem erfrischenden Bad einladen.

Mit einigen Kehren gewinnt der GR 20 wieder fast 100 Höhenmeter und zieht sich nun in der Flanke eines langgezogenen Kammes nach Südosten weiter.

Zeit zum Genießen, denn auf den nächsten 2 km wird der GR 20 zu einem echten Höhenweg, gewürzt mit herrlichen Ausblicken auf die Ostküste.

Einziger Wehrmutstropfen sind die vielen verkohlten Baumstümpfe, die die latente Waldbrandgefahr in Erinnerung rufen.

Eine kleine Kerbe im Felskamm markiert das Schlupfloch der **Bocca d'Usciolu** ❹ (⇧ 587 m, km 10,9). Hinter der Scharte wird aus dem Höhen- ein Hohlweg, der sich im Zickzack durch die Macchia hinunterwindet und bald erste Blicke auf das Endziel Conca gewährt.

Vor den ersten Häusern taucht am Wegesrand (gegenüber vom Wasserspeicher) eine eingefasste Quelle auf: Die **Source de Radicale** ❺

(⇧ 380 m, km 11,8) ist für Wanderer, die von Süden starten, für viele Kilometer die letzte verlässliche Quelle. Der Pfad mündet 50 m weiter in den Ortsteil Radicale in eine Straße. Von dort lotsen (gelbe) Hinweisschilder durch das Straßengewirr in das Zentrum von **Conca** (km 13,3). Dort endet auch die große Korsika-Durchquerung.

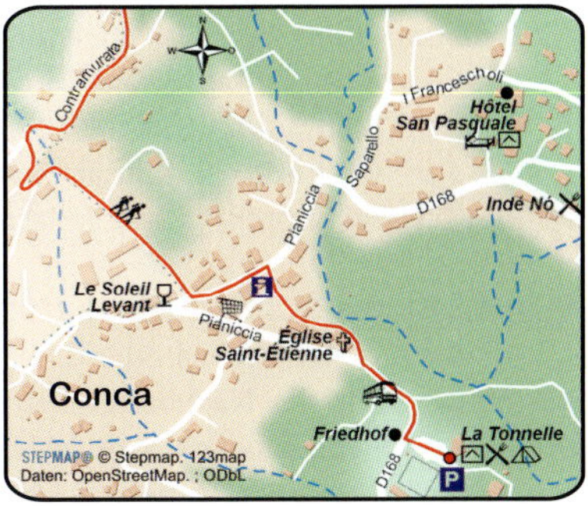

Conca ⇧ 230 m, 20135, 1.145 Ew.

- **PNRC**, Pianiccia, ☏ 04 95 27 03 36
- **Hôtel San Pasquale**, Francescoli, ☏ 04 95 10 47 30, 07 86 98 79 21, saparello@orange.fr, www.hotelsanpasquale.com, April bis Okt, 10 Zi, @, Kreditkartenzahlung möglich, DZ € 70-85. Kleines Hotel mit einem schönen Garten, am Nordwestrand von Conca.
- **La Tonnelle**, Rinella (am südlichen Ortsausgang), ☏ 04 95 71 46 55, latonnelleconca@hotmail.com, www.gite-la-tonnelle.com, April bis Okt, 39 Schlafplätze (DZ und 3- bis 7-Bett-Zimmer mit WC und), @ Ü € 19, HP € 40, F € 5, Bettwäsche € 1, € 6, für Nichtgäste € 2. Das Restaurant bietet abends ein Menü für € 16 und eine Karte mit lokalen Spezialitäten wie Wildschwein und Cannelloni mit *brocciu*.
- ☞ La Tonnelle, geräumiger Zeltplatz mit 40 schattigen Stellplätzen unter Eichen, Ü € 7, HP € 28, Leihzelt € 14
- **Indé Nó**, Saparellu, 06 37 87 98 19, Di-Sa 18:30-22:00. Pizza aus dem Holzofen
- Pianiccia (bei der Kirche), Minisupermarkt
- Wer die Wanderung in Conca startet, kann das Auto bei der zurücklassen. € 2/Tag.
- **Conca – Sainte-Lucie de Porto-Vecchio – Porto-Vecchio:** Shuttleservice mit Minibus von/zu der ☞ Gîte La Tonnelle. April bis Sep, Abfahrt Conca (La Tonnelle) um 8:00 und 13:30, Abfahrt Sainte-Lucie de Porto-Vecchio (Bar U Culombu) ca. 8:20 und 13:55. Fahrpreis Conca – Sainte-Lucie de Porto-Vecchio: von € 4/Pers. (ab 3 Pers.); Conca – Porto-Vecchio: von € 8/Pers. (ab 4 Pers.) bis € 30 (1 Pers.). Infos: ☞ La Tonnelle

Conca – Sainte-Lucie de Porto-Vecchio – Porto-Vecchio: Sommerverbindung, im Juli und Aug 3x tägl. Abfahrt Conca (Bar Le Soleil) um 11:15, 15:45 und 18:15, Abfahrt Porto-Vecchio (Gare routière) um 12:05, 16:35 und 19:05. Fahrpreis Conca – Porto-Vecchio: € 6,50. **Autocars Bradesi**, 04 95 71 40 09, bradesitransports@orange.fr, Fahrpläne unten www.corsicabus.org

Von Conca nach Sainte-Lucie de Porto-Vecchio

Mit Bus, Shuttlebus oder Taxi gelangt man von Conca leicht zum wesentlich größeren Nachbarort Sainte-Lucie de Porto-Vecchio (5 km). Der Ort an der Küstenstraße T10 verfügt nicht nur über gute Busverbindungen, sondern hier findet man Arzt, Zahnarzt, Apotheke und vieles mehr.

Sainte-Lucie de Porto-Vecchio

45 m, 20144, 1.300 Ew.

Office Municipal de Tourisme de Zonza – Sainte-Lucie de Porto-Vecchio, 04 95 71 48 99, info@zonza-saintelucie.com, zonza-saintelucie.com

Dr. Christophe Olivesi, 04 95 71 41 58

♦ Zahnarzt: Eugène Méla, Centre Médical le Caducée, 04 95 71 56 17

Pharmacie Giumetti-Bartoli, an der T10, 04 95 71 41 40

Gendarmerie nationale, 04 95 71 47 17

Porto-Vecchio – Sainte-Lucie de Porto-Vecchio – Bastia: Mitte Juni bis Mitte Sep 2x tägl., sonst Mo-Sa 2x tägl. Fahrzeit Sainte-Lucie de Porto-Vecchio – Porto-Vecchio: 30 Min., Sainte-Lucie de Porto-Vecchio – Bastia: 2 Std. 40 Min. Fahrpreis Sainte-Lucie de Porto-Vecchio – Porto-Vecchio: € 6, Sainte-Lucie de Porto-Vecchio – Bastia: € 24. Abfahrt Sainte-Lucie de Porto-Vecchio: Bar U Culombu, Abfahrt Porto-Vecchio und Bastia: Gare routière. **Rapides Bleus**, 04 95 31 03 79, contact@rapides-bleus.com, www.rapides-bleus.com

Taxi Conca, 06 34 27 39 55

♦ **Talon Mathieu**, 09 54 70 05 61

♦ **ABC Taxi Eric Bronner** (in Porto-Vecchio, 21 km), 06 12 54 58 38

Anhang

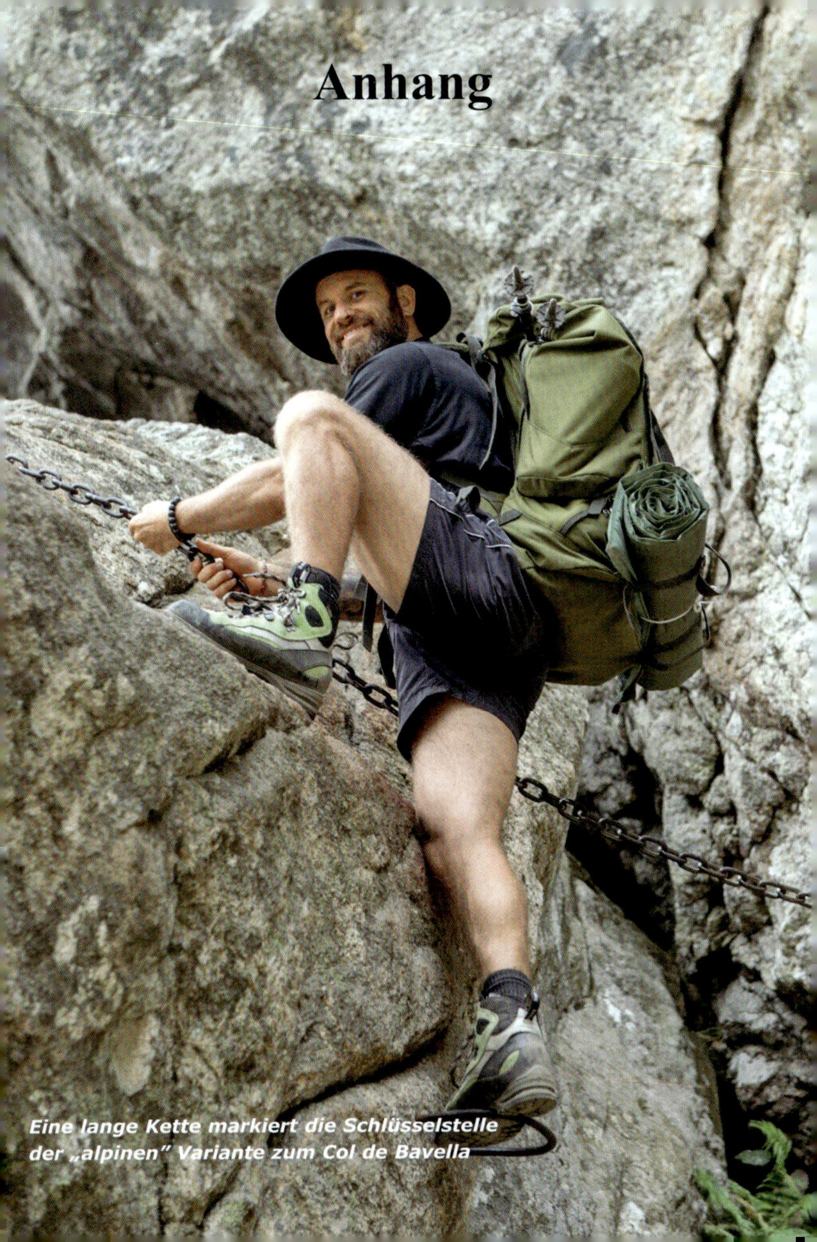

Eine lange Kette markiert die Schlüsselstelle der „alpinen" Variante zum Col de Bavella

Geo-Begriffe

Die offizielle Ortsnamensgebung basiert auf Vermessungsarbeiten vom Ende des 18. Jh. und richtet sich nach der italienischen Orthografie, die in dieser Zeit auch für die geschriebene Sprache Korsikas galt.

Die Folge sind – manchmal sogar sehr große – Abweichungen zwischen der offiziellen Namensgebung (die auch auf den IGN-Karten angewendet wird) und den Namen, die durch die lokale Bevölkerung und oft auch auf Schildern benutzt werden. Die folgende Liste dient der besseren Orientierung. Bei den Substantiven ist jeweils das Geschlecht aufgeführt: f (feminin: weiblich), m (maskulin: männlich).

Korsisch	**Französisch**	**Deutsch**
acqua, f	eau, m	Wasser
ancudine, m	enclume, f	Amboss
bocca, f	col, m	Pass
campu, m	champ, m	Feld (Schlachtfeld)
capu, m	mont, m	Gipfel, Landspitze (Kap)
casa, f	maison, f	Haus
castellu, m	castel, m	Festung
chjassu, m	sentier, m	Pfad
cima, m	sommet, m	Gipfel
fiume, m	fleuve, m	Strom, Fluss
fiumicellu, m	ruisseau, m	Bach
foce, f	col, m	Pass
funtana, f	fontaine, f	Quelle
furesta, f	forêt, f	Wald
grotta, f	grotte, f	Höhle
inzecca, f	brèche, f	Scharte, schmaler Felsdurchstieg
lavu, m	lac, m	See
mare, f	mer, f	Meer
monte, m	mont, m	Gipfel, großer Berg
muntanera, f	colline, f	Hügel, kleiner Berg
muvra, f	mouflon, m	Mufflon
paese, m	village, m	Dorf
petra, f	pierre, f	Stein

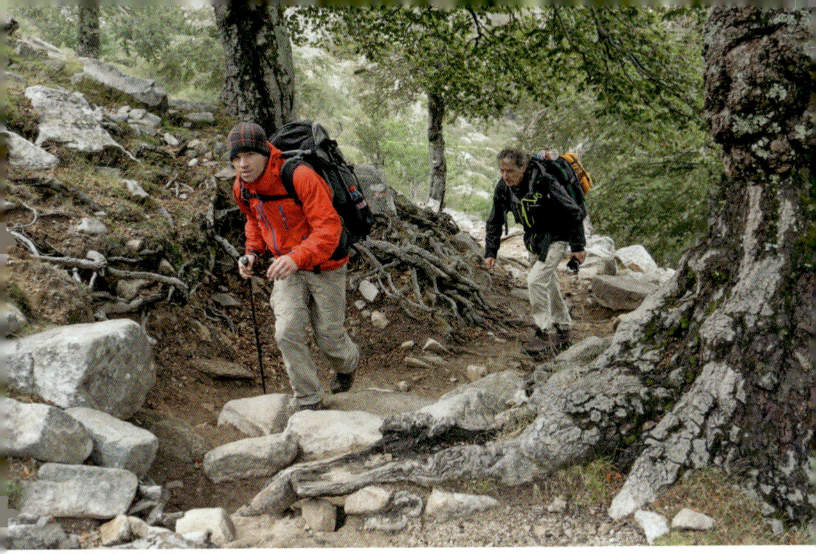

Aufstieg zu der Serra San Tomaghiu

piaghja, f	plaine, f; plage, f	Ebene; Strand
pianu, m	plateau, m	Plateau
pinzu, f	aiguille rocheuse, f	Felsnadel
ponte, m	pont, m	Brücke
pozzi, m	trou, m	Loch
punta, f	pointe, f	Spitze
serra, f	chaîne de montagnes, f	Gebirge
stazzu, f	bergerie, f	Schäferei
strada, f	route, f	Weg
surgente, f	source, f	Quelle
valdu, f	forêt, f	Wald

Glossar

bergerie (frz.)	Schäferei in den Bergen
cirque (frz.)	Felskessel, Kar
couloir (frz.)	Steile Rinne, die vom blanken Fels begrenzt und oft mit Schutt durchsetzt ist
crête (frz.)	Bergkamm

endemisch	Nur in dieser Gegend beheimatet
gîte d'étape (frz.)	Etappenlager; privat geführte, einfache Unterkunft (meist in den Dörfern)
Gumpe	Mit Wasser gefüllter Kessel, den ein Fluss oder Bach in den Felsen gewaschen hat. Zum Teil sind diese Kessel sehr tief und eignen sich gut zum Baden.
Kar	Kesselförmige Vertiefung an einem Berghang unterhalb eines Gipfels oder Kammes, die von einem sehr kurzen Gletscher (Kargletscher) ausgehobelt wurde.
Kartreppe	Abfolge von mehreren, in verschiedenen Höhenlagen übereinander gelegenen Karen.
Macchia	Dichter undurchdringlicher Buschwald (2-6 m hoch), häufig dornig.
orografisch	In Fließrichtung des Flusses, d.h. immer stromabwärts gesehen.
pozzine (kors.)	Moorige Wiesen, die beim Verlanden ehemaliger Gletscherseen entstehen.
ravin (frz.)	Schlucht
refuge (frz.)	Einfache Schutzhütte für Wanderer im Gebirge.
ruisseau (frz.)	Bach
Scharte	Schmaler Durchgang zwischen zwei Felswänden.
Transhumanz	Wanderweidewirtschaft (frz. *transhumance*), der saisonbedingte Wechsel des Viehs zwischen den Winterweiden an der Küste und den Sommerweiden in den Bergen.
Trogtal	Vom Gletscher ausgeschliffenes, U-förmiges Tal.

Index

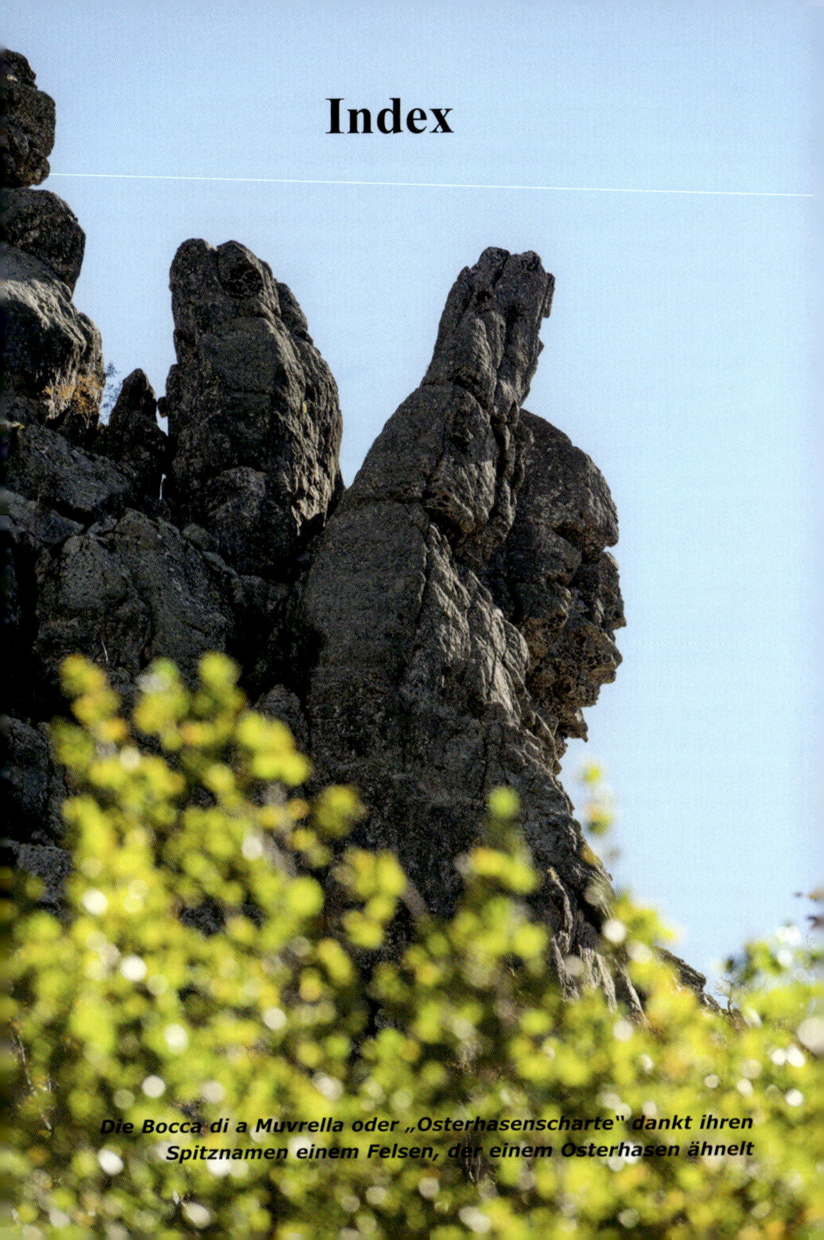

Die Bocca di a Muvrella oder „Osterhasenscharte" dankt ihren Spitznamen einem Felsen, der einem Osterhasen ähnelt

A

B